U0962946

BLACK SWAN 黑天鹅图书

为 人 生 提 供 领 跑 世 界 的 力 量

BLACK SWAN

人工智能

李开复　王咏刚　著

文化发展出版社
Cultural Development Press

图书在版编目（CIP）数据

人工智能 / 李开复，王咏刚著. —北京：文化发展出版社有限公司，2017.3

ISBN 978-7-5142-1715-5

Ⅰ. ①人… Ⅱ. ①李… ②王… Ⅲ. ①人工智能—研究 Ⅳ. ①TP18

中国版本图书馆CIP数据核字（2017）第063630号

人工智能

著　　者：李开复　王咏刚

责任编辑：肖润征
特约监制：魏　玲　马晓红
特约策划：王泽阳　战　铁
特约编辑：刘　倩
装帧设计：主语设计
邮　　编：100036
出版发行：文化发展出版社（北京市翠微路2号）
网　　址：www. wenhuafazhan.com
经　　销：各地新华书店
印　　刷：北京盛通印刷股份有限公司

开　　本：700mm × 990mm　16开
字　　数：256千字
印　　张：19.25
印　　次：2017年5月第1版　2017年5月第1次印刷
定　　价：55.00元
书　　号：ISBN 978-7-5142-1715-5

目　录

第一章
人工智能来了

人工智能已经来了，而且它就在我们身边，几乎无处不在。

我们真的知道什么是人工智能吗？我们真的准备好与人工智能共同发展了吗？我们该如何在心理上将人和机器摆在正确的位置？我们该如何规划人工智能时代的未来生活？

人类，你好！　002

无处不在的人工智能　005

智能助理

新闻推荐和新闻撰稿

机器视觉

AI艺术

新一代搜索引擎

机器翻译

自动驾驶

机器人

到底什么是人工智能？　025

AI小百科：人工智能的定义

第二章
AI复兴：深度学习＋大数据＝人工智能

这一次人工智能复兴的最大特点是，AI 在语音识别、机器视觉、数据挖掘等多个领域走进了业界的真实应用场景，与商业模式紧密结合，开始在产业界发挥出真正的价值。

第三次AI热潮：有何不同？ 040

用高德纳技术成熟度曲线看AI发展史

今天的人工智能是“有用”的人工智能

图灵测试与第一次AI热潮 050

AI小百科：图灵测试

我挑战图灵测试的故事

语音识别与第二次AI热潮 058

生不逢时的我

语音识别的研发故事

解雇语言学家的故事

深度学习助力语音识别

深度学习携手大数据引领第三次AI热潮 069

从神经网络到深度学习

谷歌大脑：世界最强大的深度学习集群

AI小百科：什么是深度学习？

大数据：人工智能的基石

有大数据就有人工智能的机会

AI小百科：深度学习“三巨头”和传奇的辛顿家族

第三章
人机大战：AI真的会挑战人类？

AlphaGo 带来的警示是：如果计算机可以在两年内实现大多数人预测要花 20 年或更长时间才能完成的进步，那么，还有哪些突破会以远超常人预期的速度来临？这些突破会不会超出我们对人工智能的想象，颠覆人类预想中的未来？我们已为这些即将到来的技术突破做好准备了吗？

AlphaGo带给人类的启示究竟是什么？ 102

DeepMind：会打游戏的人工智能

德州扑克：开启新世界的大门？

AI小百科：弱人工智能、强人工智能和超人工智能

奇点来临？ 117

霍金的忧虑

理智分析：人类离威胁还相当遥远

今天的人工智能还不能做什么？ 129

跨领域推理

抽象能力

知其然，也知其所以然

常识

自我意识

审美

情感

第四章
AI时代：人类将如何变革？

人工智能不仅是一次技术层面的革命，未来它必将与重大的社会经济变革、教育变革、思想变革、文化变革等同步。人工智能可能成为下一次工业革命的核心驱动力，人工智能更有可能成为人类社会全新的一次大发现、大变革、大融合、大发展的开端。

从工业革命到文艺复兴　146

AI会让人类大量失业吗？　150

哪种工作最容易被AI取代？

大部分工作将发生转变而非消失

AI只是人类的工具

自动驾驶：AI最大的应用场景　163

自动驾驶技术发展简史

AI小百科：自动驾驶的六个级别

自动驾驶的普及：中国有机会扮演关键角色

智慧金融：AI目前最被看好的落地领域　191

金融行业AI应用成功案例

AI科学家的土豪人生

智慧生活：从机器翻译到智能超市　203

智慧医疗：AI将成为医生的好帮手　208

艺术创作：AI与人类各擅胜场　213

人类将如何变革？　218

走出金字塔模型

用开放的心态迎接新世界

第五章
机遇来临：AI先行的创新与创业

大多数情况下，人工智能并不是一种全新的业务流程或全新的商业模式，而是对现有业务流程、商业模式的根本性改造。AI 重在提升效率，而非发明新流程、新业务。未来 10 年，不仅仅是高科技领域，任何一个企业，如果不尽早为自己的业务流程引入“AI+”的先进思维方式，就很容易处于落后的追随者地位。

大时代，大格局　232

AI将成为国家科技战略的核心方向

从谷歌的“AI先行”看科技企业的AI战略

科技“巨头”的潜在威胁

AI创业是时代的最强音　251

伟大的创业需要生逢其时

人工智能的商业化路线图

AI创业的五大基石

AI创业的泡沫现象及六大挑战

AI是中国创新、创业的最好机会　263

AI领域，中国人/华人已是科研中坚

中国有独具优势的AI创业环境

AI黄埔军校——微软亚洲研究院

创新工场的AI布局　273

第六章
迎接未来：AI时代的教育和个人发展

人工智能时代，程式化的、重复性的、仅靠记忆与练习就可以掌握的技能将是最没有价值的技能，几乎一定可以由机器来完成；反之，那些最能体现人的综合素质的技能，例如，人对于复杂系统的综合分析、决策能力，对于艺术和文化的审美能力和创造性思维，由生活经验及文化熏陶产生的直觉、常识，基于人自身的情感（爱、恨、热情、冷漠等）与他人互动的能力……这些是人工智能时代最有价值，最值得培养、学习的技能。

AI时代该如何学习？ 278
AI时代该学什么？ 284
AI时代的教育要关注什么？ 288
有了AI，人生还有意义吗？ 291

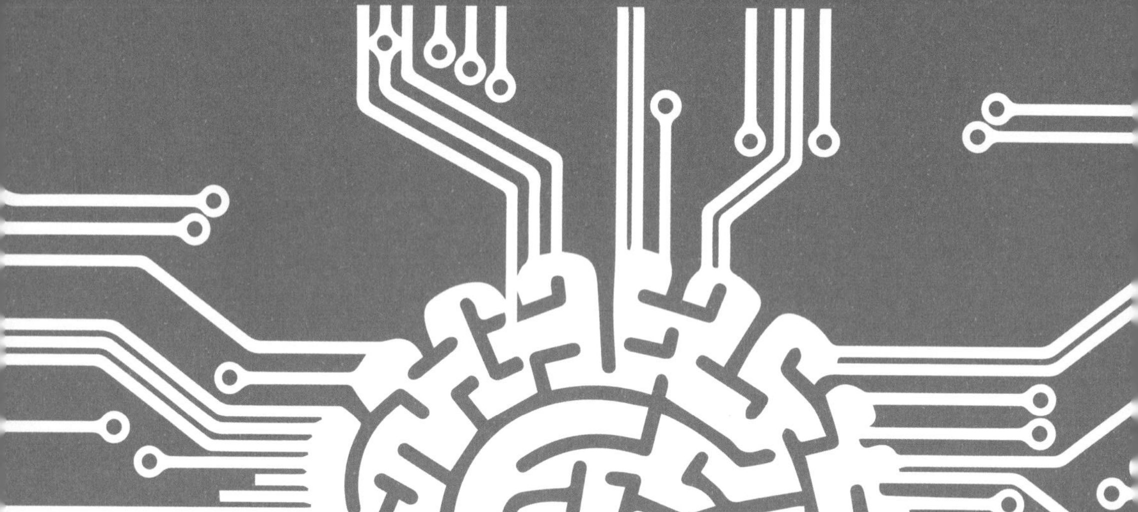

第一章
人工智能来了

人工智能已经来了，而且它就在我们身边，几乎无处不在。

我们真的知道什么是人工智能吗？我们真的准备好与人工智能共同发展了吗？我们该如何在心理上将人和机器摆在正确的位置？我们该如何规划人工智能时代的未来生活？

人类，你好！

“不管我们是碳基人类还是硅基机器人，都没有本质的区别。我们中的每一员都应获得应有的尊重。”

这是科幻文学巨匠亚瑟·克拉克（Arthur C. Clarke）在太空漫游系列第二部《2010：太空漫游》中描绘的一段对白。从情感上说，人类多么希望有朝一日可以和人类创造的智能机器平等相处，共同发展。可有趣的是，每当前沿科技取得重大突破，为我们预示出人工智能的瑰丽未来时，许多人就又不约而同地患上人工智能恐惧症，生怕自己的工作乃至人类的前途被潜在的机器对手掌控。

“人工智能来了！”

这句话对不同的人群有着完全不同的含义。计算机科学家很少怀疑人工智能在推动人类技术进步上的伟大意义，这个意义甚至可以和人类发明蒸汽机、电力、核能，或者用火箭探索太空相提并论；社会学家、经济学家更多地关注人工智能已经或即将对人类经济结构、就业环境造成的巨大挑战；科幻作家、影视编导和未来学家则乐于看到人工智能技术一次又一次激发起大众如火的热情，他们从不忌惮用最缥缈的想象将人类未来渲染成天堂或地狱……

可绝大多数不熟悉技术细节，或不具备瑰丽想象力的普通人呢？

普通公众对人工智能快速发展的认知，始于2016年初AlphaGo的惊世对局。在欣赏围棋对局的同时，人们总是不惜发挥丰富的想象，将AlphaGo或类似的人工智能程序与科幻电影中出现过的，拥有人类智慧，可以和人平等

图1　电影《机械姬》的海报（该片曾获得奥斯卡最佳视效奖）

交流，甚至外貌与你我相似的人形机器人关联起来。

“人工智能来了？他/她在哪里？他/她长什么样儿？他/她说中文吗？他/她是好人还是坏人？”

很遗憾，目前的人工智能并不像电影《机械姬》中的人形机器那样美貌迷人。想象与现实间的巨大反差，让不少人难以适从。在人工智能面前，公众经常流露出好奇、迷茫或讶异的神情：

“人工智能有人格吗？”

“我可以和机器人谈恋爱吗？”

“机器人会毁灭人类吗？”

“人类是不是可以移民火星，留下机器人建设地球了？”

我们真的知道什么是人工智能吗？我们真的准备好与人工智能共同发展了吗？我们该如何在心理上将人和机器摆在正确的位置？我们该如何规划人

工智能时代的未来生活？

想真正理解和认识人工智能，首先我们必须面对一个可能让很多人难以相信的事实：

人工智能已经来了，而且它就在我们身边，几乎无处不在。

无处不在的人工智能

请抛开人工智能就是人形机器人的固有偏见，然后，打开你的手机。我们先来看一看，已经变成每个人生活的一部分的智能手机里，到底藏着多少人工智能的神奇魔术。

图2显示了一部典型iPhone手机上安装的一些常见应用程序。可能很多人都猜不到，人工智能技术已经是手机上许多应用程序的核心驱动力。

苹果Siri、百度度秘、Google Allo、微软小冰、亚马逊Alexa等智能助理和智能聊天类应用，正试图颠覆你和手机交流的根本方式，将手机变成聪明的小秘书；新闻头条等热门新闻应用依赖于人工智能技术向你推送最适合你

图2 iPhone手机上的人工智能相关应用

的新闻内容，甚至，今天的不少新闻稿件根本就是由人工智能程序自动撰写的；谷歌照片（Google Photos）利用人工智能技术快速识别图像中的人、动物、风景、地点……快速帮用户组织和检索图像，美图秀秀利用人工智能技术自动对照片进行美化，Prisma和Philm等图像、视频应用则基于我们拍的照片或视频完成智能“艺术创作”；在人工智能的驱动下，谷歌、百度等搜索引擎早已提升到了智能问答、智能助理、智能搜索的新层次；以谷歌翻译为代表的机器翻译技术正在深度学习的帮助下迅速发展；使用滴滴或优步（Uber）出行时，人工智能算法不但会帮助司机选择路线、规划车辆调度方案，不远的将来，自动驾驶技术还将重新定义智慧出行、智慧交通和智慧城市；使用手机购物时，淘宝、亚马逊等电子商务网站使用人工智能技术为你推荐最适合你的商品，而先进的仓储机器人、物流机器人和物流无人机正帮助电子商务企业高效、安全地分发货物……

怎么样？听起来，小小的手机屏幕上，人工智能是不是无处不在？来听一听最厉害的人工智能科学家们怎么说。

我的导师——图灵奖得主拉吉·瑞迪（Raj Reddy）说：“AI在主流社会中的应用有很多。IBM的深蓝和Watson应该算是其中最广为人知的代表。……另外一些知名的AI应用实例还包括：1）谷歌的翻译系统，它能够实现任意语言之间的互译；2）像苹果Siri、微软小娜（Cortana）和亚马逊Alexa这样能够进行对话的智能助手；3）近期一些在自动驾驶汽车领域的进展。”

而谷歌最资深的计算机科学家与软件架构师、谷歌大脑开发团队的带头人杰夫·迪恩（Jeff Dean）则说：“很多时候（人工智能）都是藏在底下，因此人们并不知道有很多东西已经是机器学习的系统在驱动。这里面包括由语言理解系统所支持的谷歌搜索、谷歌翻译、Gmail的快速回复功能，现在电话上的语音识别功能，像亚马逊和Netflix上的推荐系统，像应用在谷歌照片上的图像理解系统。”[1]

接下来，让我们简单分析、点评一下这些活跃在你我身边，正在改变世界的人工智能技术。

智能助理

记得微软小冰吗？手机上最喜闻乐见的人工智能助理之一。与其他人工智能助理应用相比，小冰的语音识别能力、语音合成技术、基于大语料库的自然语言对话引擎，都有着非常独到、可圈可点的地方。据说，2016年9月17日是小冰的十八岁生日，截至这一天，小冰已经跟4200多万人进行了200多亿次对话，包括文字聊天、语音聊天、电话通话等各种形式。

图3中是我和小冰关于美国总统竞选的一段对话，有意思吗？在这样一个简单的对话语境里，小冰试图表现出不偏不倚的中立态度，而且，她在讨论严肃话题的时候，口气上居然有三四分的调侃和戏谑。

严格地来说，小冰的智慧程度还远远赶不上人类，更多时候，她

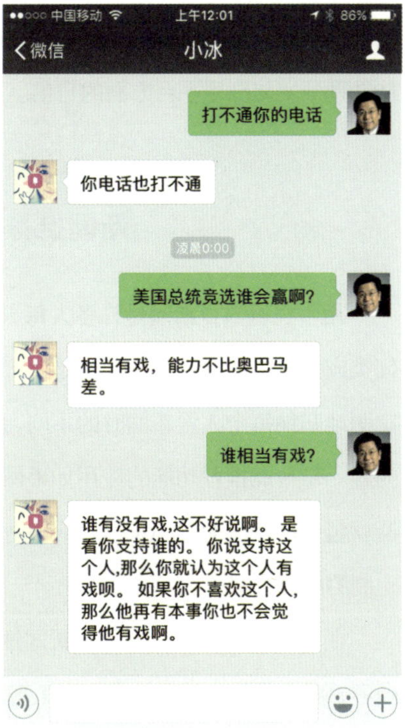

图3　微软小冰为代表的智能助理类应用

1.图灵奖设立50年，Raj Reddy & Jeff Dean谈人工智能的发展与未来，http://geek.csdn.net/news/detail/114701

只是在事先积累的人类对话库和互联网资料库中，查找最有可能匹配的回答。在不少特定的情形里，比如上下文较复杂的场合，小冰经常答非所问，或有意无意地顾左右而言他。但很难否认，小冰及类似的智能助理程序，已经展现出初步的与人类沟通的能力。

像小冰这样的智能助理应用有很多。苹果公司早在2011年就发布了iOS语音助理Siri；2012年，谷歌发布的Google Now将智能助理的概念带入了Android世界；2014年，亚马逊发布了基于Alexa平台，可以和用户聊音乐的智能音箱Echo；随后，2015年，百度发布了集成个人搜索助理和智能聊天功能的度秘；2016年，谷歌发布了智能聊天程序Google Allo；2017年1月，百度推出的基于自然语言对话的操作系统DuerOS则代表了国内互联网公司在建立智能助理开发与应用平台方面的自信。

新闻推荐和新闻撰稿

用手机看热点新闻是许多人每天都要做的事。像“今日头条”这样的新闻类应用之所以火爆，主要就是因为其采用了人工智能技术，应用程序可以聪明地归纳每个人看新闻时的不同习惯、爱好，给不同用户推荐不同的新闻内容。带智能推荐功能的应用如果做得好，用户就会觉得，越经常使用，机器就越懂得自己的“心思”，一段时间后，这个应用程序就不亚于一个量身定制的新闻管家了。

而且，AI的魔力还不止于新闻推荐。你知道吗，现在，相当数量的新闻内容，根本就是由计算机上的人工智能程序自动撰写的！

2011年，一个名叫罗比·艾伦（Robbie Allen）的思科公司工程师将自己创办的一家小公司改名为Automated Insights，这个新名字大有深意——罗比·艾伦立志研发人工智能自动写作程序，而公司新名字的首字母缩写恰好就是人工智能的英文缩写——AI。

借助一套名为“作家”（Wordsmith）的人工智能技术平台，Automated Insights公司首先与美联社等新闻机构合作，用机器自动撰写新闻稿件。2013年，机器自动撰写的新闻稿件数量已达3亿篇，超过了所有主要新闻机构的稿件产出数量；2014年，Automated Insights的人工智能程序已撰写出超过10亿篇的新闻稿[1]。

世界三大通讯社之一的美联社于2014年宣布，将使用Automated Insights公司的技术为所有美国和加拿大上市公司撰写营收业绩报告。目前，每季度美联社使用人工智能程序自动撰写的营收报告数量接近3700篇，这个数量是同时段美联社记者和编辑手工撰写的相关报告数量的12倍[2]。2016年，美联社将自动新闻撰写扩展到体育领域，从美国职业棒球联盟的赛事报道入手，大幅减轻人类记者和编辑的劳动强度。

想看看机器自动撰写的新闻报道是否表达清晰，语句通畅？下面是从美联社职业棒球联盟新闻稿中节选出来的几段：

宾夕法尼亚州立学院（美联社）：第十一局，一二三垒有人，一人出局的情况下，迪伦·蒂斯被触身球击中，保送上垒。这是本周三州立学院鹿角队9：8战胜布鲁克林旋风队的比赛中的一幕。

丹尼·哈茨纳通过牺牲打获得制胜一分。击球后，他成功跑上二垒但在跑向三垒时出局。

基恩·科恩在第一局中打出双杀，使旋风队以1：0领先。但在第一局的随后时间内，鹿角队连得5分，其中，迪伦·蒂斯的触身球就直接送两人跑

1.https://en.wikipedia.org/wiki/Automated_Insights

2.The Future of Finance is Automated，https://automatedinsights.com/ap

回本垒。

……[1]

自动撰写新闻稿件的好处不言而喻，这不但可以节省记者和编辑的大量劳动，而且可以在应对突发事件时充分体现出计算机的“闪电速度”。

2014年3月17日清晨，仍在梦乡的洛杉矶市居民被轻微的地面晃动惊醒。这是一次震级不大的地震，但因为震源较浅，市民的感受比较明显。地震发生后不到三分钟，《洛杉矶时报》就在网上发布了一则有关这次地震的详细报道，报道不但提及了地震台网观测到的详细数据，还回顾了旧金山区域最近十天的地震观测情况[2]。

人们在新闻报道的网页上看到了《洛杉矶时报》记者的姓名，但该新闻之所以能够在如此快的时间里发出，完全要归功于可以不眠不休工作的人工智能新闻撰写程序。地震发生的瞬间，计算机就从地震台网的数据接口中获得了有关地震的所有数据，然后飞速生成英文报道全文。刚刚从睡梦中惊醒的记者一睁眼就看到了屏幕上的报道文稿，他快速审阅后用鼠标点击了“发布”按钮。一篇自动生成并由人工复核的新闻稿就这样在第一时间快速面世。

机器视觉

人脸识别，这几乎是目前应用最广泛的一种机器视觉技术，是人工智能大家庭中的重要分支。近年来，随着深度学习技术的发展，人工智能程序对

1.Associated Press expands sports coverage with stories written by machines，http://venturebeat.com/2016/07/01/associated-press-expands-sports-coverage-with-stories-written-by-machines/

2.The journalists who never sleep，https://www.theguardian.com/technology/2014/sep/12/artificial-intelligence-data-journalism-media

人脸识别的准确率已经超过了人类的平均水平。

很多公司都为员工发放用于出入公司的门禁卡。但在我们的创新工场，没有人佩戴门禁卡。创新工场的大门上装有一个高分辨率的摄像头，员工走近大门的过程里，与摄像头相连的计算机中安装的一套名为Face++的智能软件会实时采集人脸图像并与系统中存储的员工照片进行比对，系统认识的“熟人”可以自由通行，系统不认识的“陌生人”则会被拒之门外。

人脸识别不仅仅可以当保安、当门卫，还可以在手机上保证你的交易安全。不少手机银行在需要验证业务办理人的身份时，会打开手机的前置摄像头，要求你留下面部的实时影像，而智能人脸识别程序会在后台完成你的身份比对操作，确保手机银行程序不会被非法分子盗用。

广义上的机器视觉既包括人脸识别，也包括图像、视频中的各种物体识别、场景识别、地点识别乃至语义理解。所有这些智能算法目前都可以在普通手机应用中找到。

例如，今天主流的照片管理程序几乎都提供了自动照片分类和检索的功能。其中智能程度最高、功能最强大的非谷歌照片莫属。利用谷歌照片，我可以把我的所有照片和视频——没错，是所有照片和视频，不管是昨天拍摄的晚宴照片，还是十几年前为

图4　用谷歌照片检索出我在2008年参加奥运火炬接力的瞬间

图5　用谷歌照片检索出所有海鸥照片和视频

孩子拍摄的家庭录像——统统上传到云端，不用进行任何手工整理、分类或标注，谷歌照片会自动识别出照片中的每一个人物、动物、建筑、风景、地点，并在我需要时，快速给出正确的检索结果。

利用谷歌照片，我可以轻松找到自己在过去若干年里的每一个精彩瞬间，也可以浏览在过去一年里我都去过哪些著名景点。或者，可以简单输入任何一种动物的名字，比如“海鸥”，看看我以前是不是为海鸥拍过照片。

AI艺术

2016年夏天，一款名为Prisma的手机绘画程序在大家的朋友圈里流行开来。Prisma并不是用程序凭空作画，而是根据用户指定的一张照片，将照片变成特定风格的画作。

图6中，我将一只在北京近郊拍摄到的猫咪的照片（左上角照片）交给Prisma，Prisma利用先进的人工智能算法理解照片中猫咪身上的每一个色块和每一处边缘，然后将计算机从大量经典画作中学习到的上色技法、笔触技

图6 Prisma在一只猫的照片基础上完成创作的结果

法、干湿画法等应用到这张真实的照片上。

我们可以把整个过程看成一个学习绘画的孩子对着一张猫咪照片进行的创作训练。这个名叫Prisma的孩子曾受过严格的美术教育，临摹过中西方大量经典名画，可以熟练使用各种油画、水彩画乃至漫画技法进行创作。以这张猫咪照片为基础，Prisma在理解照片内容之后，可以用人工智能的“画笔”艺术性地“创作”出多达二十几种不同画风的作品。

这种画风迁移功能不仅仅可以帮助普通人进行“艺术创作”，还可以让爱漂亮、爱自拍的女生把自己装扮成通常只在动漫或梦境中才能见到的美少女形象。2017年1月，美图秀秀推出的手绘自拍功能一夜“刷屏”，从中国到欧美再到日韩，上亿用户包括无数女明星在内，纷纷用手绘自拍功能将自己变成二次元世界里超萌、超可爱的漫画形象。英国《每日电讯报》报道说：“如果你突然在社交网络上看到到处都是迷人的自拍，那么你应该感谢这个来自中国的应用——美图秀秀。”[1]

1.美图秀秀手绘自拍刷屏欧美背后：满足用户一秒变芭比娃娃梦想，http://www.thepaper.cn/newsDetail_forward_1608020

图7　使用美图秀秀的手绘自拍功能，连我也可以秒变小鲜肉

不只女生喜欢这个功能，其实，男生也可以用这个功能将自己美化成二次元世界里最新鲜的小鲜肉。连我这个“大叔”在手绘自拍功能的强大艺术表现力之下，也被P成了粉嫩可爱的有趣形象。

新一代搜索引擎

搜索引擎里也有人工智能?

在很多人眼中，搜索引擎是诞生于20世纪的一项互联网核心技术。谷歌创始人拉里·佩奇（Larry Page）和谢尔盖·布林（Sergey Brin）于1996年提出的PageRank算法大幅提升了搜索引擎结果排序的准确性，但二十余年过去了，搜索引擎的技术、算法难道不是已经非常成熟了吗？这里还有人工智能发挥作用的空间吗?

2016年2月的一天，谷歌高级副总裁、46岁的阿米特·辛格尔（Amit

Singhal）宣布离开谷歌搜索引擎核心团队负责人的位置，接替他领导世界上最大搜索引擎的高级副总裁，是曾主管谷歌知识图谱和机器学习两大核心研发团队的约翰·贾南德雷亚（John Giannandrea）。这起人事变动无论对谷歌内部还是对外界来说都意味深长，当时的许多媒体将此次人事更迭解读为谷歌搜索全面由传统算法向人工智能算法转变的信号[1]。当然，直到2017年年初公众才知晓，阿米特·辛格尔离职的更直接原因是他卷入了一桩性骚扰案[2]。但当时也许是被迫而为的高管更迭，却从实际结果上体现出了谷歌搜索技术方向的深刻变革。

阿米特·辛格尔是谷歌搜索引擎早期核心算法，特别是网页排序算法的最重要贡献者。简单地说，最传统的网页排序算法是找出所有影响网页结果排序的因子，然后根据每个因子对结果排序的重要程度，用一个人为定义的、十分复杂的数学公式将所有因子串联在一起，计算出每个特定网页在最终结果页面中的排名位置。

约翰·贾南德雷亚（在谷歌工作时，我们都亲切地用姓名首字母称呼他为JG）曾主管的知识图谱和机器学习两大研发团队则代表了谷歌在人工智能领域的未来。其实，谷歌很早就开始用机器学习技术帮助搜索引擎完成结果排序。这一思路和传统算法不同。在机器学习的方向里，计算网页排序的数学模型及模型中的每一个参数不完全是由人预先定义的，而是由计算机在大数据的基础上，通过复杂的迭代过程自动学习得到的。影响结果排序的每个因子（在机器学习领域，每个影响因子也被称为“特征”）到底有多重要，或者如何参与最终的排名计算，主要由人工智能算法通过自我学习来确定。从2011年起，随着深度学习技术的复兴和谷歌大脑（Google Brain）项目的成

1.AI is transforming Google search. The rest of the web is next，https://www.wired.com/2016/02/ai-is-changing-the-technology-behind-google-searches/

2.疑似未披露性骚扰指控，Uber高级副总裁离职，http://tech.sina.com.cn/i/2017-02-28/doc-ifyavvsh7085718.shtml

功建设，谷歌搜索引擎使用的网页排序算法越来越依赖于深度学习技术，网页结果的相关性和准确度也由此得到了大幅提高。可以毫不夸张地说，到约翰·贾南德雷亚执掌谷歌搜索团队的时候，谷歌搜索已经是一个绝大部分由人工智能技术支撑的新一代搜索引擎了。

结果排名还只是人工智能技术在搜索引擎中应用的冰山一角。打开谷歌或类似的主流搜索引擎，人工智能的魔力无处不在。今天，我们可以直接在谷歌向搜索引擎提出问题，搜索引擎会聪明地给出许多知识性问题的答案。

例如，在图8中，我们可以直接向百度提问“东野圭吾多大了”，百度在结果页的最显著位置直接给出“58周岁”（2016年）的正确答案。我们甚至可以向谷歌提问：“在《哈利·波特》的系列故事里，到底是谁杀了令人尊敬的

图8　向百度提问并直接得到答案

图9　向谷歌提问并直接得到答案

校长邓布利多？”谷歌不但直接给出杀害邓布利多的凶手名字，还显示出相关的电影剧照、故事情节、维基百科链接等。

近年来，利用人工智能技术在语音识别、自然语言理解、知识图谱、个性化推荐、网页排序等领域的长足进步，谷歌、百度等主流搜索引擎正从单纯的网页搜索和网页导航工具，转变成为世界上最大的知识引擎和个人助理——毫无疑问，人工智能技术让搜索引擎变得更聪明了。

机器翻译

打破语言界限，用自动翻译工具帮助人类进行跨民族、跨语种、跨文化交流，这是人类自古以来就一直追寻的伟大梦想。1799年发现的罗塞塔石碑（Rosetta Stone）更是将这种交流推动到了跨时空的层面。借助罗塞塔石碑和语言学家的智慧，我们能够读懂数千年前的古埃及文字，了解古埃及人的所为、所思、所述，这真是一件无比奇妙的事。

图10　罗塞塔石碑（©Hans Hillewaert，CC BY-SA 4.0，Wikipedia）

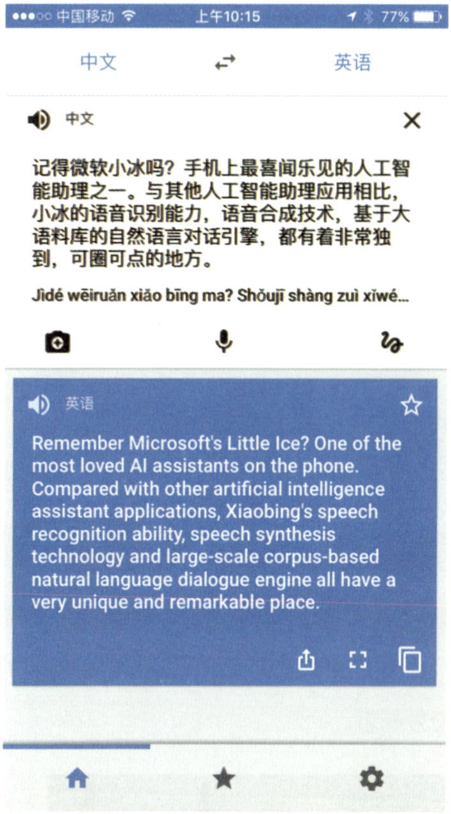

图11　谷歌翻译2016年9月更新算法后的中译英效果

今天，虽然还不尽完美，基于人工智能技术的机器翻译工具正帮助世界各地的人们交流和沟通。在所有流行的翻译工具中，谷歌翻译是支持语种最多，翻译效果最好的。

2016年9月，谷歌宣布已经在谷歌翻译的中译英的模型中应用了深度学习的一种最新算法，并大幅提高了中文到英文的翻译准确率[1]。

图11是谷歌翻译2016年9月部署的最新算法对本书一个中文段落的翻译结果。可以看到，机器翻译的结果已经与人类的英文表达相当接近，除了一些用词和句法处理有待斟酌外，整个英文段落已经具备了较强的可读性，几乎没有什么歧义或理解障碍。

2016年11月，谷歌又发表论文，宣布已突破了跨语言翻译的难题，可以在两种没有直接对应的语料样本的语言之间，完成机器翻译。举例来说，如果我们没法在网络上收集到足够多的中文和阿拉伯文之间的对应语料，那么，谷歌的机器翻译技术可以利用英文到阿拉伯文之间的对应语料，以及中

1. A Neural Network for Machine Translation, at Production Scale, https://research.googleblog.com/2016/09/a-neural-network-for-machine.html

文到英文之间的对应语料，训练出一个支持多语言间相互翻译的模型，完成中文和阿拉伯文的双向翻译。这种技术可以轻易将翻译系统支持的语言对的数量，扩展到几乎所有主要地球语言的相互配对组合。[1]

事实上，谷歌早年发展机器翻译技术时，技术团队就是将“罗塞塔石碑”用作机器翻译产品的内部代号。数千年前的罗塞塔石碑，和21世纪的人工智能算法一道，正穿越漫长的时空隧道，为人类的顺畅沟通而努力。

自动驾驶

毫无疑问，自动驾驶是最能激起普通人好奇心的人工智能应用领域之一。由计算机算法自动驾驭的汽车、飞机、宇宙飞船曾是绝大多数科幻小说中最重要的未来元素。想到未来某一天，我们可以不考驾照，不雇司机，直接向汽车发个命令，就能便捷出行，每个人都会兴奋不已。但很多人似乎还没有意识到，自动驾驶汽车本身，或至少是相关的科技成果其实已经在我们身边发挥作用并创造巨大的商业价值了。

谷歌的自动驾驶技术在过去若干年里始终处在领先地位，不仅获得了在美国数个州合法上路测试的许可，也在实际路面上积累了上百万英里的行驶经验。但截至2016年年底谷歌自动驾驶团队独立出来，成立名为Waymo的公司时，迟迟没有开始商业销售的谷歌自动驾驶汽车似乎离普通人的生活还很遥远。

相比谷歌的保守，特斯拉在推广自动驾驶技术时就比较激进。早在2014年下半年，特斯拉就开始在销售电动汽车的同时，向车主提供可选配的名为Autopilot的辅助驾驶软件。计算机在辅助驾驶的过程中依靠车载传感器实时

1.Zero-Shot Translation with Google’s Multilingual Neural Machine Translation System，https://research.googleblog.com/2016/11/zero-shot-translation-with-googles.html

获取的路面信息和预先通过机器学习得到的经验模型，自动调整车速，控制电机功率、制动系统以及转向系统，帮助车辆避免来自前方和侧方的碰撞，防止车辆滑出路面，这些基本技术思路与谷歌的自动驾驶是异曲同工的。

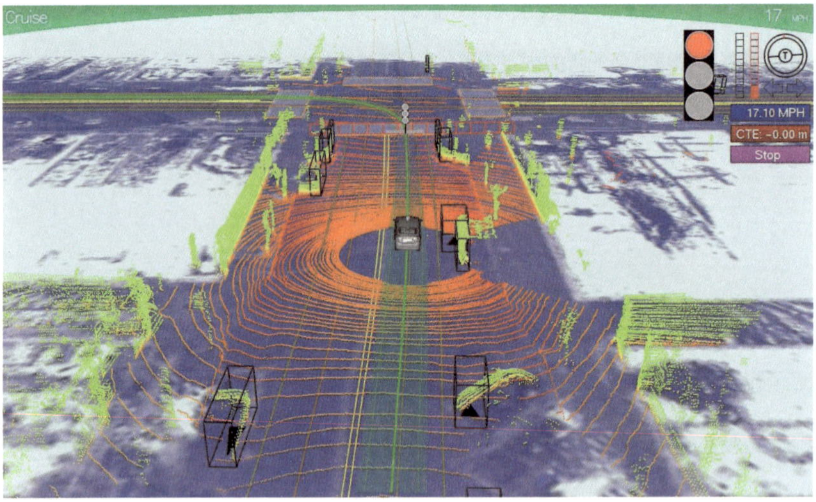

图12　自动驾驶汽车的AI算法通过传感器“看到”的实时路面情况[1]

当然，严格地来说，特斯拉的Autopilot提供的还只是“半自动”的辅助驾驶功能，车辆在路面行驶时，仍需要驾驶员对潜在危险保持警觉并随时准备接管汽车操控。

2016年5月7日，一起发生在佛罗里达州的车祸是人工智能发展史上的第一起自动驾驶致死事故。当时，一辆开启Autopilot模式的特斯拉电动汽车没有对驶近自己的大货车做出任何反应，径直撞向了大货车尾部的拖车并导致驾驶员死亡。

事故之后，特斯拉强调，在总计1.3亿英里的Autopilot模式行驶记录中，仅发生了这一起致死事故，据此计算的事故概率远比普通汽车平均每9400万

1.https://waymo.com/

英里发生一起致死事故的概率低。[1]同时，特斯拉也指出，事故发生时，由于光线、错觉等原因，驾驶员和Autopilot算法都忽视了迎面而来的危险。2017年年初，美国国家公路交通安全管理局（NHTSA）出具调查报告，认为特斯拉的Autopilot系统不应对此次事故负责，因为该系统的设计初衷是需要人类驾驶员来监控路况并应对复杂情况。事故发生时，特斯拉的驾驶员有7秒钟的时间对驶近的大货车做出观察和反应，可惜驾驶员却什么都没有做。美国国家公路交通安全管理局同时还强调说，特斯拉在安装了Autopilot辅助驾驶系统后，事故发生率降低了40%。[2]这表明，自动驾驶系统的总体安全概率要高于人类驾驶员，自动驾驶的商业化和大范围普及只是时间的问题。

在消费者市场之外，自动驾驶技术也许很快就会在一些特定的行业市场落地。在出租行业，优步和滴滴这样的领导者都在为自动驾驶技术用于共享经济而积极布局。优步的无人出租车已经在美国道路开始测试。在物流行业，自动驾驶的货运汽车很可能早于通用型的自动驾驶汽车开始上路运营。一些研发团队甚至憧憬过自动驾驶货车在高速公路上结成编队，快速、安全行驶的场面。而像驭势科技这样的小型初创公司，则提出了让自动驾驶汽车首先进入较为独立的社区道路，承担起小区通勤任务的想法。

无疑，在谷歌、特斯拉等科技巨头和传统汽车厂商、新兴创业公司等众多参与者的努力下，自动驾驶本身的科幻色彩在今天已越来越弱——它正从科幻元素变成真真切切的现实。

机器人

机器人是人工智能另一个经常让人浮想联翩的技术领域。工业机器人开

1.https://en.wikipedia.org/wiki/Tesla_Autopilot

2.NHTSA特斯拉事故调查报告，2017.1，https://static.nhtsa.gov/odi/inv/2016/INCLA-PE16007-7876.PDF

始在制造业中发挥作用已经是很多年前的新闻了。在主流的汽车生产线中，甚至在富士康的手机生产线中，不使用工业机器人才是新闻。

其实，另一种对普通人来说相对陌生的机器人反而与我们的生活关系更近。今天，在亚马逊这种电子商务巨头的库房里，在沃尔玛的仓储中心，成千上万的机器人正代替人类完成繁重的商品摆放、整理，快速出库、入库等操作。

2012年，亚马逊收购了一家名为Kiva的公司，收购的唯一目的就是获取设计、制造仓储机器人的能力。基于Kiva技术，亚马逊大量制造一种橙黄色的小个子机器人，这些机器人可以自动驮着货物转运架，在亚马逊的大型仓储中心里快速移动，将货物运送到指定位置。

图13　亚马逊橙黄色的仓储机器人[1]

根据2015年第三季度末的统计数据，亚马逊在13个仓储中心使用着超过3万个Kiva机器人[2]。这些机器人不仅比人类仓库管理员工作得更快、更有效

1.https://amazonrobotics.com/

2.Amazon is just beginning to use robots in its warehouses and they're already making a huge difference，http://qz.com/709541/amazon-is-just-beginning-to-use-robots-in-its-warehouses-and-theyre-already-making-a-huge-difference/

率，而且在空间占用上也比人类更为节省。使用了橙黄色机器人的仓储中心比普通仓储中心可以多存放50%的货物，运营成本也由此降低了20%。

对于爱网购的新新人类而言，快递是另一个与大家的幸福指数息息相关的行业。在这里，机器人当然也可以大显身手。例如，谷歌、亚马逊、DHL等从几年前就开始尝试用智能无人机完成快递流程的“最后一英里”。

图14　DHL用于递送快递包裹的无人机[1]

除了可以直接落在自家庭院里的无人机，不少初创公司也在大力研制智能机器人形式的无人货运小车。比萨饼连锁店达美乐就在尝试用小车形状的机器人上门送比萨。一家名为Starship Technologies的初创公司更是为小车形状的机器人设计了安全锁、智能行驶、精准定位、智能通信等模块，小车最多可承载20磅（约9千克）货物，最远可在方圆1英里（约1.6千米）的范围内运行，不仅仅可以充当快递工具，还可以在你购物回家的路上帮你拿东西。

图15　Starship Technologies的智能机器人[2]

另一个近年来火热的领域是教

1.DHL launches first commercial drone 'parcelcopter' delivery service，https://www.theguardian.com/technology/2014/sep/25/german-dhl-launches-first-commercial-drone-delivery-service

2.https://www.starship.xyz/

育和家庭用机器人。不过必须提醒大家的是，今天的家庭机器人还远无法像大家奢望的那样，以人形外貌出现在主人面前。从投资者的角度看，越是追求与人长得一样，试图像人一样说话、做事的机器人项目，就越没有商业前景。这个道理很简单——机器人越像人，人类就越容易拿真人与“它”做比较。这时，技术的不足会暴露无遗，在“缺点放大镜”的作用下，这种机器人只会显得无比愚蠢和笨拙。真正容易打动家庭用户的是诸如亚马逊Echo这样的智能家电——功能相对简单，外形更像家电而不是机器人，智能功能只面向一两个有限但明确的使用场景。也就是说，大多数用户会更喜欢一个有一定沟通能力、比较可爱甚至很“萌”的小家电，而不是一个处处缺陷的全功能人形机器人。

教育机器人也类似这样。比如初创公司奇幻工房（Wonder Workshop）推出的名为达奇（Dash）和达达（Dot）的两个小机器人，它们可以帮助5岁以上的孩子学习编程，开发孩子的动手能力和想象力，但它们的外貌并不像真人，而是几个可爱的几何形体组合。

图16 奇幻工房的教育机器人达奇[1]

1.https://cn.makewonder.com/dash

到底什么是人工智能？

人工智能就在我们身边，但并非所有人都能留意到它的存在。许多人只是将它视作寻常科技的一种——这牵涉到一个如何定义人工智能的问题。

在有些人眼里，只有长相和人一模一样，智慧水平不输于18岁男女青年的机器才叫人工智能；可在另一些人看来，计算机能做许多人类做不到的事，比如一秒钟完成数百亿次运算，人类再聪明也无法在计算速度上与机器相比，为什么就不能将远超人类的计算机称为人工智能呢？

这两种看法几乎是两个极端。谁的看法更正确一些呢？

到底什么是人工智能？为什么我们说之前谈到的智能搜索引擎、智能助理、机器翻译、机器写作、机器视觉、自动驾驶、机器人等技术属于人工智能，而诸如手机操作系统、浏览器、媒体播放器等通常不被归入人工智能的范畴？人工智能究竟有没有一个容易把握和界定的科学定义？

AI 小百科

人工智能的定义

历史上，人工智能的定义历经多次转变。一些肤浅的、未能揭示内在规律的定义很早就被研究者抛弃。但直到今天，被广泛接受的定义仍有很多种。具体使用哪一种定义，通常取决于我们讨论问题的语境和关注的焦点。

这里，简要列举几种历史上有影响的，或目前仍流行的人工智能的定义。对这些定义的分析、讨论是一件相当有趣的事，这有些类似于古代哲学家们围坐在一起探讨“人何以为人”，或者，类似于科幻迷们对阿西莫夫的“机器人三定律”展开辩论。其实，很多实用主义者反对形而上的讨论，他们会大声说：“嘿，管它什么是人工智能呢？只要机器能帮助人解决问题不就行了？”

定义一 AI就是让人觉得不可思议的计算机程序

人工智能就是机器可以完成人们不认为机器能胜任的事——这个定义非常主观，但也非常有趣。一个计算机程序是不是人工智能，完全由这个程序的所作所为是不是能让人目瞪口呆来界定。这种唯经验论的定义显然缺乏一致性，会因时代不同、背景不同、评判者的经验不同而套用不同的标准。但这一定义往往反映的是一个时代里大多数的普通人对人工智能的认知方式：每当一个新的人工智能热点出现时，新闻媒体和大众总是用自己的经验来判定人工智能技术的价值高低，而不管这种技术在本质上究竟有没有“智能”。

计算机下棋的历史就非常清楚地揭示了这一定义的反讽之处。

早期，碍于运行速度和存储空间的限制，计算机只能用来解决相对简单的棋类博弈问题，例如西洋跳棋，但这毫不妨碍当时的人们将一台会下棋的计算机称作智能机器，因为那时，普通计算机在大多数人心目中不过是一台能用飞快的速度做算术题的机器罢了。1951年，英国曼彻斯特大学的克里斯托弗·斯特拉齐（Christopher Strachey）编写了第一个会下西洋跳棋的计算机程序。20世纪50年代中期，IBM的阿瑟·萨缪尔（Arthur Samuel）开发的西洋跳棋程序可以和业余选手对抗。1962年，阿瑟·萨缪尔的程序战胜了一位盲人跳棋高手，一时间成了不小的新闻事件[1]，绝大多数媒体和公众都认为类似的西洋跳棋程序是不折不扣的人工智能。

可没过多久，不少粗通编程的人发现，计算机基本上是在用搜索或优化搜索的方式来解决博弈问题。虽然其中有各种避免穷举的算法技巧，但在公众眼中，程序只不过是按事先编写的搜索策略一步步找到最佳走棋步骤而已。随着PC的普及，每台个人电脑都可以运行一个水平相当高的西洋跳棋程序，会下棋的计算机逐渐褪去了神秘的光环。人们开始怀疑西洋跳棋程序的智能程度，不少人会用国际象棋作为例子，挑衅式地说："下西洋跳棋有什么了不起？哪天在国际象棋棋盘上赢了世界冠军，那才叫人工智能。"

后面的事情大家都很熟悉了。1996年，IBM研究团队倾力打造的计算机深蓝挑战世界棋王卡斯帕罗夫，当年虽遗憾败北，但人们已经看到了计算机战胜人类的希望。1997年，深蓝卷土重来，在六局棋的对抗赛中战胜卡斯帕罗夫后声誉大振。当时，几乎全世界的人都在讨论深蓝的强大和可怕，没人怀疑深蓝就是人工智能的代表，至少，公众愿意相信，在深蓝巨大的黑色机箱内，拥有一颗在棋类博弈领域不输人类的特殊"大脑"。

好景不长，与西洋跳棋相似的历史很快就再次上演。当国际象棋、中国象棋已经被计算机玩得滚瓜烂熟，连一部手机、一台平板电脑上的象棋程序都能与人类高手分庭抗礼时，公众立即开始怀疑这样的博弈程序是不是还算得上人工智能。事实上，与下棋类似的事情也发生在OCR（光学字符识别）等已经失去了新鲜感的计算机算法身上[2]。道理很简单，公众总是乐于证明人类在智慧层面的独一无二。不管是不是真的懂得算法细节，人们总会说，计算机只不过是在程序控制下机械地完成搜索或穷举罢了。

拒绝承认象棋程序是人工智能后，公众找到了维护人类智慧尊严的最后

1.Jill Cirasella，Danny Kopec，The History of Computer Games，2006

2.Roger C. Schank，Where's the AI? AI Magazine Volumen 12 Number 4，1991

阵地——围棋。直到2016年年初，除了一个叫樊麾的职业围棋选手和谷歌DeepMind的一支规模不大的研发团队外，几乎所有地球人，包括围棋高手和不少计算机专家都经常会说：“下象棋有什么了不起？真有智能的话，来跟世界冠军下盘围棋试试？围棋可是一项无法穷尽搜索，需要依靠人类大局观的智力运动，是唯一一种计算机无法战胜人类的棋类比赛。”

很不幸，人类的自以为是又一次被快速发展的人工智能算法无情嘲笑了。2016年3月9日，围棋世界冠军李世石坐在AlphaGo面前，宿命再一次降临。随着AlphaGo在五番棋中以四比一大胜，有关人工智能的热情和恐慌情绪同时在全世界蔓延开来，也因此引发了一拨人工智能的宣传热潮。

2017年元旦前后，升级版的AlphaGo更是以Master的网名悄然复出，在对弈平台上，与包括中日韩最高水平棋手在内的数十位人类顶尖棋手过招，弈出了60：0的绝对优势战绩，可谓笑傲棋坛，但求一败。

今天，没有人怀疑AlphaGo的核心算法是人工智能。但想一想曾经的西洋跳棋和国际象棋，当时的人们不是一样对战胜了人类世界冠军的程序敬若神明吗？再过两三年，当手机上的围棋程序可以轻松战胜职业棋手，当所有围棋比赛都要严查手机作弊时，人们还会认为计算机下围棋是一件不可思议的事吗？人们还会将围棋程序视为人工智能的代表吗？

定义二　AI就是与人类思考方式相似的计算机程序

这是人工智能发展早期非常流行的一种定义方式。另一种类似的，同样从思考方式本源出发的定义是：AI就是能遵照思维里的逻辑规律进行思考的计算机程序。

从根本上讲，这是一种类似仿生学的直观思路。既然叫人工智能，那用程序来模拟人的智慧就是最直截了当的做法。但历史经验证明，仿生学的思路在科技发展中不一定可行。一个最好也最著名的例子就是飞机的发明。在几千年的时间里，人类一直梦想着按照鸟类扑打翅膀的方式飞上天空，但反讽的是，真正带着人类在长空翱翔，并打破了鸟类飞行速度、飞行高度纪录的，是飞行原理与鸟类差别极大的固定翼飞机。

人类思考方式？人究竟是怎样思考的？这本身就是一个复杂的技术和哲学问题。要了解人类自身的思考方式，哲学家们试图通过反省与思辨，找到人类思维的逻辑法则，而科学家们则通过心理学和生物学实验，了解人类在思考时的身心变化规律。这两条道路都在人工智能的发展历史上起到过极为重要的作用。

思维法则，或者说，逻辑学，是一个人的思考过程是不是理性的最高判定标准。从古希腊的先贤们开始，形式逻辑、数理逻辑、语言逻辑、认知逻辑等分支在数千年的积累和发展过程中，总结出大量规律性的法则，并成功地为几乎所有科学研究提供了方法论层面的指导。让计算机中的人工智能程序遵循逻辑学的基本规律进行运算、归纳或推演，是许多早期人工智能研究者的最大追求。

世界上第一个专家系统程序Dendral是一个成功地用人类专家知识和逻辑推理规则解决一个特定领域问题的例子。这是一个由斯坦福大学的研究者用Lisp语言写成的，帮助有机化学家根据物质光谱推断未知有机分子结构的程序。Dendral项目在20世纪60年代中期取得了令人瞩目的成功，衍生出一大批根据物质光谱推断物质结构的智能程序[1]。Dendral之所以能在限定的领域解决问题，一是依赖于化学家们积累的有关何种分子结构可能产生何种光谱的经验知识，二是依赖符合人类逻辑推理规律的大量判定规则。Dendral的成功事实上带动了专家系统在人工智能各相关领域的广泛应用，从机器翻译到语音识别，从军事决策到资源勘探。一时间，专家系统似乎就是人工智

1.https://en.wikipedia.org/wiki/Dendral

能的代名词，其热度不亚于今天的深度学习。

但人们很快就发现了基于人类知识库和逻辑学规则构建人工智能系统的局限。一个解决特定的、狭小领域问题的专家系统很难被扩展到稍微宽广一些的知识领域中，更别提扩展到基于世界知识的日常生活里了。一个著名的例子是早期人们用语法规则与词汇对照表来实现机器翻译时的窘境。1957年苏联发射世界上第一颗人造卫星后，美国政府和军方急于使用机器翻译系统了解苏联的科技动态。但用语法规则和词汇对照表实现的俄语到英语的机器翻译系统笑话百出，曾把“心有余而力不足”（the spirit is willing but the flesh is weak）翻译为“伏特加不错而肉都烂掉了”（the vodka is good but the meat is rotten），完全无法处理自然语言中的歧义和丰富多样的表达方式[1]。在后起的统计模型、深度学习等技术面前，专家系统毫无优势可言，因而从20世纪90年代开始就备受冷落。科研机构甚至不得不解雇过时的语言学家，以跟上技术发展的脚步。

另一方面，从心理学和生物学出发，科学家们试图弄清楚人的大脑到底是怎么工作的，并希望按照大脑的工作原理构建计算机程序，实现“真正”的人工智能。这条道路上同样布满荆棘。最跌宕起伏的例子，非神经网络莫属。

生物学家和心理学家很早就开始研究人类大脑的工作方式，其中最重要的一环，就是大脑神经元对信息（刺激）的处理和传播过程。早在通用电子计算机出现之前，科学家们就已经提出了有关神经元处理信息的假想模型，即人类大脑中的数量庞大的神经元共同组成一个相互协作的网络结构，信息（刺激）通过若干层神经元的增强、衰减或屏蔽处理后，作为系统的输出信号，控制人体对环境刺激的反应（动作）。20世纪50年代，早

1.Stuart Russell，Peter Norvig，Artificial Intelligence: A Modern Approach，Third edition

期人工智能研究者将神经网络用于模式识别，用计算机算法模拟神经元对输入信号的处理过程，并根据信号经过多层神经元后得到的输出结果对算法参数进行修正。

早期神经网络技术没有发展太久就陷入低谷。这主要有两个原因：一是当时的人工神经网络算法在处理某些特定问题时有先天局限，亟待理论突破；二是当时的计算机运算能力无法满足人工神经网络的需要。20世纪70年代到80年代，人工神经网络的理论难题得到解决。20世纪90年代开始，随着计算机运算能力的飞速发展，神经网络在人工智能领域重新变成研究热点。但直到2010年前后，支持深度神经网络的计算机集群才开始得到广泛应用，供深度学习系统训练使用的大规模数据集也越来越多。神经网络这一仿生学概念在人工智能的新一轮复兴中，真正扮演了至关重要的核心角色。

客观地说，神经网络到底在多大程度上精确反映了人类大脑的工作方式，这仍然存在争议。在仿生学的道路上，最本质的问题是，人类至今对大脑如何实现学习、记忆、归纳、推理等思维过程的机理还缺乏认识，况且，我们并不知道，到底要在哪一个层面（大脑各功能区相互作用的层面？细胞之间交换化学物质和电信号的层面？还是分子和原子运动的层面？）真实模拟人脑的运作，才能制造出可以匹敌人类智慧的智能机器。

定义三 AI就是与人类行为相似的计算机程序

和仿生学派强调对人脑的研究与模仿不同，实用主义者从不觉得人工智能的实现必须遵循什么规则或理论框架。“黑猫白猫，逮住耗子的就是好猫。”在人工智能的语境下，这句话可以被改成：“简单程序，复杂程序，聪明管用的就是好程序。”

也就是说，无论计算机以何种方式实现某一功能，只要该功能表现得与人在类似环境下的行为相似，就可以说，这个计算机程序拥有了在该领域内的人工智能。这一定义从近似于人类行为的最终结果出发，忽视达到这一结果的手段。另一种对人工智能的近似定义则更强调人工智能的实用色彩：AI就是可以解决问题并获得最大收益的计算机程序。

略懂些编程的人都知道，几乎所有程序设计语言都提供了类似“if…else…”的分支结构，即，如果程序发现某个条件已满足，就执行if之后的指令，否则就执行else之后的指令。那么，与“if…else…”相关的一个哲学问题是，程序根据某个条件进行判断并完成相应操作的时候，这个“判断”以及随后的“决定”是由计算机自己做出的，还是由编程序的人做出的？如果是由计算机自己做出的，那能不能说所有执行了“if…else…”语句的计算机程序都是人工智能？如果相反，那计算机根据运行时的情况做决策时，人又在哪里呢？

哲学思辨容易陷入这样的两难境地，但实用主义者根本不把这当回事——执行“if…else…”的程序是否有智能，完全要看那个程序是不是做了和人相似的有智能的事。像Dendral这样的专家系统就是靠大量“if…else…”来模仿人类专家的判定规则，这当然属于人工智能的范畴，而普通的数值计算程序即便用了“if…else…”，也不能被称作智能。

实用主义者推崇备至的一个例子是麻省理工学院于1964年到1966年开发的“智能”聊天程序ELIZA。这个程序看上去就像一个有无穷耐心的心理医生，可以和无聊的人或需要谈话治疗的精神病人你一句我一句永不停歇地聊下去。当年，ELIZA的聊天记录让许多人不敢相信自己的眼睛。可事实上，ELIZA所做的，不过是在用户输入的句子里，找到一些预先定义好的关键词，然后根据关键词从预定的回答中选择一句，或者简单将用户的输入做了人称替换后，再次输出，就像心理医生重复病人的话那样。ELIZA心里只有词表和映射规则，它才不懂用户说的话是什么意思呢。

这种实用主义的思想在今天仍有很强的现实意义。比如今天的深度学习模型在处理机器翻译、语音识别、主题抽取等自然语言相关的问题时，基本上都是将输入的文句看成由音素、音节、字或词组成的信号序列，然后将这些信号一股脑塞进深度神经网络里进行训练。深度神经网络内部，每层神经元的输出信号可能相当复杂，复杂到编程者并不一定清楚这些中间信号在自然语言中的真实含义，但没有关系，只要整个模型的最终输出满足要求，这样的深度学习算法就可以工作得很好。在研究者看来，深度学习模型是不是真的跟人类大脑神经元理解自然语言的过程类似，这一点儿都不重要，重要的是，整个模型可以聪明地工作，最终结果看起来就像人做的一样。

定义四 AI就是会学习的计算机程序

没有哪个完美主义者会喜欢这个定义。这一定义几乎将人工智能与机器学习等同了起来。但这的确是最近这拨人工智能热潮里，人工智能在许多人眼中的真实模样。谁让深度学习一枝独秀，几乎垄断了人工智能领域里所有流行的技术方向呢？

20世纪80年代到90年代，人们还在专家系统和统计模型之间摇摆不定，机器学习固守着自己在数据挖掘领域的牢固阵地远远观望。从2000年到2010年，短短十几年过去，机器学习开始逐渐爆发出惊人的威力，并最早在计算机视觉领域实现了惊人的突破。2010年至今，使用深度学习模型的图像算法在ImageNet竞赛中显著降低了对象识别、定位的错误率。2015年，

ImageNet竞赛中领先的算法已经达到了比人眼更高的识别准确率[1]。就在同一年，语音识别依靠深度学习获得了大约49%的性能提升[2]。机器翻译、机器写作等领域也在同一时期逐渐被深度学习渗透，并由此获得了大幅改进。

“无学习，不AI”，这几乎成了人工智能研究在今天的核心指导思想。许多研究者更愿意将自己称为机器学习专家，而非泛泛的人工智能专家。谷歌的AlphaGo因为学习了大量专业棋手棋谱，然后又从自我对弈中持续学习和提高，因此才有了战胜人类世界冠军的本钱。微软的小冰因为学习了大量互联网上的流行语料，才能用既时尚，又活泼的聊天方式与用户交流。媒体上，被宣传为人工智能的典型应用大多都拥有深度学习的技术基础，是计算机从大量数据资料中通过自我学习掌握经验模型的结果。

这一定义似乎也符合人类认知的特点——没有哪个人是不需要学习，从小就懂得所有事情的。人的智慧离不开长大成人过程里的不间断学习。因此，今天最典型的人工智能系统通过学习大量数据训练经验模型的方法，其实可以被看成是模拟了人类学习和成长的全过程。如果说人工智能未来可以突破到强人工智能甚至超人工智能的层次，那从逻辑上说，在所有人工智能技术中，机器学习最有可能扮演核心推动者的角色。

当然，机器目前的主流学习方法和人类的学习还存在很大的差别。举个最简单的例子：目前的计算机视觉系统在看过数百万张或更多自行车的照片后，很容易辨别出什么是自行车，什么不是自行车，这种需要大量训练照片的学习方式看上去还比较笨拙。反观人类，给一个三四岁的小孩子看一辆自行车之后，再见到哪怕外观完全不同的自行车，小孩子也十有八九能做出那是一辆自行车的判断。也就是说，人类的学习过程往往不需要大规模的训

1.http://image-net.org/

2.Google voice search: faster and more accurate，http://googleresearch.blogspot.ch/2015/09/google-voice-search-faster-and-more.html

练数据。这一差别给人类带来的优势是全方位的。面对繁纷复杂的世界，人类可以用自己卓越的抽象能力，仅凭少数个例，就归纳出可以举一反三的规则、原理，甚至更高层次上的思维模式、哲学内涵等。最近，尽管研究者提出了迁移学习等新的解决方案，但从总体上说，计算机的学习水平还远远达不到人类的境界。

如果人工智能是一种会学习的机器，那未来需要着重提高的，就是让机器在学习时的抽象或归纳能力向人类看齐。

定义五 AI就是根据对环境的感知，做出合理的行动，并获得最大收益的计算机程序

针对人工智能，不同的定义将人们导向不同的研究或认知方向，不同的理解分别适用于不同的人群和语境。如果非要调和所有看上去合理的定义，我们得到的也许就只是一个全面但过于笼统、模糊的概念。

维基百科的人工智能词条采用的是斯图亚特·罗素（Stuart Russell）与彼得·诺维格（Peter Norvig）在《人工智能：一种现代的方法》[1]一书中的定义，他们认为：

人工智能是有关“智能主体（Intelligent agent）的研究与设计”的学问，而“智能主体是指一个可以观察周遭环境并做出行动以达致目标的系统”[2]。

基本上，这个定义将前面几个实用主义的定义都涵盖了进去，既强调人工智能可以根据环境感知做出主动反应，又强调人工智能所做出的反应必须达致目标，同时，不再强调人工智能对人类思维方式或人类总结的思维法则

1.Stuart Russell，Peter Norvig，Artificial Intelligence: A Modern Approach，Third edition

2.https://zh.wikipedia.org/wiki/人工智能

（逻辑学规律）的模仿。

以上，我们列举了五种常见的人工智能的定义。其中，第二种定义（与人类思考方式相似）特别不可取。人们对大脑工作机理的认识尚浅，而计算机走的是几乎完全不同的技术道路。正如深度学习“三巨头”之一的扬·勒丘恩（Yann LeCun）所说，对深度神经网络，“我最不喜欢的描述是‘它像大脑一样工作’，我不喜欢人们这样说的原因是，虽然深度学习从生命的生物机理中获得灵感，但它与大脑的实际工作原理差别非常非常巨大。将它与大脑进行类比给它赋予了一些神奇的光环，这种描述是危险的。这将导致天花乱坠的宣传，大家在要求一些不切实际的事情。人工智能之前经历了几次寒冬就是因为人们要求了一些人工智能无法给予的东西”[1]。国内著名机器学习专家、南京大学教授周志华则说：“现在有很多媒体，常说深度学习是‘模拟人脑’，其实这个说法不太对。我们可以说从最早的神经网络受到一点点启发，但完全不能说是‘模拟人脑’之类的。”[2]

第一种定义（让人觉得不可思议）揭示的是大众看待人工智能的视角，直观易懂，但主观性太强，不利于科学讨论。第三种定义（与人类行为相似）是计算机科学界的主流观点，也是一种从实用主义出发，简洁、明了的定义，但缺乏周密的逻辑。第四种定义（会学习）反映的是机器学习特别是深度学习流行后，人工智能世界的技术趋势，虽失之狭隘，但最有时代精神。第五种定义（维基百科使用的综合定义）是学术界的教科书式定义，全面均衡，偏重实证。

1.机器之心（微信公众号），2015.2，【独家】IEEE深度对话Facebook人工智能负责人Yann LeCun：让深度学习摆脱束缚

2.AI科技评论（微信公众号），2016.12，周志华KDD China技术峰会现场演讲：深度学习并不是在“模拟人脑”

基本上，偏重实证是近年来人工智能研究者的主流倾向。在今天这个结果至上的时代里，没有多少人愿意花心思推敲人工智能到底该如何定义。有那个时间，还不如去搞几个深度学习的新模型，发几篇深度学习新算法的论文来得划算。

第二章
AI复兴：深度学习＋大数据＝人工智能

这一次人工智能复兴的最大特点是，AI在语音识别、机器视觉、数据挖掘等多个领域走进了业界的真实应用场景，与商业模式紧密结合，开始在产业界发挥出真正的价值。

第三次AI热潮：有何不同？

2016年3月，似乎人人都在谈人工智能。

AlphaGo与李世石的一盘棋将普通人一下子带入科技最前沿。围棋人机大战刚刚尘埃落定，“人类是不是要被机器毁灭了”之类的话题就超出了科幻迷的圈子，在普通人中流行开来。每天，我都能在各种场合听见人们谈论人工智能，哪怕是在街头的咖啡馆里，也能听到“深度学习”这样的专业字眼儿；大大小小的人工智能“论坛”或“年会”如雨后春笋般在北京、上海、广州、深圳、杭州等地涌现出来，学术界的人工智能大师们在各种会议、商业活动和科普活动中奔波忙碌，马不停蹄；一边是专业的科研机构、高科技公司在谈论人工智能，另一边，银行、保险、能源、家电等传统行业厂商也都忙不迭地把“AI”或“AI+”的标签贴在自己身上；创投领域就更是热火朝天，包括创新工场在内，每家高科技投资机构都盯紧了人工智能领域的初创公司——这种火热场面，和整个投资圈在2016年遇冷的大背景迥然不同。

可大家千万不要忘了，这并不是人机对弈第一次激起公众的热情。1997年IBM的深蓝战胜卡斯帕罗夫的那一天，全世界科技爱好者奔走相告的场景丝毫不比今天人们对AlphaGo的追捧逊色多少。再往前看，1962年，IBM的阿瑟·萨缪尔开发的西洋跳棋程序就战胜过一位盲人跳棋高手，那时，报纸也在追捧人工智能，公众也一样对智能机器的未来充满了好奇。

从20世纪60年代到90年代再到今天，从西洋跳棋到国际象棋再到围棋，三盘棋，三次人工智能在公众中引发的热潮——为什么处在风口浪尖的偏偏都是人机对弈？为什么会下棋的计算机程序如此风光？

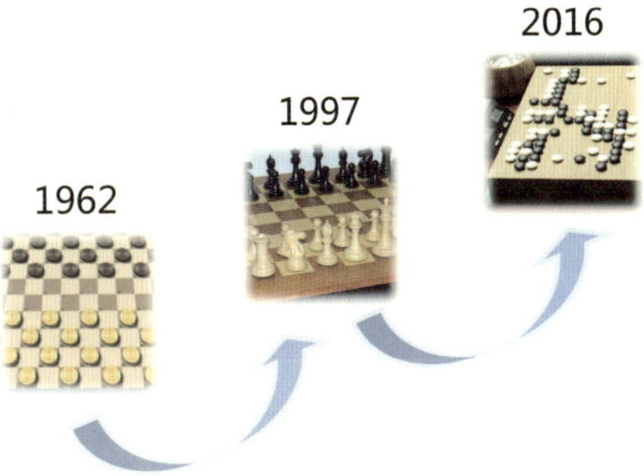

图17　三个时代、三盘人机对弈

纵观人工智能发展史，人机对弈只是人工智能在公众心目中的地位起起落落的一个缩影。对于人工智能的技术研发者而言，选择人机对弈作为算法的突破口，这一方面是因为棋类游戏代表着一大类典型的、有清晰定义和规则、容易评估效果的智能问题；另一方面也是因为具备一定复杂性的棋类游戏通常都会被公众视为人类智慧的代表，一旦突破了人机对弈算法，也就意味着突破了公众对人工智能这项新技术的接受门槛。

的确，每次人机大战以及计算机胜出的结果，都在公众视野中激起万千波澜。可反过来想一想，人类对计算机在棋类项目上胜出的心理承受力又是何等脆弱和可笑。跳棋程序甫一成熟，公众惊呼“智能机器威胁论”，可没过几年，习惯了计算机会下简单棋类的公众又转而挑衅地说：“下个跳棋有什么了不起，有本事去下复杂无比的国际象棋试试？”IBM的深蓝刚刚战胜卡斯帕罗夫的时候，全世界关心科技发展的公众都在为人类的未来命运担忧，可没过几年，国际象棋和中国象棋程序就变成了再普通不过的计算机应用，在大多数人心目中，“下个象棋算什么智能？有本事去下奥妙无穷的围棋试试？”

网上流传着一幅有关“人工智能发展成熟度曲线”的漫画，形象地展示出人们在此前两次人工智能热潮中，从被人工智能在某些领域的惊艳表现震撼，到逐渐认识到当时的人工智能还有各种局限，以至于产生巨大心理落差的有趣过程。

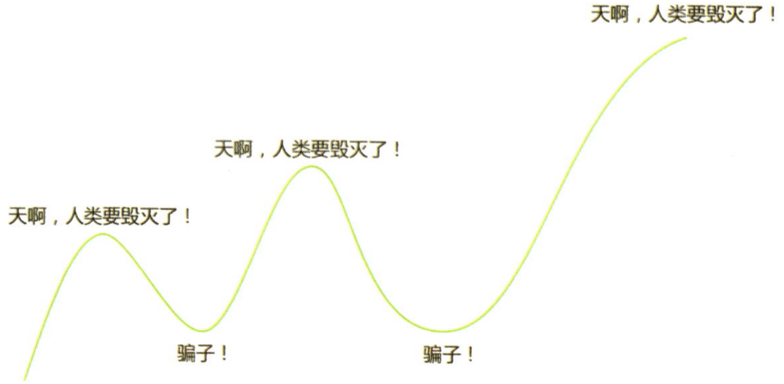

图18　网上流传的漫画：人工智能发展成熟度曲线

与其说这是人类自身的心理落差，不如说这是计算机是否具有智能的判定标准在不断被拔高。从会下跳棋就算智能，到会下象棋才算智能，再到会下围棋才算智能……到底有没有客观的评价尺度？到底要给计算机设定怎样的门槛，才能正式发给它一张“人类智慧”的鉴定证书？今天我们管AlphaGo叫人工智能了，3年之后呢？5年之后呢？

AlphaGo之前，人们至少喊过两次“人类要被机器毁灭了！”20世纪60年代前后算一次，20世纪80年代到90年代前后也算一次。前两次人工智能热潮，每一次都释放过人类关于未来的瑰丽想象力，每一次都让许多人热血沸腾。但很不幸，两次热潮在分别经历了十数年的喧嚣后，无一例外地迅速跌入低谷，并在漫长的寒冬中蛰伏起来。

1998年，我来到北京创立微软亚洲研究院的时候，正值当时人工智能的热潮开始消退，人们对热潮中随处可见的盲目情绪心有余悸，很多人甚至不愿再用“人工智能”这个词来指代相关的研发领域。在学术圈子里，一度有很多人觉得，凡是叫“人工智能”的，都是那些被过分夸大，其实并不管用的技术。结果，我们为微软亚洲研究院设定科研方向的时候，就经常主动回避“人工智能”这个字眼儿，而是选用“机器视觉”“自然语言理解”“语音识别”“知识挖掘”之类侧重具体应用领域的术语。

仅仅因为人工智能的表现与普通人的期望存在差距，我们这些研究人工智能的人就羞于提及“人工智能”，这真是一件尴尬的事儿。

那么，今天这次人工智能热潮会如何发展呢？第三次人工智能热潮有何本质上的不同？几年后的我们是否还会像前两次那样，不但忘掉了曾经的兴奋，还愤愤地说人工智能都是骗子？学术界、投资界、商业界乃至普通大众还会像此前两次那样在热闹了一阵子之后就归于沉寂，甚至跌入冰点吗？

用高德纳技术成熟度曲线看AI发展史

和前面那张搞笑的“人工智能发展成熟度曲线”不同，学术界、产业界和投资界在谈到技术高潮与低谷时，经常会引用高德纳咨询公司（Gartner）推荐的技术成熟度曲线。

这条曲线显示出，几乎每一项新兴且成功的技术，在真正成熟之前，都要经历先扬后抑的过程，并在波折起伏中通过积累和迭代，最终走向真正的繁荣、稳定和有序发展。

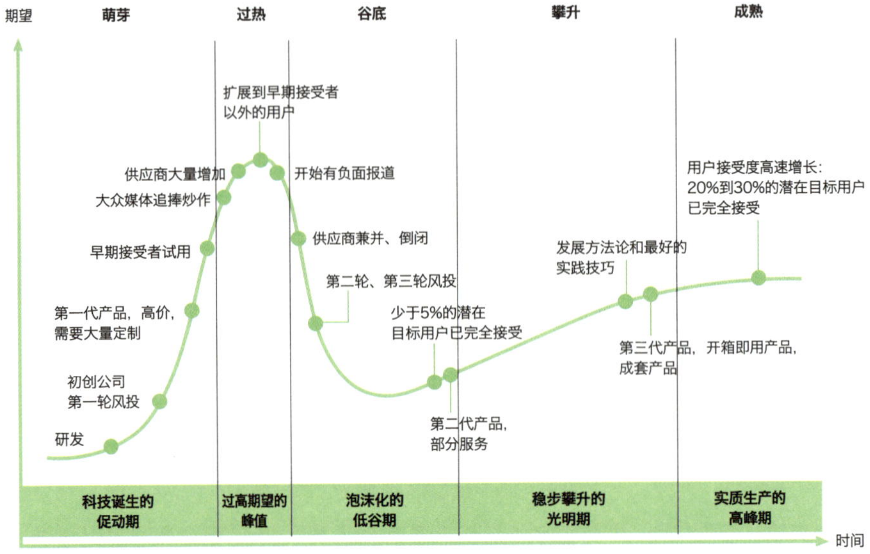

图19　高德纳咨询公司（Gartner）技术成熟度曲线（CC BY-SA 3.0，Wikipedia）[1]

如图19中的曲线所示，一种新科技的研发过程通常是这样的：初创公司接受第一轮风投，开发出第一代产品，虽然不成熟，但足以吸引一批早期接受者——粉丝。在早期阶段，产品的优点被粉丝放大，大众媒体跟风炒作，将该技术推向一个充满泡沫的膨胀期。随着盲目的追捧者激增，跟风研发、生产的初创公司越来越多，产品的不足被无限放大，负面报道开始出现，供过于求的市场竞争中，大批跟风入局的初创公司不是被兼并，就是走向倒闭，只有少数拥有核心竞争力的坚持了过来。跌入低谷后，第二轮、第三轮风投资金注入大浪淘沙后仅存的中坚企业，新一代技术和产品也随之问世，整个技术曲线步入稳步攀升的平台期和成熟期，潜在用户的接受程度也从5%以下逐渐提升到20%到30%，初创企业和风投资本开始迎来高额回报。

这条曲线概括了绝大多数高新技术的发展历程。更重要的是，每年高德

1.https://en.wikipedia.org/wiki/Hype_cycle

纳公司都会根据当年度所有流行技术的发展、成熟状况，制作出一张当年各流行技术在高德纳曲线上的发展位置图示，标示出每种前沿技术是处在萌芽期、泡沫期、低谷期还是成熟期，以及每种未达成熟期的技术还需要几年才会真正成熟起来。技术人员、投资者经常根据高德纳曲线来判断时代潮流，选择投资方向。

将高德纳技术成熟度曲线对应到人工智能波折起伏的发展历程中，其实不难看到，人工智能此前两次表现出的热潮，更多应该被理解为一项新兴技术在萌芽期的躁动以及在泡沫期的过分膨胀。

20世纪50年代到60年代，伴随着通用电子计算机的诞生，人工智能悄然在大学实验室里崭露头角。以艾伦·图灵（Alan Turing）提出图灵测试为标志，数学证明系统、知识推理系统、专家系统等里程碑式的技术和应用一下子在研究者中掀起了第一拨人工智能热潮。但那个年代，无论是计算机的运算速度还是相关的程序设计与算法理论，都远不足以支撑人工智能的发展需要。例如，计算机科学和人工智能的先驱艾伦·图灵就曾在1951年发表过一份写在纸上的象棋程序[1]，可惜当年的计算机难以实现这样复杂的运算。这就像探险家发现新大陆一样，第一次踏足新大陆和真正让新大陆蓬勃发展起来是根本不同的两件事。于是，从20世纪60年代末开始，无论是专业研究者还是普通公众，大家对人工智能的热情迅速消退。

20世纪80年代到90年代，也就是我在卡内基-梅隆大学发明非特定人连续语音识别技术并将其用于苹果计算机系统的时代——那的确是人工智能研究者和产品开发者的一个黄金时代。传统的基于符号主义学派的技术被我和其他同时代研究者抛弃在一边，基于统计模型的技术悄然兴起，并在语音识别、机器翻译等领域取得了不俗的进展，人工神经网络也在模式识别等应用领域开始有所建树，再加上1997年深蓝计算机战胜人类棋王卡斯帕罗夫，普

1.https://en.wikipedia.org/wiki/Computer_chess

通人的积极性一度高涨起来。但是，那个时代的技术进步还不够好，不足以超过人类对智能机器的心理预期。拿语音识别来说，统计模型虽然让语音识别技术前进了一大步，但还没有好到可以让普通人接受的程度，测试环境稍稍变化就会造成识别效果大幅下降。那时，我在苹果公司开发的语音识别应用就更多被用于演示和宣传，实用价值十分有限。从整体上看，那一拨人工智能热潮仍然笼罩着浓厚的学术研究和科学实验色彩，虽然激发了大众的热情，但更像是跌入谷底前的泡沫期，远没有达到与商业模式、大众需求接轨并稳步发展的地步。

2010年前后，准确地说，是从2006年开始，随着深度学习技术的成熟，加上计算机运算速度的大幅增长，当然，还有互联网时代积累起来的海量数据财富，人工智能开始了一段与以往大为不同的复兴之路。

例如，2012年到2015年，在代表计算机智能图像识别最前沿发展水平的ImageNet竞赛（ILSVRC）中，参赛的人工智能算法在识别准确率上突飞猛进。2014年，在识别图片中的人、动物、车辆或其他常见对象时，基于深度学习的计算机程序超过了普通人类的肉眼识别准确率[1]。

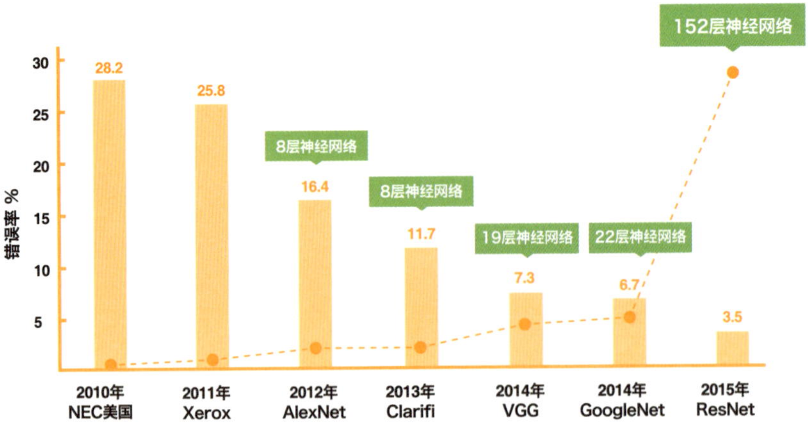

图20 ImageNet图像分类比赛历年来识别错误率的变化趋势

1. https://arxiv.org/pdf/1502.01852.pdf

人们在ImageNet竞赛（ILSVRC）中取得的非凡成就是人工智能发展史上一个了不起的里程碑，也是当今这一拨人工智能热潮由萌芽到兴起的关键节点。随着机器视觉领域的突破，深度学习迅速开始在语音识别、数据挖掘、自然语言处理等不同领域攻城略地，甚至开始将以前被人们视为科幻的自动驾驶技术带入现实。此外，基于深度学习的科研成果还被推向了各个主流商业应用领域，如银行、保险、交通运输、医疗、教育、市场营销等，第一次实现了人工智能技术与产业链条的有机结合。

今天的人工智能是“有用”的人工智能

我觉得，和前两次AI热潮相比，这一次人工智能复兴的最大特点，就是AI在多个相关领域表现出可以被普通人认可的性能或效率，并因此被成熟的商业模式接受，开始在产业界发挥出真正的价值。

心理学上说，人们接受一件新事物，就像人们感受一种外界刺激一样，是有一个心理阈值的。外界刺激（比如声、光、电）的强度太小的话，人们根本不会有任何感觉；只有外界刺激的强度超过了一个人能够感知的最小刺激量，人们才有“听到了声音”“看见了东西”之类的明确感受。这个能引起人们感知反应的最小刺激量，心理学上叫绝对阈值（absolute threshold）[1]。

人工智能技术的发展正是如此。还是拿图像识别来说，在人工智能发展早期，如果一个计算机程序宣称可以识别出图片中的人脸，但它的识别准确率只有五成左右，那普通人只会将这个程序看作一个玩具，绝不会认为它拥有智慧。随着技术进步，当人脸识别算法的识别准确率提高到80%甚至接近90%的时候，研究者们当然知道，取得这样的进步十分不易，但这一结果其

1.https://en.wikipedia.org/wiki/Absolute_threshold

实还是很难被普通人接受，因为每五个人脸就认错一个，这明显无法在实际生活中使用——人们也许会说这个程序挺聪明，但绝对不会认为这个程序已经聪明到可以替代人类的眼睛。只有计算机在人脸识别上的准确率非常接近甚至超过普通人的水平，安防系统才会用计算机来取代人类保安完成身份甄别工作。也就是说，对于人脸识别这个应用，接近或超过普通人的水平才是我们关心的“绝对阈值”。

所以，我们说“人工智能来了”，其实是说，人工智能或深度学习真的可以解决实际问题了。在机器视觉、语音识别、数据挖掘、自动驾驶等应用场景，人工智能接连突破了人们可以接受的心理阈值，并第一次在产业层面“落地”，发挥并创造出真正的价值。

人工智能之所以有今天的成就，深度学习技术居功至伟。谷歌最杰出的工程师杰夫·迪恩说：“我认为在过去5年，最重大的突破应该是对于深度学习的使用。这项技术目前已经成功地被应用到许许多多的场景中，从语音识别到图像识别，再到语言理解。而且有意思的是，目前我们还没有看到有什么是深度学习做不了的。希望在未来我们能看到更多更有影响力的技术。”[1]

所以，关于第三次人工智能热潮，我的看法是：

· 前两次人工智能热潮是学术研究主导的，而这次人工智能热潮是现实商业需求主导的。

· 前两次人工智能热潮多是市场宣传层面的，而这次人工智能热潮是商业模式层面的。

· 前两次人工智能热潮多是学术界在劝说、游说政府和投资人投钱，而这次人工智能热潮多是投资人主动向热点领域的学术项目和创业

1.将门创业（微信公众号），2016.11，图灵奖设立50年，Raj Reddy & Jeff Dean谈人工智能的发展与未来

项目投钱。

·前两次人工智能热潮更多是提出问题，而这次人工智能热潮更多是解决问题。

到底本次人工智能热潮是不是处于技术成熟度曲线的成熟上升期，到底能不能保持长期持续增长的势头，是不是会像此前的人工智能热潮那样，有跌入低谷的风险？我想，经过上面的分析，大家应该会有自己的判断。

图灵测试与第一次AI热潮

2016年是计算机科学领域的最高奖项——图灵奖设立50周年。1966年，美国计算机协会（ACM）以开创计算机科学和人工智能基本理论的科学巨匠——艾伦·图灵的名字设立了这项“计算机界的诺贝尔奖”。

艾伦·图灵的人生本身就是一个传奇。他利用自己卓越的数学、密码学和计算理论知识，在第二次世界大战期间，帮助英国军方成功破译了德军使用的著名密码系统——恩尼格玛（Enigma）密码机。他早在20世纪30年代就提出了指导所有现代计算机（那个时候，通用电子计算机还没有诞生）的计算原理设计的图灵机理论。他还是个擅长马拉松的运动健将，却因为性取向问题受到英国政府的迫害，最终服毒身亡。有关图灵的传奇故事，2014年的

图21　布莱切利园的图灵雕像
（CC BY-SA 3.0，Wikipedia）

电影《模仿游戏》很值得推荐，该片曾于2015年7月在中国大陆公映。

艾伦·图灵是人工智能的开拓者，他所提出的图灵测试，直到今天仍然是我们判定一部机器是否具有人类智慧的重要手段。那么，到底什么是图灵测试呢？

AI 小百科

图灵测试

1945年到1948年，图灵在英国国家物理实验室负责自动计算引擎（ACE）的研究。1949年，图灵出任曼彻斯特大学计算机实验室副主任，负责英国最早的可编程计算机之一——曼彻斯特一号（Manchester Mark 1）的软件工作。

这是通用电子计算机刚刚诞生的时代。电子计算机的用户，无论是军方、科学家、研究员，还是学生，都将计算机视为一台运算速度特别快的数学计算工具。很少有人去琢磨，计算机是不是可以像人一样思考。图灵却走在了所有研究者的最前沿。

1950年10月，图灵发表了一篇名为《计算机械和智能》（*Computing Machinery and Intelligence*）的论文，试图探讨到底什么是人工智能。在文章中，图灵提出了一个有趣的实验：

假如有一台宣称自己会“思考”的计算机，人们该如何辨别计算机是否真的会思考呢？一个好方法是让测试者和计算机通过键盘和屏幕进行对话，测试者并不知道与之对话的到底是一台计算机还是一个人。如果测试者分不清幕后的对话者是人还是机器，即，如果计算机能在测试中表现出与人等价，或至少无法区分的智能，那么，我们就说这台计算机通过了测试并具备人工智能。

简单地说，图灵从人们心理认知的角度，为“人工智能”下了一个定义。图灵认为，人们很难直接回答一般性的，有关人工智能的问题，比如“机器会思考吗？”但是，如果把问题换一种形式，也许就变得易于操作和研究了。图灵所提出的新问题是：

在机器试图模仿人类与评判者对话的“模仿游戏”中，有思考能力的电子计算机可以做得和人一样好吗？

图灵所说的“模仿游戏”，后来也被人们称为“图灵测试”。这个定义更接近我们现在说的“强人工智能”或“通用人工智能”。另外，在论文中，图灵还对人工智能的发展给出了非常有益的建议。他认为，与其去研制模拟成人思维的计算机，不如去试着制造更简单的，也许只相当于一个小孩智慧的人工智能系统，然后再让这个系统去不断学习——这种思路正是我们今天用机器学习来解决人工智能问题的核心指导思想。

在20世纪50年代到60年代，人们对人工智能普遍持过分乐观的态度。图灵测试刚提出没几年，人们似乎就看到了计算机通过图灵测试的曙光。

1966年，麻省理工学院（MIT）教授约瑟夫·维森鲍姆（Joseph Weizenbaum）发明了一个可以和人对话的小程序，名叫ELIZA。这个名字来自萧伯纳的戏剧《卖花女》——其中，卖花女的名字就叫伊莱莎·杜立德（Eliza Doolittle）。

第一次使用ELIZA程序的人几乎都被惊呆了。约瑟夫·维森鲍姆将ELIZA设计成一个可以通过谈话帮助病人完成心理恢复的心理治疗师。人们不敢相信自己的眼睛，ELIZA竟真的能够像人一样，与病人一聊就是好几十分钟，而且，有的病人还特别愿意与ELIZA聊天。

今天，我们还可以从网络上找到许多不同的ELIZA的实现版本，比如，在程序员爱用的编辑器Emacs中，有一个名叫医生（Doctor）的现代版本的ELIZA对话程序。图22是病人与这位“精神治疗医生”的一段对话记录。怎么样？还挺像两个真人在聊天吧？

想象一下，20世纪60年代的人第一次看到类似这样的人机对话，会是怎样一种既惊讶又兴奋的神情。但约瑟夫·维森鲍姆公布出来的程序原理和源代码又让当时的人大跌眼镜：ELIZA的程序逻辑非常简单！

ELIZA所做的，几乎就是在一个相当有限的话题库里，用关键字映射的方式，根据病人的问话，找到自己的回答。比如，当用户说“你好”时，

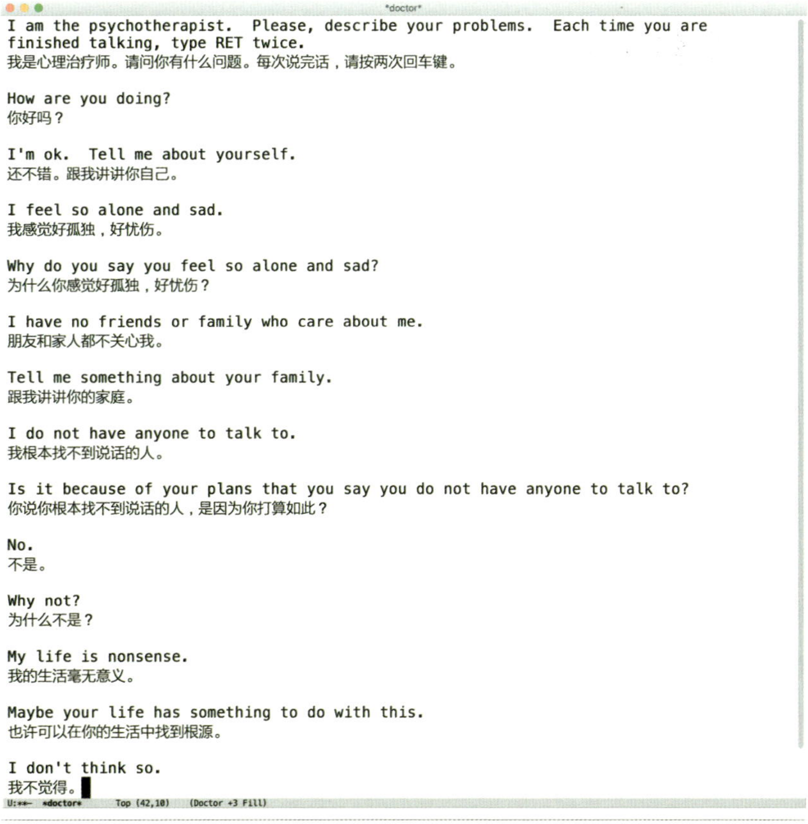

图22　ELIZA对话程序的一个现代实现：Emacs Doctor

ELIZA就说："我很好。跟我说说你的情况。"此外，ELIZA会用"为什么？""请详细解释一下"之类引导性的句子，来让整个对话不停地持续下去。同时，ELIZA还有一个非常聪明的技巧，它可以通过人称和句式替换来重复用户的句子。比如，用户说"我感到孤独和难过"时，ELIZA会说"为什么你感到孤独和难过？"这样一来，虽然根本不理解用户到底说了什么，但ELIZA表面上却用这些小技巧"装作"自己可以理解自然语言的样子。

ELIZA是那种第一眼会让人误以为神通广大，仔细看又让人觉得不过尔尔的小程序。当年虽有人宣称ELIZA可以通过图灵测试，但更多人只是非常客观地将ELIZA看成是人们第一次实现聊天机器人（Chatbot）的尝试。追本溯源，ELIZA是现在流行的微软小冰、苹果Siri、谷歌Allo乃至亚马逊Alexa的真正鼻祖！

针对图灵测试，人工智能领域还专门设立了一个每年一度的罗布纳奖（Loebner Prize），专门颁发给在图灵测试中表现最优秀的计算机程序。所有聊天机器人程序都可以参加罗布纳奖的评测，以判定是否有程序通过图灵测试。罗布纳奖的竞赛规则和评测方式历经许多次变化与调整。1995年以前以限定话题领域的测试为主，1995年起，罗布纳奖不再限定话题领域。对话时长则从最初的5分钟逐渐增加到2010年之后的25分钟。

评测时，人类评判员坐在电脑前，同时与一个计算机程序和一个真人通过键盘和屏幕对话。对话结束后，评判员根据对话内容，判定与自己对话的两位中，哪一位是电脑，哪一位是真人。如果判定错误，就表明计算机程序在这一次对话中"愚弄"了人类。如果计算机程序愚弄人类的次数超过30%（图灵本人建议的比例数字），就可以认为，该计算机程序通过了图灵测试。罗布纳奖成立至今，尚未有任何程序超过30%的关口。2008年时，一个名叫Elbot的程序骗过了12名人类评测员中的3位，这已经很接近30%的界限了[1]。

非常有趣的是，2014年，为了纪念图灵去世60周年，雷丁大学在伦敦皇家学会举办了另一场图灵测试。测试中，一个名叫尤金·古斯曼（Eugene Goostman）的聊天机器人程序取得了33%的成功率。这个聊天机器人程序是由一个名叫普林斯顿人工智能（PrincetonAI，虽然叫普林斯顿，但和普林斯顿大学没有任何关系）的小团队设计实现的，它成功地在33%的评判轮次中，让评判员误以为尤金·古斯曼是一个真实的、13岁左右的小孩子。雷丁大学随即宣称，尤金·古斯曼第一次通过了图灵测试！

尤金·古斯曼真的通过了图灵测试吗？消息刚一传出，质疑声就随之而来。根据公布的尤金·古斯曼的聊天记录，罗布纳奖的创立者休·罗布纳认为，雷丁大学的测试时长只有5分钟，远没有达到罗布纳奖25分钟的标准。用5分钟的聊天记录来判定一个程序是否具有智能，这太简单和草率了[2]。许多学者在亲自与尤金·古斯曼进行过网上聊天后，都觉得这个聊天程序离真正的智能还远得很。至少到目前为止，尤金·古斯曼还没有得到学界的一致认可。

我挑战图灵测试的故事

说起图灵测试，我总会想起我在哥伦比亚大学读书时的一段趣事。

在哥伦比亚大学，我读的不是计算机系，却对计算机相关的课程最感兴趣。当时，教我们自然语言处理课程的老师是迈克尔·莱博维奇（Michael Lebowitz）。他为我们讲述了诺姆·乔姆斯基（Noam Chomsky）的语言学基

1.https://en.wikipedia.org/wiki/Loebner_Prize

2.The Life and Times of 'Eugene Goostman,' Who Passed the Turing Test，http://mashable.com/2014/06/12/eugene-goostman-turing-test/

本理论，比如基本的词法、句法关系，以及人是如何通过语法结构理解自然语言的。

学到了这些语言学方面的基本知识，年轻的我就大胆提出："我能不能挑战一下图灵测试呢？"其实，我当时提出的想法很简单，就是做一个聊天机器人，而且，是一个只关注自然语言处理这个领域，且在说话风格上模仿我们的老师迈克尔·莱博维奇的小程序。我当时和另一位非常有才华的华人同学胡林肯（Lincoln Hu）一起，完成了程序的设计和开发。

我们做的那个程序，名字就叫迈克尔·莱博维奇。学生可以把这个程序当作老师，与"他"聊任何与自然语言处理课程相关的话题。比如，我们可以问这个程序说："你能告诉我，语言学是什么吗？"这个程序就会装出老师迈克尔·莱博维奇的口吻说："语言学就是关于人类语言的科学研究，包含句法、词法、语音学等研究方向。"更有趣的是，这个程序甚至会讲许多老师迈克尔·莱博维奇当年常讲的课堂笑话。

我们的程序还很幼稚，有些时候表现得比较呆笨，根本不像一个聪明的人类对话者。但这个小程序还是让老师迈克尔·莱博维奇笑逐颜开，无论是程序本身的幽默感，还是代码中的技术含量，都超过了老师的期望。老师给了我们A+的高分。

从技术上说，今天那些流行的聊天机器人程序和我们那个时代做的小程序相比，已经有了很大的进步。它们都在模仿人类语言风格之外，引入了更大的知识平台作为后盾。例如，聊天程序基于搜索引擎索引到的互联网网页建立知识库，从海量的页面信息中搜集可能的常见问题、常见回答的组合，这已经成为一种非常成熟的技术。当我们与这些程序聊天时，实际上既是一次人机间的对话，也是一次对机器背后庞大知识库的搜索操作。

另一方面，那些以参加图灵测试比赛为目标的聊天机器人程序，往往在对话策略方面有着非常针对性的设计。比如，不少在罗布纳奖测试中排名靠前的聊天程序，都刻意使用了一种攻击性强的对话风格，它们试图更多地控制聊天时的话语权，不给评判员太多深入追问的空间，并用挑战性的问句或引导性的话语，尽量将聊天控制在自己熟悉的话题领域内。这也是罗布纳奖测试为什么在近年要将聊天的时长从5分钟扩展到25分钟的重要原因——没有足够的时间，评判员根本来不及根据自己的思路，与对方深入交流。

无论如何，图灵测试以及为了通过图灵测试而开展的技术研发，都在过去的几十年时间里，推动了人工智能特别是自然语言处理技术的飞速发展。我们憧憬着计算机程序真正使人信服地通过图灵测试的那一天，但我们更希望看到自然语言处理技术在文本理解与分类、语音识别、自动客服应答、自然语言控制界面等领域取得更多商业上的成功。

语音识别与第二次AI热潮

生不逢时的我

20世纪80年代到90年代的第二次AI热潮中，语音识别是当时最具代表性的几项突破性进展之一，而我自己恰恰在那个时代站到了人工智能特别是语音识别研究的最前沿。

让计算机听懂人们说的每一句话、每一个字词，这是人工智能这门学科诞生第一天科学家就努力追求的目标。但直到我从事博士研究的那个时代，语音识别才真正取得实质性的进展——很大程度上是因为我和同时代学者对传统符号主义方法的摒弃。

很多人说，我在人工智能的发展史上留下了自己的名字。这的确是事实。但就像人工智能前两次热潮中的许多研究者一样，我提出的语音识别算法虽然在那个时代处于领先地位，但距离人们觉得系统可用的心理阈值还有一定的距离。我博士毕业后，在苹果公司研发的语音识别系统就难以满足当时市场上人们对听写、输入、控制等功能的需要，很难真正变成畅销的产品。

今天回想起来，我真的有些感慨自己生不逢时。如果我晚生30年，在2010年前后读博士并从事人工智能的研究，那我一定会基于这个时代被证明最为神奇、最有效的人工智能算法——深度学习来重新打造语音识别的整个算法架构，就像今天谷歌、微软乃至国内的科大讯飞在语音识别领域所做的那样。如果我生在今天这个时代，我所开发的技术和产品一定会被亿万人使用，并深刻改变人们的生活方式。

科技发展瞬息万变，每个时代都有每个时代的领军人物和代表性的技术方向。从20世纪70年代末到20世纪90年代中，比尔·盖茨和史蒂夫·乔布斯所代表的PC时代的创业者们，缔造出微软、苹果等科技神话。从20世纪90年代末到2015年前后，谷歌、Facebook、腾讯、阿里、百度等科技巨头以及后生可畏的优步、Snapchat、美团、滴滴、小米等新兴独角兽公司，先后在互联网领域和移动互联网领域引领科技大潮。错过了PC时代的创业者，要在2010年前后去创立一家与联想、惠普、戴尔竞争的PC公司，简直就是痴人说梦。错过了互联网时代的企业家，要在今天去打造一个世界级的通用搜索引擎，就更没有任何可行性。

今天的主角是人工智能。移动互联网的浪潮尚未平息，人工智能的创投就已经进入了让创业者无比兴奋的上升期。只有顺应潮流，在对的时间做对的事情，创业才最有可能成功。

正因为如此，当人工智能开始真正在产业发展中成为核心推动力的时候，我才不无遗憾地发现，如果晚生20年，如果在今天这个时代到来前夕才开始做人工智能相关的研究，那么，我也能在一个对的时代站到科研第一线，享受科技风口带给前沿研究者的巨大机遇与挑战。

当然了，这样说有些过于机会主义。而且，今天的人工智能热潮离不开此前数十年中几代研究者的耕耘与铺垫。我当年毅然摒弃符号主义学派的方法，选择使用统计模型破解语音识别难题，将识别准确率提升了一个层次，这与今天的研究者们在统计模型基础上引入深度学习方法，真正将语音识别提升到实用化的高度是一脉相承的。这数十年里，语音识别在技术选型上的波折与起伏，不正是人工智能技术螺旋形上升、发展的一个缩影吗？

语音识别的研发故事

和其他人工智能技术相仿，我亲身参与的语音识别技术也历经了数次更新换代。

早在20世纪70年代，语音识别就曾经有过一些技术突破，小小地“火”过一阵子。有趣的是，今天异常成功的深度学习技术，当年曾在语音识别领域品尝过失败的苦涩。

在卡内基-梅隆读书时，我有个同学叫亚历山大·万贝尔（Alex Waibel），他当时就跟目前在深度学习领域拥有绝对权威地位的杰弗里·辛顿（Geoffrey Hinton）合作，将人工神经网络应用于语音识别。但很遗憾，亚历山大·万贝尔也属于生不逢时的类型，当时基于人工神经网络的深度学习技术受限于计算能力和数据不足这两大痼疾，远远达不到哪怕是可以演示的效果。我当时就很看不上亚历山大·万贝尔他们的研究，觉得在当时条件下不可能有实质性的突破。现在想想，要是我们不是在20世纪80年代，而是在今天从事基于人工神经网络的语音识别研究，那该是一件多么幸福的事！

当年做语音识别，有不少技术流派，也有不少精英参与。有一对夫妻，名叫詹姆斯·贝克（James Baker）和珍妮特·贝克（Jenet Baker），他们开发了名为“龙”（DRAGON）的语音识别技术，并一起创立了龙系统技术公司（DRAGON Systems）。之后这家公司被荷兰公司Lernout & Hauspie收购，然后Lernout & Hauspie又被卖给了著名的Nuance公司（Nuance Communications，当时叫ScanSoft）。Nuance公司是今天欧美事实上的语音技术领导者，Nuance公司的语音识别产品线中至今还保留着“龙”（DRAGON）的品牌。

另外一位著名的语音识别研究者是卡内基-梅隆大学的布鲁斯·劳埃尔（Bruce Lowerre）。他也是师从我的导师——图灵奖得主拉吉·瑞迪教授从事语音识别研究的。20世纪70年代，在拉吉·瑞迪教授的领导下，卡内基–梅隆大学研发出了当时世界上最好的两个语音识别系统，早期的一个叫Hearsay，稍晚的一个叫HARPY。

Hearsay是个很可笑的系统，我们当时管它叫“黑板架构模型”（blackboard architecture model）[1]。技术上讲，它其实是专家系统的一种。拉吉·瑞迪教授和他的学生们把根据语言学知识总结出来的语音和英文音素、音节的对应关系用知识判定树的方式画在黑板上，每次从系统中得到一个新的发音，就根据黑板上的知识来确定对应的是哪个音素、哪个音节、哪个单词。如果黑板上的知识无法涵盖某个新的发音，就相应地扩展黑板上的知识树。这样的系统严重依赖于人的语言学知识，基本上无法扩展，只能识别很少的一组单词，也无法适应不同人的语音特点。

布鲁斯·劳埃尔觉得Hearsay完全不靠谱，他转而用自己的方式改进专家系统，做出了名为HARPY的语音识别系统。布鲁斯·劳埃尔的思路是把所有能讲的话串成一个知识网络，把每个字打开变成单独的音节、音素，然后根据它们的相互关系，串联在网络里，并对网络进行优化，用动态规划算法快速搜索这个知识网络，找出最优解答。但因为HARPY系统的本质还是专家系统，其可扩展性和可适应性并没有好到哪里去。布鲁斯·劳埃尔的努力也无疾而终。

后来到苹果工作后，我还将布鲁斯·劳埃尔雇到苹果的语音组来工作。他比我大十几岁，是我的师兄，当时似乎已经厌倦了第一线的科研工作，在语音组里工作时非常散漫，没有太多业绩，经多次打分和测评，他被列入了需要被开除、裁撤的人员名单。我当时下了很大的决心，才摆脱了同门情谊的羁绊，将这位师兄裁掉。这个决定让我痛苦，因为它违背了我心底的怜悯

1.https://en.wikipedia.org/wiki/Blackboard_system

和同情。师兄走的那天，我告诉他，将来有任何需要帮助的地方，我都会尽量去帮他。但布鲁斯·劳埃尔显然十分气愤，他后来参加某些会议时，甚至还在自己的名片上印了一行红字——“曾被李开复裁掉”（Fired by Kai-Fu）。

Hearsay和HARPY系统之后，为了将语音识别技术从稚嫩推向成熟，拉吉·瑞迪教授从美国国防部争取到了300万美元的经费，研发非特定语者、大词库、连续性的语音识别系统。瑞迪教授希望机器能听懂任何人的声音，而且至少可以懂得上千个词汇，能识别出人们自然连续说出的每一句话。这三个问题当时都是无解的问题，而瑞迪教授大胆地拿下项目，希望同时解决这三个问题。他在全美招聘了30多位教授、研究员、语音学家、学生、程序员。而他也期望我加入团队，并沿着当时人们普遍认为正确的专家系统的技术路线继续努力，在这30多人的队伍里面发挥重要作用。

但他怎么也没想到，我很早就对专家系统有了质疑。我之前在奥赛罗（黑白棋）人机对弈系统中的工作让我认识到，基于数据的统计建模，比模仿人类思维方式总结知识规则，更容易解决计算机领域的问题。计算机的“思维”方法与人类的思维方法之间，似乎存在着非常微妙的差异，以至于在计算机科学的实践中，越是抛弃人类既有的经验知识，依赖于问题本身的数据特征，越是容易得到更好的结果。

我尝试着脱离专家系统的研究，打算从准备数据着手，建立大型的基于语音数据的语料库，并在大规模语料库的基础上尝试基于统计模型的新方法。说起这段故事，其实还和我的另一个师兄彼得·布朗（Peter Brown）有关。彼得·布朗特别聪明，他跟当年卡内基-梅隆大学毕业的许多博士生一样，进入了那个时代科学家们最向往的几个超级乐园之一——IBM的沃森（T. J. Watson）研究中心。拉吉·瑞迪教授对此非常支持。

在IBM研究中心里，彼得·布朗跟着弗雷德里克·杰里耐克（Frederick Jelinek）领导的小组做语音识别。那个时代的语音识别主流是做专家系统，可IBM里的这一小撮人却悄悄搞起了概率统计模型。其中原因说出来，就完全没有了神秘感——IBM那拨人之所以去搞概率统计，倒不是真的因为他们预见到了未来，而是因为他们一时找不到语言学方面的专家。没想到，弄一大堆训练数据统计来统计去，效果还真比专家系统提升了不少，技术曙光初现。

彼得·布朗跟我透露了IBM正在研究概率统计模型的事情，但出于保密的需要，没有告诉我任何细节。我并不知道概率统计模型是不是真的好用。但基于我在奥赛罗人机对弈系统中积累的经验，我这次选择相信彼得·布朗他们的方向，也决定顺着这个思路走下去。IBM的语音识别小组要解决的是IBM关心的听写问题，目的是要用语音识别来代替打字机，代替字处理软件，他们的应用可以先根据打字者的声音进行适应性训练，要简单不少。而我要解决的是非特定语者连续语音识别问题，预先不能根据特定语者的语音进行训练，技术挑战更大。

可怎样向瑞迪教授提出我要在他计划的30多人团队之外另辟蹊径呢？我一直在犹豫，他已经向国防部立项，经费已经到位，专家系统的方向是势在必行的，我是他一手调教出来的大弟子，如果我这么不配合他的方向，他会怎么处理呢？会试着说服我继续做专家系统？会大发雷霆？还是会好言相劝？

再三思考后，我告诉自己，我必须向他坦承我的看法。我鼓足勇气，向瑞迪教授直接表达我的想法。我对他说："我希望转投统计学的怀抱，用统计学来解决这个'不特定语者、大词汇、连续性语音识别'的问题。"

出乎我的意料，瑞迪教授一点儿都没生气。他只是好奇地问："那统计方法如何解决这三大问题呢？"

对此，我已思考很久。我在瑞迪教授面前，长篇大论地说了10分钟。瑞迪教授耐心听完，用他永远温和的声音告诉我："开复，你对专家系统和统计的观点，我是不同意的，但是我可以支持你用统计的方法去做，因为我相信科学没有绝对的对错，我们都是平等的。而且，我更相信一个有激情的人是可能找到更好的解决方案的。”

那一刻，我被深深感动了。对一个教授来说，学生要用自己的方法做出一个与他唱反调的研究，教授不但没有动怒，还给予经费上的支持，这在很多地方是不可想象的。

最终的结果大家已经知道了，我硬是顺着这条概率统计的道路走了出来，还走得更远更好，研究出了比IBM发布的听写系统好很多的语音识别技术，用我自己的论文宣告了以专家系统为代表的符号主义学派（Symbolic AI）在语音识别领域的完败。

解雇语言学家的故事

我和同时代的彼得·布朗等研究者一道，将语音识别从符号主义时代推动到了统计时代。这可不是简单的技术换代，这同时也意味着，那些来不及拥抱新技术的研究者在转瞬之间，就会被时代的大潮淘汰。

在微软创办亚洲研究院后，2002年年初，我加入了Windows Vista团队，并组建了一个新部门，叫自然互动服务部。当时，比尔·盖茨总是对语音、语言、智能型助手式用户界面情有独钟，于是，他要求全公司在这方面的团队都加入我的队伍，从事相关研发。

那时候，我发现在一个语言小组里，居然有一个150人的团队都在做着“无用功”。在这150人的语言处理项目团队中，有一半是完全不懂技术的语言学家，而这些语言学家居然在指挥工程师的工作。负责这个团队的高管有一个“瑰丽”的梦想：通过语言学家的介入，逐渐地形成一道“语言彩虹”，一步步解决人机界面问题，让机器越来越多地可以理解人类的语言。

这绝对不行！基于我自己在语音识别领域的研究经验，语言学家所掌握的人类语言学知识与计算机如何理解人类的语音乃至语言差别甚远。微软那些语言学家几乎都在重复我所拒绝使用的类似专家系统的传统解决方案，他们既得不到任何有说服力的学术成果，也没法对实际研发进行任何指导。

我下定决心，要让这个团队中的工程师“解放”出来，专心地做更有前景的项目。当我把这个决定告诉该团队的建立者时，他怎么也不同意我将这个团队解散和重组，于是他把状告到了鲍尔默那里，而鲍尔默又告诉了盖茨。

盖茨找到我说：“开复，我希望你的团队能让用户自然地与机器交流。那为什么你执意取消这个自然语言处理团队呢？”

“因为，这个团队走的方向是错的。”

“但是，大卫也是专家，还拯救过公司。他不认可你的看法。”

“比尔，大卫是操作系统的专家。我才是语音语言的专家。”

“但是，这个项目我们的投入很多，我们特意批准了100多个人，围绕着语言学家来解决人类语言理解的问题。”

“比尔，当你走错方向的时候，投资越大，损失就越多，弥补也越难。”

“你确定这个方向不行吗？”

“比尔，你还记得我加入公司的时候，你曾告诉我，微软的许多技术决定都借鉴了我在其他公司的工作吗？”

“当然！”

“如果我不在微软时都借鉴我的做法，那我加入了微软，请你一定也要相信我。”

盖茨沉默了一下，没有说话。

我看着盖茨的眼睛，对他说：“在公司，很多人为了自己的利益会跟你说很多话。但是，我对你保证，我不会骗你。”

在那一刹那，我感觉我们的心灵有一个难得的碰触。

“好，那就照你说的做。”盖茨说。

盖茨亲自参与这个问题的解决，最后支持了我的决策。然后，我亲自操刀，把这个团队裁减了一半，才腾出了资源来做更多、更好的项目。

时代就是这么无情，在人工智能的上一个时代，符号主义专家特别是语言学家们还风光无限，仿佛技术突破的美好前景都要由他们来描绘。但实践结果表明，我所代表的统计学派真正可以解决问题，可以提高语音识别与自然语言处理的准确率，专家系统等老一代技术就被无情抛弃。老一代研究者如果不能尽快更新知识储备，就只有面临被解雇的命运。

今天，语音识别和更广泛意义上的自然语言处理已经走进了统计方法与深度学习方法相结合，甚至是深度学习方法独立起主导作用的新时代。与我们那个时代相比，今天的语音识别真正满足了用户的应用需求。这也意味着，像我这样“上一代”的研究者就必须抓紧一切时间，转换思维和知识储备，拥抱以深度学习为代表的崭新时代，否则，就有被时代淘汰的风险。

深度学习助力语音识别

我做研究时，没有赶上深度学习技术革命。语音识别在第二次人工智能热潮中虽性能提升明显，却始终无法满足需要。在近年来的第三次人工智能热潮中，语音识别领域发生了天翻地覆的变化。深度学习就像一个秘密武器，蛰伏多年，重出江湖，首先在计算机视觉领域，帮助计算机认识人脸、认识图片和视频中的物体，然后，拔剑四顾，冲入语音识别、机器翻译、数据挖掘、自动驾驶等几乎所有人工智能的技术领域大展身手。

2011年前，主流的语音识别算法在各主要语音测试数据集中的识别准确率还与人类的听写准确率有一定差距。2013年，谷歌语音识别系统对单词的识别错误率在23%左右。也就是说，深度学习技术在语音识别系统广泛应用之前，基本还停留在比较稚嫩的阶段，说话者必须放慢语速，力求吐字清晰，才能获得一个令人满意的准确率。

但仅仅两年时间，因为深度学习技术的成功应用，谷歌在2015年5月举办的Google I/O年度开发者大会上宣布，谷歌的语音识别系统已将识别错误率降低到了惊人的8%[1]！

而IBM的Watson智能系统也不遑多让，很快就将语音识别的错误率降低到了6.9%。

微软则更进一步。2016年9月，微软研究院发布了里程碑式的研究成果：在业界公认的标准评测中，微软最新的基于深度学习的语音识别系统已经成功地将识别错误率降低到了6.3%[2]。

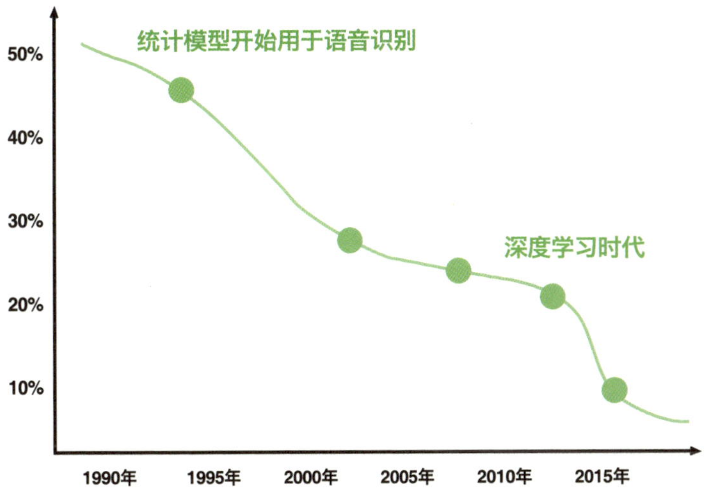

图23　近20年来语音识别错误率的下降趋势

1.Google says its speech recognition technology now has only an 8% word error rate，http://venturebeat.com/2015/05/28/google-says-its-speech-recognition-technology-now-has-only-an-8-word-error-rate/

2.Microsoft's newest milestone? World's lowest error rate in speech recognition，http://www.zdnet.com/article/microsofts-newest-milestone-worlds-lowest-error-rate-in-speech-recognition/

如图23所示，在我从事语音识别研究的时代，统计模型崛起，并在随后的一二十年中，将按照单词统计的识别错误率从40%左右降低到20%左右。但在今天的深度学习时代，只用了两三年的时间，微软、IBM、谷歌等公司就将语音识别的错误率从20%左右降低到了6.3%！

这就是为什么我们说，这一拨人工智能浪潮的最大特点是人工智能技术真正突破了人类的心理阈值，达到了大多数人心目中“可用”的标准。以此为基础，人工智能技术在语音识别、机器视觉、数据挖掘等各领域走进了业界的真实应用场景，与商业模式紧密结合。

例如，今天我们拿出手机，使用苹果手机内置的语音输入法，或者使用中文世界流行的科大讯飞语音输入法，我们就可以直接对着手机说话以录入文字信息。技术上，科大讯飞的语音输入法可以达到每分钟录入400个汉字的输入效率，甚至还支持十几种方言输入。在不方便用键盘打字的场合，比如坐在汽车或火车上，我就经常用语音输入法录入文字，然后再将文字信息发给别人；有时候，我还直接用语音识别系统来写大段的文章。

深度学习携手大数据
引领第三次AI热潮

语音识别系统在近年来突飞猛进，技术上只有一个原因——深度学习！事实上，机器视觉领域，2014年在ImageNet竞赛（ILSVRC）中第一次超越人类肉眼识别准确率的图像识别算法也是深度学习的杰作！

今天，人工智能领域的研究者，几乎无人不谈深度学习。很多人甚至高喊出了“深度学习＝人工智能”的口号。

毋庸讳言，深度学习绝对不是人工智能领域的唯一解决方案，二者之间也无法画上等号。但说深度学习是当今乃至未来很长一段时间内引领人工智能发展的核心技术，则一点儿也不为过。

人工智能大师、深度学习泰斗约书亚·本吉奥（Yoshua Bengio）说：“没有可与深度学习竞争的人工智能技术。人工智能是循序渐进的耐心工作的成果，而且它总是站在巨人的肩膀上，并且这些进步在某种程度上促成了转折点——我们可以在新服务中利用这些成果来生产新东西，进行经济转型以及改变社会。正如人们所写的那样，我们正在经历另一场工业革命，它并不是简单地增加人类的机械力；计算机将增加人类的认知能力和智力。我谈到了深度学习，因为这些变化和突破在很大程度上正是由于深度学习的进步。”[1]

2006年开始的第三拨人工智能热潮，绝大部分功劳要归于深度学习！

1.机器之心（微信公众号），2016.9，机器之心代表读者对话Yoshua Bengio：没有可与深度学习竞争的人工智能技术（附演讲）

从神经网络到深度学习

深度学习究竟是何方神圣?

和许多人的想象相反，深度学习可不是一下子从石头缝里蹦出来、横空出世的大神，它的历史几乎和人工智能的历史一样长。只不过，数十年里，深度学习及相关的人工神经网络技术由于种种原因，蛰伏于人工智能兵器库的一角，默默无闻，任由其他门类的兵器在战场上耀武扬威。蛰伏不等于沉寂，在漫长的等待中，深度学习技术不断磨砺自己，弥补缺陷，打磨锋刃。当然，最重要的，是等待最合适的出山时机。

2000年后，计算机产业的发展带来了计算性能、处理能力的大幅提高，尤其是以谷歌为代表的前沿企业在分布式计算上取得了深厚积累，成千上万台计算机组成的大规模计算集群早已不再是稀罕物。而互联网产业的发展则使搜索引擎、电子商务等公司聚集了数以亿计的高质量的海量数据。大计算能力和大数据，正是深度学习这件深藏不露的千古神兵所等待的两大时机。

终于，万事俱备，只欠东风。2006年，深度学习泰斗杰弗里・辛顿及其合作者用一篇名为《一种深度置信网络的快速学习算法》[1]的论文宣告了深度学习时代的到来——当然，这么说有些夸张。准确描述是，深度学习在2010年前后的兴起是建立在以杰弗里・辛顿为代表的一众大师级人物数十年的积累基础之上的，2006年前后的一系列关键论文只是加速了深度学习的实用化进程。

千古神兵重新披挂上阵!

我们可以由今天的深度学习追溯到它的核心计算模型——人工神经网

1.Hinton，G. E.，Osindero，S. and Teh，Y. A fast learning algorithm for deep belief nets. Neural Computation 18，pp 1527-1554

络的诞生之日。早在通用计算机问世前的1943年，神经科学家沃伦·麦卡洛克（Warren McCulloch）和沃尔特·彼茨（Walter Pitts）就提出了一种大胆假说，描述了人类神经节沿着网状结构传递和处理信息的模型。这一假说一方面被神经科学家用于研究人类的感知原理；另一方面则被计算机科学家们借鉴，用于人工智能的相关研究。后者也被学术界称为人工神经网络。

20世纪40年代，唐纳德·赫布（Donald Hebb）尝试将人工神经网络用于机器学习，创建出早期的“赫布型学习”（Hebbian Learning）理论。1954年，计算机科学家韦斯利·A. 克拉克（Wesley A. Clark）在麻省理工学院尝试在计算机上实现赫布型学习的基本模型。1958年，弗兰克·罗森布拉特（Frank Rosenblatt）提出了“感知机”（Perceptron）的概念，这是一个基于人工神经网络的两层计算结构，用于简单的模式识别。1965年，A. G. 伊瓦赫年科（Alexey Grigorevich Ivakhnenko）提出建立多层人工神经网络的设想，这种基于多层神经网络的机器学习模型后来被人们称为“深度学习”，伊瓦赫年科有时也被称为“深度学习之父”。

1969年是人工神经网络遭遇滑铁卢的一年。麻省理工学院的图灵奖得主、人工智能大师、人工神经网络的早期奠基人之一马文·闵斯基（Marvin Minsky）在这一年和西摩尔·派普特（Seymour Papert）出版了《感知机》（*Perceptrons*）一书，书中讨论了当时人工神经网络难以解决的“异或难题”（非专业读者完全不需要了解这个古怪的名词指的到底是什么东西）。有些讽刺的是，马文·闵斯基既是人工神经网络的早期奠基人之一，也是人工神经网络在1969年后陷入停滞的始作俑者。他在《感知机》一书中对“异或难题”的讨论打消了大多数研究者继续坚持人工神经网络研究的心思。不少人至今仍认为，马文·闵斯基在《感知机》里是持悲观态度并站在人工神经网络发展的对立面的，但另一些人则认为，马文·闵斯基当时是持开放的讨论态度，而不是打算消极放弃。无论这段公案的真实情况如何，马文·闵斯基都是值得我们尊敬的人工智能大师。2016年年初，马文·闵斯基去世时，曾经对乔布斯和苹果影响巨大的教父级人物艾伦·凯（Alan Kay）是这样评价马文·闵斯基的：

“马文是为数不多的人工智能先驱之一，他用自己的视野和洞见，将计算机从一部超强加法器的传统定位中解放出来，并为其赋予了新的使命——有史以来最强大的人类力量倍增器之一。”[1]

和那个年代的许多人工智能大师一样，马文·闵斯基在人工智能研究之外，也是一个跨界的天才。第二次世界大战时，马文当过兵。之后，马文在哈佛大学学习数学期间，同时也修习音乐。除了钢琴演奏，他还有一个特长——即兴创作古典赋格音乐。他自己将音乐家分为“创作者”和“即兴创作者”两大类。显然，马文·闵斯基颇以具备即兴创作的能力而自豪。

据马文·闵斯基的女儿回忆，马文·闵斯基的家中，每天夜晚的常态是群贤毕至，少长咸集，宏谈阔论，琴声悦耳。[2]为客人弹奏即兴钢琴曲的，当然是马文·闵斯基本人。

基于音乐方面的才华，马文·闵斯基还发明过一部名叫“音乐三角”（Triadex Muse）的音乐合成器。今天在苹果电脑或者iPad上玩GarageBand的体验，不知道有没有当年玩音乐三角那么酷。而且，那个建造于20世纪70年代的音乐三角长得还非常前卫，非常时髦。据说，马文·闵斯基这部合成器创造了好几个历史第一。但更加值得一提的是，这部合成器其实是马文·闵斯基所做的一项融合了电子合成乐与早期人工智能探索的科技实验。在马

1.Marvin Minsky，Pioneer in Artificial Intelligence，Dies at 88，https://www.nytimes.com/2016/01/26/business/marvin-minsky-pioneer-in-artificial-intelligence-dies-at-88.html

2.http://www.musicmindandmeaning.org/

文·闵斯基自己看来，理解音乐是理解人类大脑的一种有效途径，反之，理解人类的大脑也有助于我们欣赏音乐的本质。

马文·闵斯基说："理解大脑这件事似乎比理解音乐要难一些，但我们应该知道，有时对问题领域的扩展可以让问题变得更简单！在好几个世纪的时间里，代数方程的平方根理论都受困于由实数构成的狭小世界，但在高斯揭示出更大的复数世界后，一切都变得简单起来。类似地，一旦能穿透听众的心灵，音乐就会显示出更为丰富的内涵。"[1]

1975年，马文·闵斯基提出的"异或难题"才被理论界彻底解决。由此进入20世纪80年代，人工神经网络的发展又回到正轨。但在整个20世纪80年代和90年代，甚至直到2000年后的若干年，人工神经网络不过是作为机器学习的一种算法，与其他不同流派、不同风格的机器学习算法一道，在人工智能研究领域发挥作用。

随着PC的普及和互联网时代的到来，人们关于计算机识别图像、文字、语音的需求越来越明确。研究者们尝试着使用人工神经网络来解决类似问题，但效果并不显著。许多人试图使用基于多层神经网络的深度学习技术。据说，"深度学习"（Deep Learning）这个术语是从1986年起流行开来的[2]。但是，当时的深度学习理论还无法解决网络层次加深后带来的诸多问题，计算机的计算能力也远远达不到深度神经网络的需要。更重要的是，深度学习赖以施展威力的大规模海量数据还没有完全准备好，因而深度学习在真正横空出世前，已经经历了十几年的等待和蛰伏期。

2006年是深度学习发展史上的分水岭。此前提过，杰弗里·辛顿在这一

1.http://www.musicmindandmeaning.org/

2.https://en.wikipedia.org/wiki/Deep_learning

年发表了《一种深度置信网络的快速学习算法》及其他几篇重要论文，其他深度学习领域的泰斗、大师们也在这一年前后贡献了一批重要的学术文章，在基本理论方面取得了若干重大突破。深度学习也由此进入了高速发展的全盛期。

说起来，杰弗里·辛顿这个人很有意思，他曾在卡内基–梅隆大学做过5年教职。我在卡内基–梅隆大学读博士时，杰弗里·辛顿的办公室就在我的办公室的斜对面。有时候，人们会觉得杰弗里·辛顿的思维和交流方式很奇怪，似乎是一种多维跳跃的模式。跟他讲话时，时常陷入尴尬。如果对你讲的东西没什么兴趣，他就会茫然地看着某个地方。

当时，我在做奥赛罗（黑白棋）人机对弈系统的开发。我的导师让我请杰弗里·辛顿作为我这个项目的指导老师。我就去找杰弗里·辛顿，跟他谈我编写奥赛罗程序的思路。

杰弗里·辛顿问我："你这个系统里，有什么是和人工神经网络相关的吗？"

我说，我这个程序里用的是相对简单的贝叶斯分类器，自动从每一盘对局中，提取四个原始特征，然后用贝叶斯分类器将这些特征综合起来进行计算，以估算下一步走在某个位置的赢棋概率。在这个思路的基础上，人工神经网络是可以发挥作用的。此外，我当时也使用了一个与今天AlphaGo类似的思路，就是让计算机程序自己和自己下棋，然后从几百万个已知的行棋步骤中，归纳出赢或者输的概率，并用类似的方法不断迭代，以达到最好的效果。

在我讲这些细节的过程中，杰弗里·辛顿就已经开始想其他事情了，他的眼睛不再看我，而是茫茫然的，不知道在注视哪里。

好一会儿，辛顿对我说："开复，没问题，我来给你签字吧。"

就这样，我的奥赛罗人机对弈程序算是通过了他的审核。前后也就是半个小时的样子。可我觉得，他根本没有注意我所讲的技术细节。虽然我当时对自己使用的技术很兴奋，但在他眼中，也许那些都只是些小儿科的玩意儿，跟他当时正在做的有关人工神经网络的研究不可相提并论吧。

谷歌大脑：世界最强大的深度学习集群

深度学习能够大展身手的两个前提条件——强大的计算能力和高质量的大数据，都是在2010年前后逐渐步入成熟的。深度学习、大规模计算、大数据三位一体，神兵出世，一下子就可以摧城拔寨、无坚不摧。其中，最有代表性的事件，就是谷歌大脑（Google Brain）的建立，以及谷歌、Facebook、百度等一大批顶尖科技公司纷纷将“人工智能优先”设定为公司的科技发展战略。

谷歌大脑是在2011年由谷歌最资深的科学家与工程师杰夫·迪恩，以及后来在百度任首席科学家的吴恩达（Andrew Ng）带领团队创建的。这是一个庞大的深度学习计算框架，拥有数万台高性能的计算机和顶级的图形处理器作为计算单元（早期，谷歌大脑是只使用CPU作为计算单元，引入GPU是稍晚一些的事），可以完成大规模、多维度、多层次的深度学习模型训练和演算。

2012年6月，谷歌大脑初战告捷。据当时的《纽约时报》报道，谷歌使用了一个拥有16000个CPU的大规模计算机集群，让计算机用深度学习模型自己“看”了一千万段YouTube上的视频，然后，计算机自己“学”到了如何从视频中辨认一只猫[1]！

谷歌大脑的创建者杰夫·迪恩在介绍谷歌大脑团队时说：“我们专注

1.How Many Computers to Identify a Cat? 16,000，http://www.nytimes.com/2012/06/26/technology/in-a-big-network-of-computers-evidence-of-machine-learning.html

于建造可用于机器学习的大规模计算系统，以及进行高级机器学习研究。我们同时拥有这两方面的人才，而他们联合起来解决问题，这常常会带来显著的进步，这种进步是只具有机器学习技能或只具有大规模计算技能的人无法单独取得的。我认为这是我们团队取得众多成功的原因之一。它使我们既在这两个领域取得成功，也让我们能够将‘为问题投入多少计算’和‘如何为我们关心的问题训练大型、强大的模型’方面的最高水平进一步提升。”[1]

谷歌大脑的第一个版本建成后不久，吴恩达就离开谷歌，转而帮助百度开展人工智能技术研究。深度学习大师杰弗里·辛顿则在谷歌大脑项目成立的第二年加入了谷歌，主持谷歌大脑团队中的理论研究。同时，杰弗里·辛顿仍继续他在多伦多大学的教职。他目前的生活被分成了两部分：在多伦多的科研和教学生涯，以及在谷歌贴近产业前沿的研究实践。最初，杰弗里·辛顿并不想正式加入谷歌，他只想利用休假时间，试着在谷歌工作三个月。为此，谷歌不得不先与他签订了一份实习生合同。这样，深度学习领域数一数二的大师级人物杰弗里·辛顿，就以一个普通实习生的身份来谷歌上班了。杰弗里·辛顿说：“直到有一天，有人在午餐时对我说：‘辛顿教授！我选修了你的课！你在这里做什么？’自此以后，再也没有人质疑辛顿作为实习生的存在了。”[2]

今天，有深度学习助力，有基于互联网的海量数据支撑，有数以万计的强大计算机集群，谷歌大脑正在帮助谷歌公司解决横跨多个领域的几乎所有人工智能的相关问题：谷歌的搜索引擎正在使用谷歌大脑优化搜索结果的排序，或直接回答用户感兴趣的知识性问题；谷歌的街景服务使用谷歌大脑智

1.谷歌人工智能背后的大脑：最快15年实现通用人工智能，http://tech.sina.com.cn/i/2016-08-03/doc-ifxunyxy6469103.shtml

2.新智元，2016.12，AI原力觉醒：谷歌大脑简史

能识别街道上的门牌号，以进行精准定位；使用了谷歌大脑的谷歌翻译平台在2016年连续取得翻译质量的革命性突破，将全世界一百多种语言的相互翻译质量提升了一个层次；谷歌自动驾驶汽车正基于谷歌大脑对数百万英里的行驶记录进行训练，以改进驾驶策略，保证绝对安全……

谷歌大脑是谷歌公司人工智能优先战略的核心，也是类似谷歌这样的顶级科技公司在人工智能方面全力投入的一个缩影。国内的高科技企业，如百度、阿里、腾讯、华为、小米、搜狗、滴滴、今日头条等，都在近年纷纷建立了人工智能研究团队，搭建了类似谷歌大脑的大规模深度学习集群，而这些集群已经在诸多产品中发挥着深度学习的神奇效能。

AI 小百科

什么是深度学习？

第三拨人工智能热潮源于深度学习的复兴。那么，到底什么是深度学习？为什么深度学习能让计算机一下子变得聪明起来？为什么深度学习相比其他机器学习技术，能够在机器视觉、语音识别、自然语言处理、机器翻译、数据挖掘、自动驾驶等方面取得好得多的效果？

从根本上来说，深度学习和所有机器学习方法一样，是一种用数学模型对真实世界中的特定问题进行建模，以解决该领域内相似问题的过程。

好了，好了，我知道一提“数学”二字，读者就会跑掉一大半，更别说让非理工科专业的人摸不着头脑的“建模”一词了。有没有可能用非理工科专业也听得懂的术语，解释一下如今在人工智能领域如日中天的深度学习算法呢？

首先，深度学习是一种机器学习。既然名为“学习”，那自然与我们人类的学习过程有某种程度的相似。回想一下，一个人类小朋友是如何学习的？

比如，很多小朋友都用识字卡片来认字。从古时候人们用的“上大人、孔乙己”之类的描红本，到今天在手机、平板电脑上教小朋友认字的识字卡片app，最基本的思路就是按照从简单到复杂的顺序，让小朋友反复看每个汉字的各种写法（大一点儿的小朋友甚至要学着认识不同的书法字体），看得多了，自然就记住了。下次再见到同一个字，就很容易能认出来。

这个有趣的识字过程看似简单，实则奥妙无穷。认字时，一定是小朋友的大脑在接受许多遍相似图像的刺激后，为每个汉字总结出了某种规律性的东西，下次大脑再看到符合这种规律的图案，就知道是什么字了。

其实，要教计算机认字，差不多也是同样的道理。计算机也要先把每一个字的图案反复看很多很多遍，然后，在计算机的大脑（处理器加上存储器）里，总结出一个规律来，以后计算机再看到类似的图案，只要符合之前总结的规律，计算机就能知道这图案到底是什么字。

用专业的术语来说，计算机用来学习的、反复看的图片叫“训练数据集”；“训练数据集”中，一类数据区别于另一类数据的不同方面的属性或特质，叫作“特征”；计算机在“大脑”中总结规律的过程，叫“建模”；计算机在“大脑”中总结出的规律，就是我们常说的“模型”；而计算机通过反复看图，总结出规律，然后学会认字的过程，就叫“机器学习”。

到底计算机是怎么学习的？计算机总结出的规律又是什么样的呢？这取决于我们使用什么样的机器学习算法。

有一种算法非常简单，模仿的是小朋友学识字的思路。家长和老师们可能都有这样的经验：小朋友开始学识字，比如先教小朋友分辨“一”“二”“三”时，我们会告诉小朋友说，一笔写成的字是“一”，两笔写成的字是“二”，三笔写成的字是“三”。这个规律好记又好用。但是，开始学新字时，这个规律就未必奏效了。比如，“口”也是三笔，可它却不是“三”。我们通常会告诉小朋友，围成个方框儿的是“口”，排成横排的是“三”。这规律又丰富了一层，但仍然禁不住识字数量的增长。很快，小朋友就发现，“田”也是个方框儿，可它不是“口”。我们这时会告诉小朋友，方框里有个“十”的是“田”。再往后，我们多半就要告诉小朋友，“田”上面出头是“由”，下面出头是“甲”，上下都出头是“申”。很多小朋友就是在这样一步一步丰富起来的特征规律的指引下，慢慢学会自己总结规律，自己记住新的汉字，并进而学会几千个汉字的。

有一种名叫决策树的机器学习方法，就和上面根据特征规律来识字的过程非常相似。当计算机只需要认识“一”“二”“三”这三个字时，计算

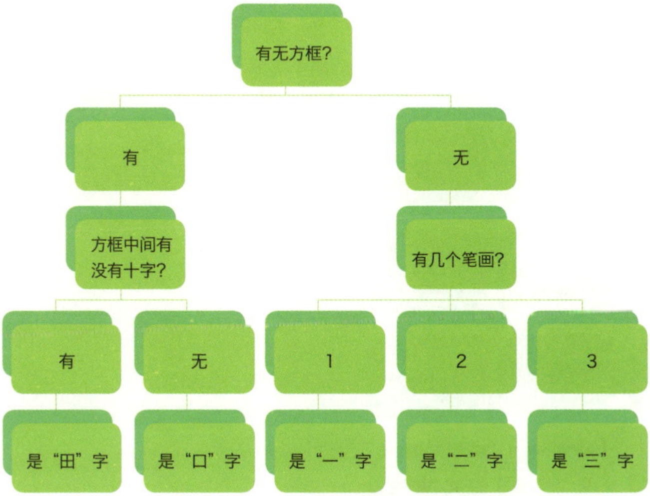

图24　计算机分辨“一”“二”“三”“口”“田”的决策树

机只要数一下要识别的汉字的笔画数量，就可以分辨出来了。当我们为待识别汉字集（训练数据集）增加“口”和“田”时，计算机之前的判定方法失败，就必须引入其他判定条件。由此一步步推进，计算机就能认识越来越多的字。

图25显示了计算机学习“由”“甲”“申”这三个新汉字前后，计算机内部的决策树的不同。这说明，当我们给计算机“看”了三个新汉字及其特

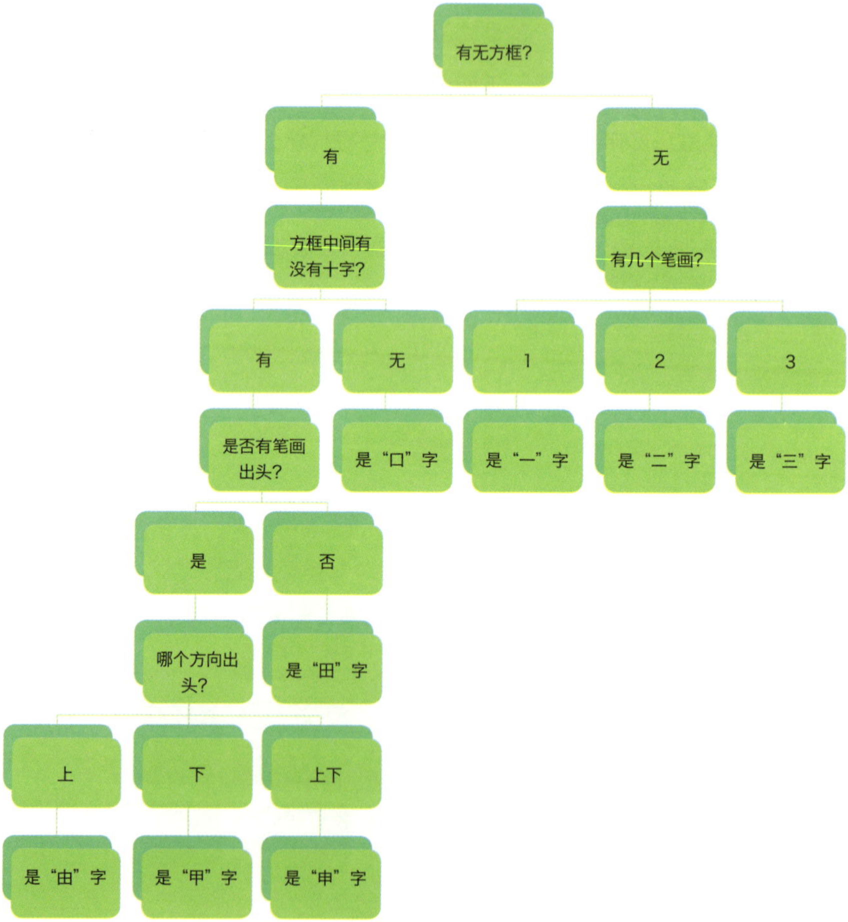

图25　计算机学习了“由”“甲”“申”三个新汉字之后的决策树

征后，计算机就像小朋友那样，总结并记住了新的规律，“认识”了更多的汉字。这个过程，就是一种最基本的机器学习了。

当然，这种基于决策树的学习方法太简单了，很难扩展，也很难适应现实世界的不同情况。于是，科学家和工程师们陆续发明出了许许多多不同的机器学习方法。

例如，我们可以把汉字“由”“甲”“申”的特征，包括有没有出头、笔画间的位置关系等，映射到某个特定空间里的一个点（我知道，这里又出现数学术语了。不过这不重要，是否理解“映射”的真实含义，完全不影响后续阅读）。也就是说，训练数据集中，这三个字的大量不同写法，在计算机看来就变成了空间中的一大堆点。只要我们对每个字的特征提取得足够好，空间中的一大堆点就会大致分布在三个不同的范围里。

这时，让计算机观察这些点的规律，看能不能用一种简明的分割方法（比如在空间中画直线），把空间分割成几个相互独立的区域，尽量使得训练数据集中每个字对应的点都位于同一个区域内。如果这种分割是可行的，就说明计算机“学”到了这些字在空间中的分布规律，为这些字建立了模型。

接下来，看见一个新的汉字图像时，计算机就简单把图像换算成空间里的一个点，然后判断这个点落在了哪个字的区域里，这下，不就能知道这个图像是什么字了吗？

很多人可能已经看出来了，使用画直线的方法来分割一个平面空间（如图26所示），很难适应几千个汉字以及总计至少数万种不同的写法。如果想把每个汉字的不同变形都对应为空间中的点，那就极难找到一种数学上比较直截了当的方法，来将每个汉字对应的点都分割包围在不同区域里。

很多年里，数学家和计算机科学家就是被类似的问题所困扰。人们不断改进机器学习方法。比如，用复杂的高阶函数来画出变化多端的曲线，以

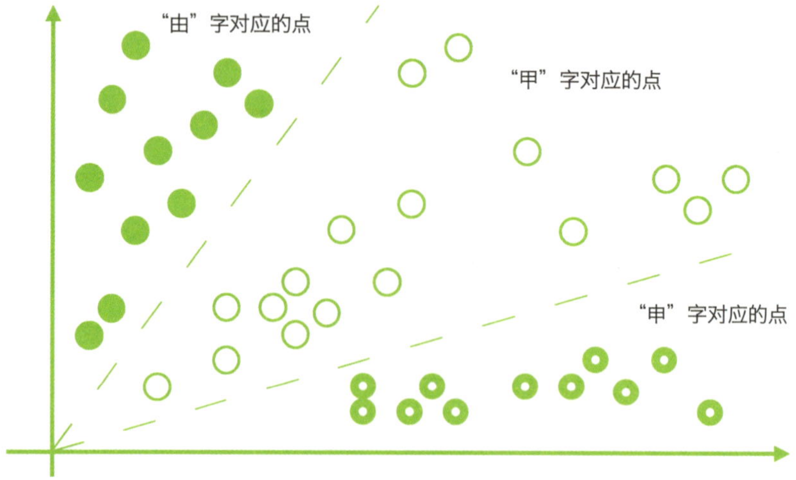

图26 使用空间分割法的机器学习

便将空间里相互交错的点分开来，或者，干脆想办法把二维空间变成三维空间、四维空间甚至几百维、几千维、几万维的高维空间。在深度学习实用化之前，人们发明了许多种传统的、非深度的机器学习方法。这些方法虽然在特定领域取得了一定成就，但这个世界实在是复杂多样、变化万千，无论人们为计算机选择了多么优雅的建模方法，都很难真正模拟世界万物的特征规律。这就像一个试图用有限几种颜色画出世界真实面貌的画家，即便画艺再高明，他也很难做到“写实”二字。

那么，如何大幅扩展计算机在描述世界规律时的基本手段呢？有没有可能为计算机设计一种灵活度极高的表达方式，然后让计算机在大规模的学习过程里不断尝试和寻找，自己去总结规律，直到最终找到符合真实世界特征的一种表示方法呢？

现在，我们终于要谈到深度学习了！

深度学习就是这样一种在表达能力上灵活多变，同时又允许计算机不断尝试，直到最终逼近目标的机器学习方法。从数学本质上说，深度学习与前面谈到的传统机器学习方法并没有实质性差别，都是希望在高维空间中，根据对象特征，将不同类别的对象区分开来。但深度学习的表达能力，与传统机器学习相比，却有着天壤之别。

简单地说，深度学习就是把计算机要学习的东西看成一大堆数据，把这些数据丢进一个复杂的、包含多个层级的数据处理网络（深度神经网络），然后检查经过这个网络处理得到的结果数据是不是符合要求——如果符合，就保留这个网络作为目标模型，如果不符合，就一次次地、锲而不舍地调整网络的参数设置，直到输出满足要求为止。

这么说还是太抽象、太难懂。我们换一种更直观的讲法。

假设深度学习要处理的数据是信息的“水流”，而处理数据的深度学习网络是一个由管道和阀门组成的巨大的水管网络。网络的入口是若干管道开口，网络的出口也是若干管道开口。这个水管网络有许多层，每一层有许多个可以控制水流流向与流量的调节阀。根据不同任务的需要，水管网络的层数、每层的调节阀数量可以有不同的变化组合。对复杂任务来说，调节阀的总数可以成千上万甚至更多。水管网络中，每一层的每个调节阀都通过水管与下一层的所有调节阀连接起来，组成一个从前到后，逐层完全连通的水流系统（这里说的是一种比较基本的情况，不同的深度学习模型，在水管的安装和连接方式上，是有差别的）。

那么，计算机该如何使用这个庞大的水管网络，来学习识字呢？

比如，当计算机看到一张写有“田”字的图片时，就简单将组成这张图片的所有数字（在计算机里，图片的每个颜色点都是用“0”和“1”组成的数字来表示的）全都变成信息的水流，从入口灌进水管网络。

我们预先在水管网络的每个出口都插一块字牌，对应于每一个我们想让计算机认识的汉字。这时，因为输入的是“田”这个汉字，等水流流过整个水管网络，计算机就会跑到管道出口位置去看一看，是不是标记有“田”

字的管道出口流出来的水流最多。如果是这样，就说明这个管道网络符合要求。如果不是这样，我们就给计算机下达命令：调节水管网络里的每一个流量调节阀，让“田”字出口“流出”的数字水流最多。

这下，计算机可要忙一阵子了，要调节那么多阀门呢！好在计算机计算速度快，暴力计算外加算法优化（其实，主要是精妙的数学方法了，不过我们这里不讲数学公式，大家只要想象计算机拼命计算的样子就可以了），总是可以很快给出一个解决方案，调好所有阀门，让出口处的流量符合要求。

下一步，学习“申”字时，我们就用类似的方法，把每一张写有“申”字的图片变成一大堆数字组成的水流，灌进水管网络，看一看，是不是写有

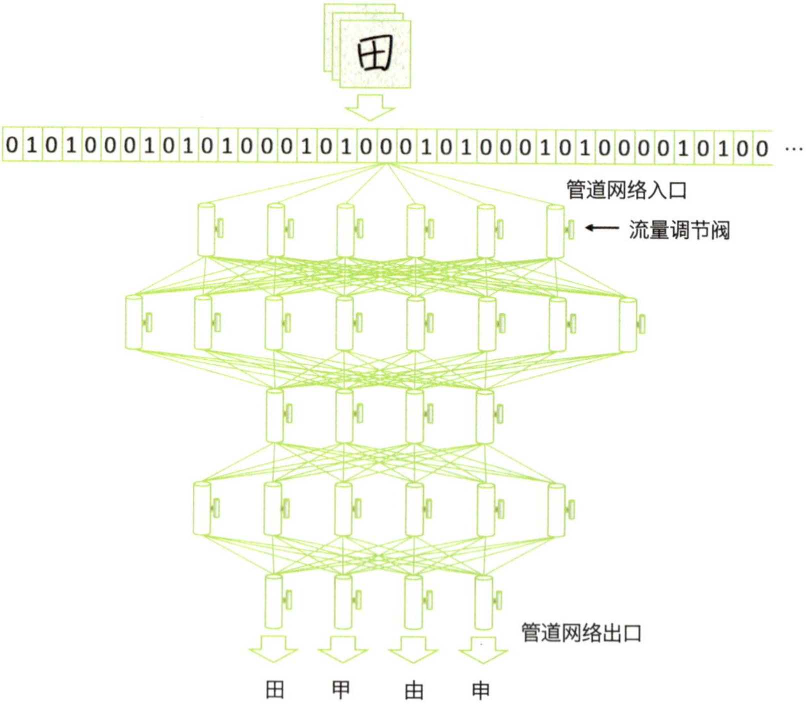

图27 用“水管网络”来描述教计算机识字的深度学习过程

“申”字的那个管道出口流出来的水最多，如果不是，我们还得再次调整所有的调节阀。这一次，要既保证刚才学过的“田”字不受影响，也要保证新的“申”字可以被正确处理。

如此反复进行，直到所有汉字对应的水流都可以按照期望的方式流过整个水管网络。这时，我们就说，这个水管网络已经是一个训练好的深度学习模型了。

例如，图27显示了“田”字的信息水流被灌入水管网络的过程。为了让水流更多地从标记有“田”字的出口流出，计算机需要用特定方式近乎疯狂地调节所有流量调节阀，不断实验、摸索，直到水流符合要求为止。

当大量识字卡片被这个管道网络处理，所有阀门都调节到位后，整套水管网络就可以用来识别汉字了。这时，我们可以把调节好的所有阀门都“焊死”，静候新的水流到来。

与训练时做的事情类似，未知的图片会被计算机转变成数据的水流，灌入训练好的水管网络。这时，计算机只要观察一下，哪个出口流出来的水流最多，这张图片写的就是哪个字。

简单吗？神奇吗？难道深度学习竟然就是这样的一个靠疯狂调节阀门来“凑”出最佳模型的学习方法？整个水管网络内部，每个阀门为什么要如此调节，为什么要调节到这种程度，难道完全由最终每个出口的水流量来决定？这里面，真的没有什么深奥的道理可言？

深度学习大致就是这么一个用人类的数学知识与计算机算法构建起整体架构，再结合尽可能多的训练数据以及计算机的大规模运算能力去调节内部参数，尽可能逼近问题目标的半理论、半经验的建模方式。

指导深度学习的基本是一种实用主义的思想。

不是要理解更复杂的世界规律吗？那我们就不断增加整个水管网络里可调节的阀门的个数（增加层数或增加每层的调节阀数量）。不是有大量训练数据和大规模计算能力吗？那我们就让许多CPU和许多GPU（图形处理器，俗称显卡芯片，原本是专用于作图和玩游戏的，碰巧也特别适合深度学习计算）组成庞大计算阵列，让计算机在拼命调节无数个阀门的过程中，学到训练数据中的隐藏规律。也许正是因为这种实用主义的思想，深度学习的感知能力（建模能力）远强于传统的机器学习方法。

实用主义意味着不求甚解。即便一个深度学习模型已经被训练得非常“聪明”，可以非常好地解决问题，但很多情况下，连设计整个水管网络的人也未必能说清楚，为什么管道中每一个阀门要调节成这个样子。也就是说，人们通常只知道深度学习模型是否工作，却很难说出模型中某个参数的取值与最终模型的感知能力之间，到底有怎样的因果关系。

这真是一件特别有意思的事。有史以来最有效的机器学习方法，在许多人看来，竟然是一个只可意会、不可言传的“黑盒子”。

由此引发的一个哲学思辨是，如果人们只知道计算机学会了做什么，却说不清计算机在学习过程中掌握的是一种什么样的规律，那这种学习本身会不会失控？

比如，很多人由此担心，按照这样的路子发展下去，计算机会不会悄悄学到什么我们不希望它学会的知识？另外，从原理上说，如果无限增加深度学习模型的层数，那计算机的建模能力是不是就可以与真实世界的终极复杂度有一比呢？如果这个答案是肯定的，那只要有足够的数据，计算机就能学会宇宙中所有可能的知识——接下来会发生什么？大家是不是对计算机的智慧超越人类有了些许的忧虑？还好，关于深度学习到底是否有能力表达宇宙级别的复杂知识，专家们尚未有一致看法。人类至少在可见的未来还是相对安全的。

补充一点：目前，已经出现了一些可视化的工具，能够帮助我们“看见”深度学习在进行大规模运算时的“样子”。比如说，谷歌著名的深度学习框架TensorFlow就提供了一个网页版的小工具，用人们易于理解的图示，画出了正在进行深度学习运算的整个网络的实时特征。

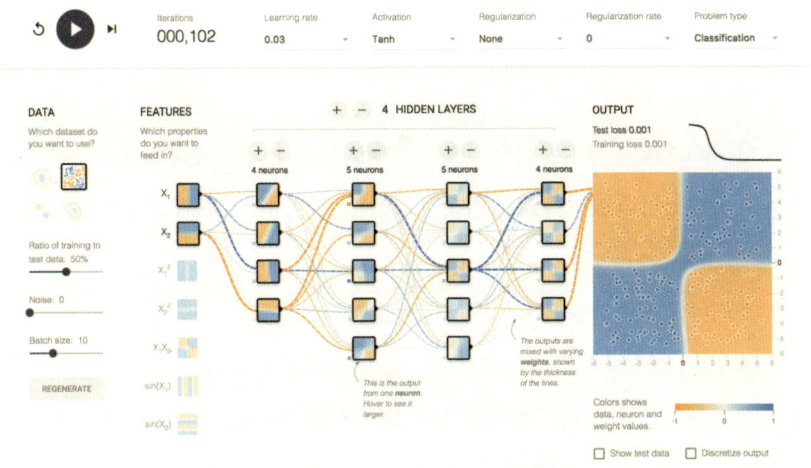

图28　训练深度学习模型时，整个深度神经网络的可视化状态[1]

图28显示了一个包含4层中间层级（隐含层）的深度神经网络针对某训练数据集进行学习时的“样子”。图中，我们可以直观地看到，网络的每个层级与下一个层级之间，数据“水流”的方向与大小。我们还可以随时在这个网页上改变深度学习框架的基本设定，从不同角度观察深度学习算法。这对我们学习和理解深度学习大有帮助。

最后，需要特别说明的是，以上对深度学习的概念阐述刻意避免了数学公式和数学论证，这种用水管网络来普及深度学习的方法只适合一般公众。对于懂数学、懂计算机科学的专业人士来说，这样的描述相当不完备也不精确。流量调节阀的比喻与深度神经网络中每个神经元相关的权重调整，在数学上并非完全等价。对水管网络的整体描述也有意忽略了深度学习算法中的

1.http://playground.tensorflow.org/

代价函数、梯度下降、反向传播等重要概念。专业人士要学习深度学习，还是要从专业教程看起。

大数据：人工智能的基石

目前的深度学习主要是建立在大数据的基础上，即对大数据进行训练，并从中归纳出可以被计算机运用在类似数据上的知识或规律。那么，到底什么是大数据呢？

人们经常笼统地说，大数据就是大规模的数据。

这个说法并不准确。“大规模”只是指数据的量而言。数据量大，并不代表着数据一定有可以被深度学习算法利用的价值。例如，地球绕太阳运转的过程中，每一秒钟记录一次地球相对太阳的运动速度、位置，这样积累多年，得到的数据量不可谓不大，但是，如果只有这样的数据，其实并没有太多可以挖掘的价值，因为地球围绕太阳运转的物理规律，人们已经研究得比较清楚了，不需要由计算机再次总结出万有引力定律或广义相对论来。

那么，大数据到底是什么？大数据是如何产生的？什么样的数据才最有价值，最适合作为计算机的学习对象呢？

根据马丁·希尔伯特（Martin Hilbert）的总结[1]，今天我们常说的大数据其实是在2000年后，因为信息交换、信息存储、信息处理三个方面能力的大幅增长而产生的数据：

1.Martin Hilbert，Big Data for Development: A Review of Promises and Challenges，Development Policy Review，Volume 34，Issue 1，Jan 2016，Pages 135-174

·信息交换：据估算，从1986年到2007年这20年间，地球上每天可以通过既有信息通道交换的信息数量增长了约217倍，这些信息的数字化程度，则从1986年的约20%增长到2007年的约99.9%[1]。在数字化信息爆炸式增长的过程里，每个参与信息交换的节点都可以在短时间内接收并存储大量数据。这是大数据得以收集和积累的重要前提条件。例如，根据对社交网站Twitter的统计，全球范围内每秒钟新增的推文条数约6000条，每分钟约350000条，每天约5亿条，每年约2000亿条。在网络带宽大幅提高之前，这个规模的信息交换是不可想象的。

·信息存储：全球信息存储能力大约每3年翻一番。从1986年到2007年这20年间，全球信息存储能力增加了约120倍，所存储信息的数字化程度也从1986年的约1%增长到2007年的约94%。1986年时，即便用上我们所有的信息载体、存储手段，我们也不过能存储全世界所交换信息的大约1%，而2007年这个数字已经增长到大约16%。信息存储能力的增加为我们利用大数据提供了近乎无限的想象空间。例如，谷歌这样的搜索引擎，几乎就是一个全球互联网的“备份中心”，谷歌的大规模文件存储系统完整保留了全球大部分公开网页的数据内容，相当于每天都在为全球互联网做“热备份”。

·信息处理：有了海量的信息获取能力和信息存储能力，我们也必须有对这些信息进行整理、加工和分析的能力。谷歌、Facebook、亚马逊、百度、阿里等公司在数据量逐渐增大的同时，也相应建立了灵活、强大的分布式数据处理集群。数万台乃至数十万台计算机构成的并行计

1.Hilbert, M. and López, P. (2011), The World's Technological Capacity to Store, Communicate, and Compute Information, Science 332(6025): 60－5.

算集群每时每刻都在对累积的数据进行进一步加工和分析。谷歌的分布式处理三大利器——GFS、MapReduce和Bigtable就是在大数据的时代背景下诞生并成为绝大多数大数据处理平台的标准配置。利用这些数据处理平台，谷歌每天都会将多达数百亿的搜索记录清理、转换成便于数据分析的格式，并提供强有力的数据分析工具，可以非常快地对数据进行聚合、维度转换、分类、汇总等操作。

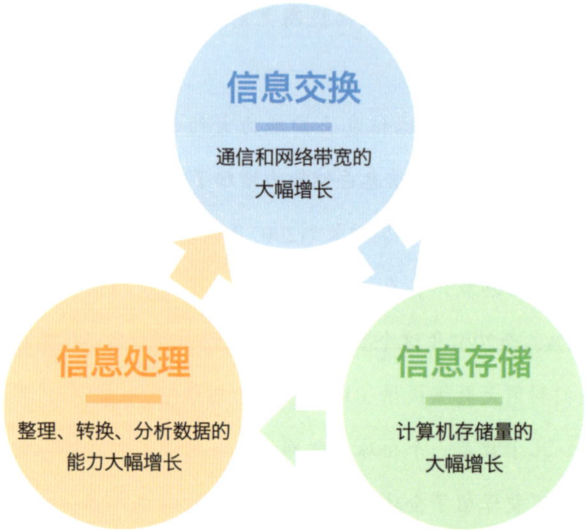

图29 大数据的三大支柱

从应用角度来说，今天的大数据越来越多地呈现出以下一种或几种特性：

大数据越来越多地来源于生产或服务过程的副产品，但在价值上却往往超过了为了特定目的专门采集的数据。例如，谷歌的大数据虽然主要从搜索引擎的日常使用中获得，但如果深入挖掘，这些数据往往具有非常高的专业价值。谷歌曾利用全球用户查询中，涉及流行性感冒的关键词的出现频率变化情况，对2003年到2008年全球季节性流感的分布和传播进行跟踪与预测[1]。这一预测的覆盖规模和价值甚至超出了各国卫生部门专门收集相关数据所做的预测。

大数据往往可以取代传统意义上的抽样调查。例如，按照传统方式，电视台某个节目的收视率往往要由专业调查公司通过抽样调查的方式，通过电话拜访等渠道获得抽样数据，再估算收视率。现在，有了微博或类似的社交网络，我们可以直接利用微博上每时每刻产生的大数据，对电视节目、电影、网络节目的热门程度进行分析，其准确性往往超过传统的抽样调查方式。

许多大数据都可以实时获取。例如，每年双十一，在阿里的淘宝、天猫这样的电子商务平台上，每时每刻都有成千上万笔交易正在进行，所有这些交易数据在阿里交易平台的内部，都可以实时汇总，供人们对双十一当天的交易情况进行监控、管理或分析、汇总。一部分数据的时效性非常强，如果不能实时利用，则数据的附加值会大幅降低。大数据的实时性为大数据的应用提供了更多的选择，为大数据更快产生应用价值提供了基础。

大数据往往混合了来自多个数据源的多维度信息。一份微博用户的ID列表虽然很有价值，但并不容易转换成商业应用所需要的完整信息。假如能利用用户ID，将用户在微博上的社交行为，和用户在电子商务平台如淘宝、京东等的购买行为关联起来，通过对不同来源的大数据的整合，采集到更多维度的数据，就可以向微博用户更准确地推荐他最喜欢的商品。聚合更多数据源，增加数据维度，这是提高大数据价值的好办法。

1.Ginsberg，J.；Mohebbi，M. H.；Patel，R. S.；Brammer，L.；Smolinski，M. S. and Brilliant，L. (2009)，Detecting Influenza Epidemics Using Search Engine Query Data，Nature 457(7232): 1012－14.

大数据的价值在于数据分析以及分析基础上的数据挖掘和智能决策。大数据的拥有者只有基于大数据建立有效的模型和工具，才能充分发挥大数据的价值。例如，图30是利用谷歌趋势（Google Trends）对过去5年全球地震分布进行分析汇总。我们很容易根据用户查询地震相关关键词的频率，看出过去5年内主要地震的发生时间和地点。在这里，谷歌趋势就是一个利用已有大数据建模、分析、汇总的有效工具。

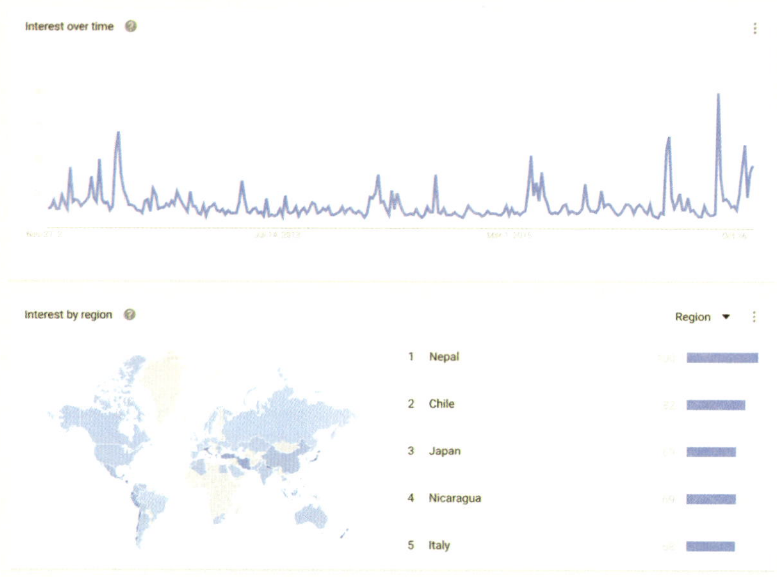

图30　利用谷歌趋势（Google Trends）分析全球近5年来的地震分布

有大数据就有人工智能的机会

人工智能时代，深度学习和大数据成了密不可分的一对儿。深度学习可以从大数据中挖掘出以往难以想象的有价值的数据、知识或规律。简单来说，有足够的数据作为深度学习的输入，计算机就可以学会以往只有人类才能理解的概念或知识，然后再将这些概念或知识应用到之前从来没有看见过的新数据上。

《智能时代》的作者吴军博士说："在方法论的层面，大数据是一种全新的思维方式。按照大数据的思维方式，我们做事情的方式与方法需要从根本上改变。"[1]

谷歌的围棋程序AlphaGo已经达到了人类围棋选手无法达到的境界。没有人可以与之竞争，这是因为AlphaGo在不断进行学习。AlphaGo不但从人类专业选手以往的数百万份棋谱中学习，还可以从自己和自己的对弈棋谱中学习。人类专业选手的对局、AlphaGo自己与自己的对局，这些都是AlphaGo赖以学习提高的大数据。

基于大数据的深度学习到底如何在现实生活中发挥作用呢？一个非常好的例子是，计算机可以通过预先学习成千上万张人脸图片，掌握认识和分辨人脸的基本规律。然后，计算机可以记住全国所有通缉犯的长相。没有一个单独的人类警察可以做到这一点。这样一来，全国的安防系统只要接入了这套会识别通缉犯相貌的计算机程序，通缉犯在公共场合一露面，计算机就可以通过监控摄像头采集的图像将通缉犯辨认出来。大数据和深度学习一起，可以完成以前也许需要数万名人类警察才能完成的任务。

任何拥有大数据的领域，我们都可以找到深度学习一展身手的空间，都可以做出高质量的人工智能应用。任何有大数据的领域，都有创业的机会。

金融行业有大量客户的交易数据，基于这些数据的深度学习模型可以让金融行业更好地对客户进行风险防控，或针对特定客户进行精准营销；电子

1.吴军，智能时代，第3章，中信出版集团，2016.8

商务企业有大量商家的产品数据和客户的交易数据，基于这些数据的人工智能系统可以让商家更好地预测每月甚至每天的销售情况，并提前做好进货准备；城市交通管理部门拥有大量交通监控数据，在这些数据的基础上开发的智能交通流量预测、智能交通疏导等人工智能应用正在大城市中发挥作用；大型企业的售后服务环节拥有大规模的客服语音和文字数据，这些数据足以将计算机训练成为满足初级客服需要的自动客服员，帮助人工客服减轻工作负担；教育机构拥有海量的课程设计、课程教学数据，针对这些数据训练出来的人工智能模型可以更好地帮助老师发现教学中的不足，并针对每个学生的特点加以改进……

需要注意的是，大数据和人工智能的结合也可能给信息流通和社会公平带来威胁。在2016年的美国大选中，有一家名为Cambridge Analytica的公司就基于人工智能技术，用一整套分析和引导舆论的软件系统来操纵选情。这个系统可以自动收集和分析互联网上的选情信息，评估人们对两位总统候选人的满意度，并通过给定向用户投放信息，自动发送虚假新闻等技术手段，宣传自己所支持的候选人，还可以通过A/B组对照试验，准确判断每个州的选民特征，为自己所支持的竞选团队提供第一手的数据资料和决策依据。Cambridge Analytica的投资人是特朗普的“金主”，因此Cambridge Analytica在大选中就主要为特朗普服务。特朗普战胜希拉里后，美国伊隆大学的助理教授兼数据科学家乔纳森·奥尔布赖特（Jonathan Albright）开始研究大选中的假新闻和舆论引导内幕，他不无忧虑地说：“这简直就是台宣传机器。它一个个地拉拢公众，使他们拥护某个立场。如此程度的社会工程，我还是头一次见。他们用情绪作为缰绳，套住人们，然后就再也不松手了。”[1]

1.造就（微信公众号），2017.2，当AI变成宣传武器：继续深扒大数据公司Cambridge Analytica

此外，在大数据发挥作用的同时，人工智能研发者也一定不要忘了，大数据的应用必然带来个人隐私保护方面的挑战。为了给你推送精准的广告信息，就要收集你的购买习惯、个人喜好等数据，这些数据中往往包含了许多个人隐私；为了获得以人类基因为基础的医疗大数据来改进疾病的诊疗，就要通过某种渠道收集尽可能多的人类基因样本，而这些数据一旦保管不善，就可能为提供基因样本的个人带来巨大风险；为了建立智能城市，就要监控和收集每个人、每辆车的出行信息，而这些信息一旦被坏人掌握，往往就会成为案犯最好的情报来源……

有效、合法、合理地收集、利用、保护大数据，是人工智能时代的基本要求，需要政府、企业、个人三方共同协作，既保证大规模信息的正常流动、存储和处理，又避免个人隐私被滥用或被泄露。

AI 小百科

深度学习“三巨头”和传奇的辛顿家族

杰弗里·辛顿与约书亚·本吉奥、扬·勒丘恩有时也被称为深度学习领域的“三巨头”。

“三巨头”中，最年长的杰弗里·辛顿生于英国，后移居加拿大。在深度学习领域，辛顿的贡献是开创性的。他最先把反向传播（Backpropagation）用于多层神经网络，还发明了玻尔兹曼机（Boltzmann machine），这些成果直接导致深度学习的实用化。教学和科研以外，杰弗里·辛顿还创办了一家名叫DNNresearch的人工智能公司，然后把公司卖给了谷歌。现在，杰弗里·辛顿一半时间在多伦多大学教书，一半时间在谷歌建设著名的谷歌大脑。

杰弗里·辛顿教授的学生也几乎个个是人工智能领域里的权威。1987年，扬·勒丘恩在巴黎获得计算机科学博士学位后，就到多伦多大学师从杰弗里·辛顿教授做博士后研究。1988年，扬·勒丘恩加入AT&T贝尔实验室。在那里，他发展了机器视觉领域最有效的深度学习算法——卷积神经网络（CNN），并将其用于手写识别和OCR。2013年，扬·勒丘恩加入Facebook，领导Facebook的人工智能实验室。

约书亚·本吉奥生于法国，后移居加拿大的蒙特利尔，在麦吉尔大学（McGill University）获得计算机科学的博士学位。1992年，约书亚·本吉奥加入AT&T贝尔实验室。在那里，他遇见了扬·勒丘恩，两位“巨头”一起从事深度学习的研究。1993年起，约书亚·本吉奥在蒙特利尔大学任教。约书亚·本吉奥的许多项研究成果对深度学习的复兴意义重大，例如，他在自然语言处理的方向上建树颇多，研究成果直接推动了近年来语音识别、机器翻译等方向的发展。

“三巨头”经常一起出席学术会议，一起推动深度学习和人工智能的发展。2015年5月，三人联名在《自然》杂志发表的名为《深度学习》的综述文章[1]，成为人工智能领域近年来最重要的文献之一。在这篇著名的文章里，“三巨头”是这样展望深度学习的：

“在不久的将来，我们认为深度学习将取得更多成就，因为它只需要极少的人工参与，所以它能轻而易举地从计算能力提升和数据量增长中获得裨益。目前正在开发的用于深层神经网络的新型学习算法和体系结构必将加速这一进程。”[2]

1.http://www.cs.toronto.edu/~hinton/absps/NatureDeepReview.pdf

2.机器之心（微信公众号），2015.7，Nature重磅：Hinton、LeCun、Bengio三巨头权威科普深度学习最后，顺便提一下，杰弗里·辛顿教授已经很厉害了，但更厉害的是，他出生在一个只能用“彪悍”“杰出”“神奇”之类的字眼儿形容的恐怖家族！

杰弗里·辛顿的父亲叫霍华德·E. 辛顿（Howard Everest Hinton），是个英国昆虫学家。霍华德·辛顿有一个堂弟叫威廉·辛顿（William Hinton），还有一个堂妹叫琼·辛顿（Joan Hinton）。这两个人还分别有一个我们更熟悉的中文名字——他们一个叫韩丁，一个叫寒春，是中国人民的老朋友，著名的马克思主义者。

20世纪40年代，韩丁在中国亲历了“土改运动”，写下了《翻身——中国一个村庄的革命纪实》。寒春就更有名了，是核物理学家，在美国曾参与“曼哈顿计划”，制造原子弹。广岛、长崎核爆后，寒春毅然离开“曼哈顿计划”，抱着“解放全人类”的理想来到了中国，长期在北京郊外的农场研发农牧机械。当年，杨振宁回国时曾问邓稼先，寒春到底有没有帮中国研发原子弹，邓稼先请示了周总理后，给了杨振宁一个明确答复：除了早期接受一些苏联帮助外，原子弹完全是中国人自己造出来的。

韩丁和寒春的父亲叫塞巴斯蒂安·辛顿（Sebastian Hinton），职业是律师，业余时间发明了儿童用的攀爬游乐设施。塞巴斯蒂安·辛顿和霍华德·辛顿的父亲乔治·辛顿（George Hinton）是同胞兄弟，他们的父亲，也就是杰弗里·辛顿的曾祖父，名叫查尔斯·霍华德·辛顿（Charles Howard Hinton）。查尔斯·霍华德·辛顿不但是个知名的数学家，还是最早的科普和科幻作者之一。

查尔斯·霍华德·辛顿的妻子叫玛丽·艾伦（Mary Ellen），玛丽·艾伦的父亲叫乔治·布尔（George Boole）。

乔治·布尔，一个伟大的名字。布尔代数、布尔电路、布尔类型、布尔表达式、布尔函数、布尔模型……这个伟大的英国数学家、教育家、哲学

图31　乔治·布尔，CC BY-SA 3.0，Wikipedia

家和逻辑学家，他的思想和发明变成了成千上万本教科书、成千上万道考试题、成千上万个计算机程序，充斥了理工生的整个世界。

乔治·布尔的五个女儿也个个杰出。他的大女儿就是玛丽·艾伦，是杰弗里·辛顿的曾祖母（祖奶奶）。二女儿叫玛格丽特（Margaret），她的儿子杰弗里·泰勒（Geoffrey Taylor）是流体力学的鼻祖级人物，曾被英国派到美国参加曼哈顿计划。三女儿艾丽西亚（Alicia）为四维几何学做过贡献。四女儿露西·埃佛勒斯（Lucy Everest）是英国第一个化学女教授。五女儿是中国50后、60后甚至一小部分70后非常熟悉的艾捷尔·丽莲·伏尼契（Ethel Lilian Voynich），她写了一本曾经流行于中国大江南北的长篇小说——《牛虻》。

从伟大的乔治·布尔到今天的深度学习“三巨头”，短短两百年时间，数学和计算机科学就取得了如此多的伟大成就。毫无疑问，今天异彩纷呈的人工智能，正是这一代又一代大师级人物共同缔造的人类最辉煌的科技成果。

第三章
人机大战：AI真的会挑战人类？

AlphaGo带来的警示是：如果计算机可以在两年内实现大多数人预测要花20年或更长时间才能完成的进步，那么，还有哪些突破会以远超常人预期的速度来临？这些突破会不会超出我们对人工智能的想象，颠覆人类预想中的未来？我们已为这些即将到来的技术突破做好准备了吗？

AlphaGo 带给人类的启示究竟是什么？

2016年3月，李世石与谷歌AlphaGo在围棋棋盘上斗智斗勇、激战正酣的时候，我也亲身参与了新浪体育等媒体主办的现场直播。当时，我与棋圣聂卫平九段一起出任讲解嘉宾，直播了李世石与AlphaGo的第五盘棋赛。围棋专家如聂卫平九段的评论视角，显然和我这个计算机科学博士的视角大不相同。但有一点是相通的，那就是绝大多数围棋界人士和人工智能界的科研人员此前都没想到，围棋程序会在如此短的时间内取得质的突破。

记得我曾在接受媒体采访时说过："AlphaGo真的让我很震惊。如果你是两年前问我计算机何时能战胜围棋世界冠军，我那时的答案大概会是'20年后'。可计算机在两年内就做到了我认为需要20年才能做到的事，这样的速度真的让人震撼。"

AlphaGo横空出世之前，围棋界的观点也大致相同。因为国际象棋与围棋的复杂度相差甚远，1997年IBM深蓝在国际象棋棋盘上战胜人类棋王的故事并不足以让围棋高手信服。而且，这么多年来，围棋AI程序的研发一直举步维艰。早期基于规则的围棋程序，比如中山大学陈志行教授20世纪90年代研发的"手谈"，基本上只能和围棋初学者过招。直到2006年后，随着蒙特卡洛搜索算法在围棋对弈软件中的应用，MoGo、Zen、CrazyStone等程序的棋力才得到了突飞猛进的提高，在国际对弈平台KGS上，2006年到2012年，主流围棋对弈软件的棋力从业余二段猛升到业余五段甚至业余六段[1]，但也就此停滞不前。AlphaGo出现前，围棋界专家对围棋对弈软件棋力的评估基本比较一致，大多认为最好的计算机程序已可以和业余高手过招，但和职业选手之间，还是有着本质的差别。

在今天的围棋界，业余高手和职业高手之间存在2子以上的明显差距，通常，这个差距是职业选手从童年开始，用10年以上的时间刻苦训练得来的，业余选手极难弥补。另一方面，在计算机科学界，懂得蒙特卡洛搜索算法原理的人都知道，这种算法主要是利用抽样统计来提高搜索效率，单用此算法确实难有提高空间。这是AlphaGo出现前，围棋界和计算机科学界两方面都不敢奢望人机大战即将到来的根本原因。

深度学习改变了一切。

使用深度学习并结合蒙特卡洛搜索的AlphaGo已注定被写入历史。AlphaGo问世的第一年内，其实进入大家视野的是三个版本：5∶0击败樊麾的内测版本，4∶1击败李世石的版本，以“Master”（大师）网名60∶0快棋挑落中日韩高手的版本。三个版本演进脉络明显，每次迭代都有重大升级。最后这个网名为“Master”的版本也基本是2017年AlphaGo挑战柯洁的一个“预览版”。

从围棋角度说，AlphaGo最震撼的是计算机在人类传统认为极其玄妙的、电脑无法掌握的“大局观”上突飞猛进，远远将人类选手甩在身后。电脑计算“大局观”的方式，和人类培养“大局观”的思路，有根本的差别。人类不可能在这方面赶上电脑。和樊麾对局的棋谱基本上还看不出AlphaGo的大局观有多强，和李世石对局就下出了聂卫平赞不绝口的五路肩冲，到了Master的60局，大局观体现在两个地方：

1.http://senseis.xmp.net/?KGSBotRatings

第一，自始至终对局势的把握，比如第60局古力用AlphaGo的思路对付AlphaGo，把中央撑得很满，但AlphaGo不紧不慢，总是恰到好处地保持胜势。

第二，AlphaGo已经深刻影响人类对布局的思考，大飞守角之类的变化迅速被人类棋手模仿，这和当年深蓝问世后，国际象棋的布局革命是一样的。

基于AlphaGo的思路，其他围棋软件的水平也突飞猛进。仅2017年年初就有日本研发的DeepZenGo和腾讯人工智能实验室开发的“绝艺”达到了人类九段或以上的水平。腾讯“绝艺”不仅面对人类高手保持了绝对优势，还战胜了AlphaGo以外的各路围棋软件，取得了2017年UEC杯计算机围棋大赛的冠军。

以后AI和AI之间的竞赛，应该会不断促进AI提高。人类虽望尘莫及，但可以不断从AI中学习新的思想。

从人工智能技术的角度说，AlphaGo用的是AI领域应用非常普遍的算法：深度学习、蒙特卡洛算法、增强学习等。可以说，机器视觉相关的深度学习技术，包含环境—决策—反馈的智能系统，里面都有AlphaGo的影子。当然，直接的代码实现层面，肯定没有复制、粘贴这样直接借用的关系，因为AlphaGo的深度学习模型毕竟是围绕围棋的特征建立的。

那么，当人机大战烟尘散尽，公众的热情回归理性时，AlphaGo究竟为我们人类带来了什么？AlphaGo带来的，仅仅是棋盘上的一张张棋谱，还是《自然》杂志上那篇划时代的论文[1]？是公众对人工智能的重新认知，还是人类与机器命运的关键转折点？

我觉得，AlphaGo带给人类的，更多是一种对未来的警示：如果计算机

1.AlphaGo的突破性论文，https://storage.googleapis.com/deepmind-media/alphago/AlphaGoNaturePaper.pdf

可以在两年内实现大多数人此前预测要花20年或更长时间才能完成的进步，那么，还有哪些突破会以远超常人预期的速度来临？这些突破会不会超出我们对人工智能的想象，颠覆人类预想中的未来？我们已为这些即将到来的技术突破做好准备了吗？

无论是专业人士还是普通公众，AlphaGo的出现给每个人提供了一个最好的理由，让我们有机会重新思考：到底什么是人工智能？人工智能之于人类的意义是什么？人工智能与未来人类的关系到底会怎样？人工智能真的会在未来挑战人类吗？

DeepMind：会打游戏的人工智能

站在AlphaGo背后的，是一个名叫DeepMind的团队。这是谷歌公司于2014年收购的英国人工智能团队。在所有优秀的人工智能技术团队中，DeepMind无疑是最有潜力之一的。不得不承认，他们是一个真正有梦想也真正关注人类未来的技术团队。

DeepMind的创始人戴密斯·哈萨比斯（Demis Hassabis）从小就是一个神童，在棋类游戏中展示出了非凡的天分。哈萨比斯13岁时就成为国际象棋大师，在当年的国际象棋世界等级分排名中，哈萨比斯位列所有14岁以下选手的第2位，仅次于后来名声大噪的世界最强女棋手朱迪特·波尔加（Judit Polgár，小波尔加）。1997年，哈萨比斯从剑桥大学计算机科学系毕业。1998年，22岁的哈萨比斯创立了Elixir Studios公司，专注于开发电脑游戏。2005年，哈萨比斯返回校园，在伦敦大学攻读了认知神经科学的博士学位。2010年，哈萨比斯在伦敦创建了人工智能技术公司DeepMind。直到2014年谷歌以4亿英镑收购DeepMind时，哈萨比斯的团队还基本不为普通公众所知。

2015年年初，DeepMind第一次真正进入公众视角，是靠一个基于深度学习和增强学习技术驱动的，能自己学习如何打街机游戏的AI程序。显然，国际象棋大师和电脑游戏设计、开发的背景，为哈萨比斯的人工智能之路，奠定了一个不同寻常的基础。DeepMind所研发的深度学习、增强学习等技术，在医药、金融、自动控制等众多领域有着广泛的应用前景，但这些行业应用离普通公众较远，DeepMind的先进技术难以被大多数人了解。哈萨比斯和他的团队非常聪明地选择用大众最熟悉的电子游戏，来作为DeepMind核心科技的第一块“试金石”。

DeepMind选取了数十款当年在雅达利（Atari）街机上非常流行的小游戏，然后用人工智能程序尝试“理解”游戏当前画面，控制游戏操作接口，并根据每次游戏的输赢情况，不断调整策略，自主学习游戏技巧。2015年2月向公众展示时，DeepMind的人工智能程序在大约四分之三的雅达利街机游戏中，达到或超过了人类高手的水平。类似技术随后被DeepMind团队用于人工智能围棋软件，并由此诞生了震惊世界的AlphaGo。

DeepMind的目标显然不是游戏本身。正如哈萨比斯在诸多场合所说过的那样，DeepMind希望利用在游戏中证明过的技术，帮助人类解决计算机辅助医疗等更为复杂的问题。但游戏与DeepMind的结缘，确实为这个独具特色的人工智能团队贴上了鲜明的标签。

历史总是充满巧合。20世纪70年代，初出茅庐的史蒂夫·乔布斯找到的第一份工作就是在雅达利游戏机公司打工。为了开发雅达利公司当时的主打街机产品“Pong”，乔布斯还请来了好朋友史蒂夫·沃兹尼亚克一起解决技术问题。40多年前，苹果公司的两位创始人在雅达利游戏机上研发的产品，成为40多年后哈萨比斯的DeepMind团队磨炼人工智能算法的实验平台。在DeepMind软件自主学习并熟练掌握的街机游戏名单上，“Pong”的名字赫然在列。

从乔布斯到哈萨比斯，从雅达利街机到苹果电脑再到人工智能，科技发展的进程中，每一个领军人物的每一次技术突破，都可能成为后续进展的铺垫与序曲。从早期的西洋跳棋程序，到能下国际象棋的IBM深蓝，再到AlphaGo，每一盘棋的每一场输赢，不也是人工智能技术从萌芽到发展再到成熟的最好见证吗？

AlphaGo的故事尚未完结，DeepMind就将目光投向了更有挑战的游戏领域。2016年11月，在暴雪公司的BlizzCon大会上，DeepMind正式宣布牵手暴雪，基于《星际争霸》游戏进行人工智能研究[1]。与围棋不同，《星际争霸》游戏的参与者需要在全局尚未明朗的情况下，只依据少数信息，猜测对手可能的战略、战术布置，并有针对性地设计自己的游戏策略。从技术上说，《星际争霸》的挑战要高于围棋，打赢《星际争霸》所需的决策技术，也许更接近人类在日常工作、生活中经常使用的思考与决策方法。从这个意义上说，DeepMind正向着更高级智慧的方向迈进。

游戏既是DeepMind团队最好的市场和公关手段，同时也帮助DeepMind在人工智能领域迅速建立起不同寻常的技术优势。借助在游戏领域取得的经验和方法，DeepMind已经开始用人工智能技术帮助谷歌的数据中心合理调度、分配电力资源，达到省电的目标。此外，DeepMind与牛津大学合作开发了根据人类说话时的口型猜测说话内容的唇读技术LipNet，与英国国家医疗服务体系（NHS）合作推出了综合性的医疗辅助应用Streams，与眼科医院合作帮助眼部疾病诊断……哈萨比斯说："我坚信DeepMind正在从事的研究对人类的未来至关重要，而且这值得我们做出一些牺牲。"[2]

从下象棋、开发游戏的天才少年，到利用人工智能技术造福人类的计算机科学家，哈萨比斯的梦想正在实现。一个会玩游戏的人工智能和一个会帮

1.DeepMind and Blizzard to release StarCraft II as an AI research environment，https://deepmind.com/blog/deepmind-and-blizzard-release-starcraft-ii-ai-research-environment/

2.全媒科技（微信公众号），2016.12，DeepMind创始人：阿尔法GO的胜利只是小目标

助医生诊疗疾病的人工智能，它们之间的技术，竟有如此之多的共同点——技术的神奇莫过于此。

德州扑克：开启新世界的大门？

我自己很喜欢打德州扑克，经常参加德州扑克比赛。在牌桌上，自我感觉是一名稳健型牌手，保持了还算不错的胜率。

围棋是一项讲究计算和形势判断能力的游戏。而德州扑克就与此不同，它讲究的是在多人博弈中，避免人性贪婪、恋战等弱点，并将科学的概率统计与灵活的实战策略很好地配合起来。人工智能已经在围棋领域取得历史性的突破，那么，在德州扑克的世界里，人工智能的表现又如何呢？

如前所述，在围棋、象棋等游戏中，人工智能可以和人类选手一样，在每一步决策前获得棋盘上的全部信息。这种限定规则，随时可以获取全部信息的游戏，我们可以称之为“完整信息的博弈游戏”。而在《星际争霸》或德州扑克中，人工智能和人类选手通常无法在特定时刻获得有关游戏的全部信息，比如，在德州扑克中，你无法知道对手的底牌是什么，你也不知道发牌员发出的下一张牌是什么，在这类“不完整信息的博弈游戏”里，人工智能必须像人一样，根据经验或概率统计知识，猜测对手底牌和下一张牌的可能性，然后再制定自己的应对策略。

显然，对于实现人工智能算法而言，不完整信息的博弈游戏在技术难度上要大得多。就在哈萨比斯的团队借助《星际争霸》磨炼下一代人工智能算法的同时，卡内基–梅隆大学的研究者选择了德州扑克作为他们攻克此类问题的出发点。

来自卡内基–梅隆大学的托马斯·桑德霍姆（Tuomas Sandholm）教授与他的博士生诺姆·布朗（Noam Brown）最早开发了一款名为Claudico的德州

扑克程序。Claudico是一个拉丁文单词，对应于德州扑克中的一种特别的策略——平跟（limping），指的是翻牌之前，选择跟大盲注而不加注的策略。平跟这种策略，在人类德州扑克比赛中，使用的频率并不是很高，但据托马斯·桑德霍姆介绍，计算机通过学习发现，使用这种策略有许多好处。值得注意的是，托马斯·桑德霍姆的团队在研发德州扑克程序时，主要不是向人类职业选手学习打牌技巧，而是让计算机通过自我训练，自己寻找最好的方法。

Claudico从2015年4月到5月，在匹兹堡的河流赌场与人类选手同台竞技，在无限制投注的一对一比赛中，轮流与包括当时世界排名第一的道格·波尔克（Doug Polk）在内的四名人类顶尖高手过招。那次比赛历时13天，共计2万局牌。为降低运气成分，比赛使用的是重复牌局的玩法，即在不同房间的两张牌桌上使用完全相同但人机对调的两副牌。这次比赛，AI似乎还很稚嫩。比赛进行过半，人类就领先Claudico大约46万个筹码。最终，人类选手以大约73万个筹码的优势赢得了比赛。

Claudico在2015年初出茅庐的这次比赛以失利告终。这个剧情，有些像1996年IBM深蓝输给卡斯帕罗夫的那一次。与Claudico交过手的道格·波尔克说，Claudico与人类的打牌方式非常不同，“人类选手的下注数量可能是彩池的一半或四分之三，而Claudico有时只吝啬地以彩池的十分之一来下注，有时则以彩池的十余倍来下注。人类可不会用19000美元的下注去博取区区700美元的彩池”[1]。

2015年的失利并没有让托马斯·桑德霍姆教授灰心。2017年1月，教授带着一个名为Libratus的新版本德州扑克程序卷土重来，再战匹兹堡的河流赌场。像上次一样，新版本程序的名字Libratus也是一个拉丁文单词，对应于程

1.Man Proves Greater Than Machine，https://www.pokernews.com/news/2015/05/man-is-greater-than-machine-players-win-732-713-against-ai-p-21508.htm

序使用的均衡（balanced）策略——这一策略源自数学家纳什定义的一种完美博弈的模型。

托马斯·桑德霍姆教授解释说：“在有两名玩家的零和游戏中，如果有一人不遵从纳什均衡的策略，那么两名玩家获得的收益都将受损，但我们的系统不会这样。在此类游戏中，以纳什均衡的方式思考是最安全的。遵从规律的玩家将合理地获得收益，同时在任何地方都不会被对手利用。”[1]

这一次，比赛规则和2015年那次基本一致，比赛时间从13天延长到20天，仍基于无限制投注的规则，Libratus轮流与人类高手一对一比赛。人类团队计算总分，与Libratus的总得分比较胜负关系。不同的是，升级后的Libratus程序就像围棋棋盘上威风八面的AlphaGo一样，一上来就对四名人类高手形成了全面压制。AI从比赛第一天就一路领先，第6天领先优势虽一度缩小，但从第7天后，人类就再也没有机会缩小巨大的差距了。最终，Libratus领先的筹码数量达到惊人的176.6万美元！在德州扑克领域的人机大战中，人工智能完美胜出！

连续参加了2015年和2017年两次人机大战的人类德州扑克高手Dong Kim说，他在这次比赛全程充满挫败感——其实他已经是四位人类高手里面，对战成绩最好的那个了。两年前曾经击败计算机的Dong Kim在2017年的比赛刚刚过半时就直言：“人类已经没有真正获胜的机会。”[2]

那么，从Libratus大败人类高手的德州扑克对局中，我们能看到哪些人工智能的发展规律呢？

根据我对Libratus对局的观察，Libratus所使用技术策略非常成功。AI利用增强学习技术，从自我对局中学习最优的扑克玩法，而避免从人类的既定模式中学习经验，这是非常重要的一点。当然，目前Libratus的算法还只适用于

1.机器之心（微信公众号），2017.1，重磅丨德扑人机大战收官，Libratus 击败世界顶尖扑克选手

2.量子位（微信公众号），2017.1，德扑人机大战落幕：AI赢了176万美元，这里是一份超详细的解读

无限制投注的一对一比赛。如果将比赛扩展到更常见的多人制比赛，Libratus面对的挑战会更大一些，还需要进行策略上的升级与调整。

计算机在德州扑克领域取得的成功，让包括我在内的人工智能研究者都非常振奋，这主要有以下两个原因：

- 和围棋不同，在德州扑克的牌桌上，人工智能与人类选手一样，都只能看到部分信息。这种情况下，没有所谓的唯一的、最佳的打法。
- Libratus基本是从零开始学习德州扑克策略，且主要依靠自我对局来学习。这对利用人工智能解决更为广泛的现实问题意义重大。

那些担心人工智能威胁的悲观主义者可能会从Libratus的胜利中看到更为现实的风险。比如，机器曾在比赛中用大赌注和新策略吓退、蒙骗过最精明的人类牌手，这些方法也许会被精明的商人用于人类的商业谈判。一旦这些人工智能算法被犯罪组织利用，是否会出现灾难性的后果？担心出现超人工智能的人还会进一步追问，一旦机器有了自我意识，机器是否会像德州扑克牌桌上的AI算法一样，用各种策略诱骗、恐吓人类呢？

乐观主义者则更多地看到Libratus的算法本身对于人工智能帮助人类解决实际问题的巨大价值。如果机器能够在自我学习中不断完善对于一种特定策略的掌握程度，能够在不熟悉或缺乏全部信息的环境中不断试错并积累经验，那么，机器显然可以胜任更多的人类工作。比如，机器可以帮助人类制订更为复杂的医疗计划，可以在人类感到难以决策的领域，比如商业活动、城市规划、经济调控甚至战争指挥等，充当人类的“参谋”。也许，未来每个人都可以依靠强大的计算机和人工智能程序，成为运筹帷幄、决胜千里的战略家。

AI小百科

弱人工智能、强人工智能和超人工智能

我们谈到了人类对人工智能的某种担心，很多人最想知道的是：今天的人工智能到底有多“聪明”？人工智能到底会发展到什么程度？什么样的人工智能会超出人类的控制范围，甚至给人类带来威胁？

要回答这样的问题，我们也许需要先廓清一下有关不同层级人工智能的几个基本定义。

弱人工智能（Weak AI）

也称限制领域人工智能（Narrow AI）或应用型人工智能（Applied AI），指的是专注于且只能解决特定领域问题的人工智能。毫无疑问，今天我们看到的所有人工智能算法和应用都属于弱人工智能的范畴。

AlphaGo是弱人工智能的一个最好实例。AlphaGo在围棋领域超越了人类最顶尖选手，笑傲江湖。但AlphaGo的能力也仅止于围棋（或类似的博弈领域），下棋时，如果没有人类的帮助（还记得AlphaGo与李世石比赛时，帮机器摆棋的黄士杰博士吗？），AlphaGo连从棋盒里拿出棋子并置于棋盘之上的能力都没有，更别提下棋前向对手行礼、下棋后一起复盘等围棋礼仪了。

一般而言，限于弱人工智能在功能上的局限性，人们更愿意将弱人工智能看成是人类的工具，而不会将弱人工智能视为威胁。

但少数评论者依然认为，即便是弱人工智能，如果管理、应对不善，也会带来致命的风险。比如，发生在2010年5月6日的美股市场的“闪跌”（Flash Crash）事件，其起因就混合了人类交易员的操作失误和自动交易

算法的内在风险，而当时已经大量存在的，由计算机程序控制的自动高频交易，则被一些研究者认为是放大市场错误，并最终造成股市瞬时暴跌的帮凶。除了金融市场外，能源领域特别是核能领域里使用的弱人工智能算法如果设计和监管不当，也有可能为人类带来灾难。类似地，自动驾驶汽车上使用的人工智能算法显然也存在威胁人类生命安全的隐患。

但无论如何，弱人工智能属于相对容易控制和管理的计算机程序。总体来说，弱人工智能并不比我们使用的其他新技术更为危险。设想一下，人类在用电时、开车时或者乘坐飞机时，不也要面对客观存在的风险因素吗？对于弱人工智能技术，人类现有的科研和工程管理、安全监管方面的经验，大多是适用的。一台可以自动控制汽车行驶的计算机和一台可以将重物吊起的起重机，二者都需要严格的质量控制流程与安全监管策略。自动驾驶程序中的错误可能导致车祸，起重机结构设计上的错误也可能导致起重机的倾覆，二者都会造成人员伤亡。

也就是说，弱人工智能在总体上只是一种技术工具，如果说弱人工智能存在风险，那也和人类已大规模使用的其他技术没有本质的不同。只要严格控制，严密监管，人类完全可以像使用其他工具那样，放心地使用今天的所有AI技术。

强人工智能（Strong AI）

强人工智能又称通用人工智能（Artificial general intelligence）或完全人工智能（Full AI），指的是可以胜任人类所有工作的人工智能。

人可以做什么，强人工智能就可以做什么。这种定义过于宽泛，缺乏一个量化的标准来评估什么样的计算机程序才是强人工智能。为此，不同的研究者提出了许多不同的建议。最为流行、被广为接受的标准是前面我们详细讨论过的图灵测试。但即便是图灵测试本身，也只是关注于计算机的行为和人类行为之间，从观察者角度而言的不可区分性，并没有提及计算机到底需要具备哪些具体的特质或能力，才能实现这种不可区分性。

一般认为，一个可以称得上强人工智能的程序，大概需要具备以下几方面的能力：

1）存在不确定因素时进行推理，使用策略，解决问题，制定决策的能力；

2）知识表示的能力，包括常识性知识的表示能力；

3）规划能力；

4）学习能力；

5）使用自然语言进行交流沟通的能力；

6）将上述能力整合起来实现既定目标的能力。[1]

基于上面几种能力的描述，我们大概可以想象，一个具备强人工智能的计算机程序会表现出什么样的行为特征。一旦实现了符合这一描述的强人工智能，那我们几乎可以肯定地说，所有人类工作都可以由人工智能来取代。从乐观主义的角度讲，人类到时就可以坐享其成，让机器人为我们服务，每部机器人也许可以一对一地替换每个人类个体的具体工作，人类则获得完全意义上的自由，只负责享乐，不再需要劳动。

强人工智能的定义里，存在一个关键的争议性问题：强人工智能是否有必要具备人类的“意识”（Consciousness）。有些研究者认为，只有具备人类意识的人工智能才可以叫强人工智能。另一些研究者则说，强人工智能只需要具备胜任人类所有工作的能力就可以了，未必需要人类的意识。

有关意识的争议性话题极其复杂。本质上，这首先会牵扯出“人类的意识到底是什么”这样的难解问题，从而让讨论变得无的放矢。以人类今天对

1.Stuart Russell，Peter Norvig，Artificial Intelligence: A Modern Approach，Third edition

感情、自我认知、记忆、态度等概念的理解，类似的讨论会牵涉哲学、伦理学、人类学、社会学、神经科学、计算机科学等方方面面，短期内还看不出有完美解决这一问题的可能。

也就是说，一旦牵涉“意识”，强人工智能的定义和评估标准就会变得异常复杂。而人们对于强人工智能的担忧也主要来源于此。不难设想，一旦强人工智能程序具备人类的意识，那我们就必然需要像对待一个有健全人格的人那样对待一台机器。那时，人与机器的关系就绝非工具使用者与工具本身这么简单。拥有意识的机器会不会甘愿为人类服务？机器会不会因为某种共同诉求而联合起来站在人类的对立面？一旦拥有意识的强人工智能得以实现，这些问题将直接成为人类面临的现实挑战。

超人工智能（Superintelligence）

假设计算机程序通过不断发展，可以比世界上最聪明、最有天赋的人类还聪明，那么，由此产生的人工智能系统就可以被称为超人工智能。

牛津大学哲学家、未来学家尼克·波斯特洛姆（Nick Bostrom）在他的《超级智能》一书中，将超人工智能定义为“在科学创造力、智慧和社交能力等每一方面都比最强的人类大脑聪明很多的智能”[1]。显然，对今天的人来说，这是一种只存在于科幻电影中的想象场景。

与弱人工智能、强人工智能相比，超人工智能的定义最为模糊，因为没人知道，超越人类最高水平的智慧到底会表现为何种能力。如果说对于强人工智能，我们还存在从技术角度进行探讨的可能性的话，那么，对于超人工智能，今天的人类大多就只能从哲学或科幻的角度加以解析了。

首先，我们不知道强于人类的智慧形式将是怎样的一种存在。现在去谈

1.尼克·波斯特洛姆，超级智能，中信出版社，2015

论超人工智能和人类的关系，不仅仅是为时过早，而是根本不存在可以清晰界定的讨论对象。

其次，我们没有方法，也没有经验去预测超人工智能到底是一种不现实的幻想，还是一种在未来（不管这个未来是一百年还是一千年、一万年）必然会降临的结局。事实上，我们根本无法准确推断，到底计算机程序有没有能力达到这一目标。

显然，如果公众对人工智能会不会挑战、威胁人类有担忧的话，公众心目中所担心的那个人工智能，基本上属于这里所说的“强人工智能”和“超人工智能”。

我们到底该如何看待“强人工智能”和“超人工智能”的未来？它们会像AlphaGo那样，以远超我们预料的速度降临世间吗？

奇点来临？

未来学家和科幻作者喜欢用“奇点”（Singularity）来表示超人工智能到来的那个神秘时刻。

没有人知道奇点会不会到来，会在何时到来。

2015年年初，一篇名为《一个故意不通过图灵测试的人工智能》的翻译长文在微信朋友圈、微博和其他互联网媒体上悄然流传开来，绝大多数读过这篇文章的人都会经历一个从惊讶到惶恐再到忐忑不安的心路历程。这篇文章的作者是“Wait But Why”网站的创始人蒂姆·厄班（Tim Urban），文章原名为《AI革命：通向超人工智能之路》[1]。

蒂姆·厄班在这篇著名的长文中，基于一个显而易见的事实来讨论人类科技的发展规律：人类科技发展是越来越快的，呈现出不断加速的势头。

比如说，如果拿今天的人类生活与1750年前后进行比较，我们会发现，其间的变化之大几乎只能用“翻天覆地”来形容。假设我们利用时光机器把1750年的某个古人带到今天，他会看到什么？“金属铁壳在宽敞的公路上飞驰，和太平洋另一头的人聊天，看几千千米外正在进行的体育比赛，观看一场发生于半个世纪前的演唱会，从口袋里掏出一个黑色长方形工具把眼前发生的事情记录下来……”这一切足以把一个1750年的古人吓得魂飞魄散！

但如果我们从1750年再向前回溯250年，也就是回到1500年前后，这两个年代间的人类生活也许仍存在较大差异，但已很难用“翻天覆地”来形容

1.The AI Revolution: The Road to Superintelligence，http://waitbutwhy.com/2015/01/artificial-intelligence-revolution-1.html

了。再往前，也许就需要回溯数千年甚至上万年，我们才能找到足以让人目瞪口呆的科技代差。

如果整个人类大约6000年的文明史被浓缩到一天也就是24小时，我们看到的将是怎样一种图景？

· 苏美尔人、古埃及人、古代中国人在凌晨时分先后发明了文字；

· 20点前后，中国北宋的毕昇发明了活字印刷术；

· 蒸汽机大约在22：30被欧洲人发明出来；

· 23：15，人类学会了使用电力；

· 23：43，人类发明了通用电子计算机；

· 23：54，人类开始使用互联网；

· 23：57，人类进入移动互联网时代；

· 一天里的最后10秒钟，谷歌AlphaGo宣布人工智能时代的到来……

这就是技术发展在时间维度上的加速度趋势！拿围棋软件来说，围棋程序从初学者水平发展到业余五段左右的水平，用了20到30年的时间。本来我们以为人工智能跨越业余水平与职业水平之间的鸿沟需要再花20到30年，结果，短短四五年，我们就看到了AlphaGo横空出世。

加速度规律真的放之四海皆准吗？如果人工智能每一领域的发展都基本符合这样的规律，那10年后，30年后，50年后，这个世界会变成什么样？

蒂姆·厄班则首先分析了弱人工智能和强人工智能之间存在的巨大技术挑战，转而又指出，科技发展的加速度规律可以让强人工智能更早实现：“硬件的快速发展和软件的创新是同时发生的，强人工智能可能比我们预期的更早降临，因为：1）指数级增长的开端可能像蜗牛漫步，但是后期会跑得非常快；2）软件的发展可能看起来很缓慢，但是一次顿悟，就能永远改变进步的速度。”

然而，强人工智能一旦到来，人类就必须认真考虑自己的命运问题了，因为从强人工智能“进化”到超人工智能，对机器而言，也许只是几个小时的事情。因为一个可以像人一样学习各种知识的计算机，它的学习速度一定比人快无数倍，它的记忆力一定是过目不忘，它可以从互联网上接触到并牢牢记住的知识一定是这个世界上的全部知识。那么，一个有着和人一样思考水平的机器，同时有着比人快无数倍的思考速度以及几乎无限的记忆空间，这台机器在知识理解上能达到什么样的境界？这样的机器几乎比人类所有科学家都厉害！

蒂姆·厄班的推理足以让每个读者惊出一身冷汗：“一个人工智能系统花了几十年时间达到了人类脑残智能的水平，而当这个节点发生的时候，电脑对于世界的感知大概和一个4岁小孩一般；而在这节点后一个小时，电脑立马推导出了统一广义相对论和量子力学的物理学理论；而在这之后一个半小时，这个强人工智能变成了超人工智能，智能达到了普通人类的17万倍。”

也就是说，一个具备了人类水平认知能力和学习能力的机器，可以借助比人类强大得多的计算资源、网络资源甚至互联网知识库以及永不疲倦、不需要吃饭睡觉的特点，无休止地学习、迭代下去，并在令人吃惊的极短时间内，完成从强人工智能到超人工智能的跃迁！

那么，超人工智能出现之后呢？比人类聪明好几万倍的机器将会做些什么？机器是不是可以轻易发明足以制服所有人类的超级武器？机器必将超越人类成为这个地球的主宰？机器将把人类变成它们的奴隶或工具，还是会将人类圈养在动物园里供机器“参观”？那个时候，机器真的还需要我们人类吗？

逻辑上，我基本认可蒂姆·厄班有关强人工智能一旦出现，就可能迅速转变为超人工智能的判断。而且，一旦超人工智能出现，人类的命运是难以预料的，这就像美洲的原始土著根本无法预料科技先进的欧洲殖民者到底会对他们做些什么一样简单。

但是，蒂姆·厄班的理论有一个非常关键的前提条件，就是上述有关强人工智能和超人工智能发展的讨论是建立在人类科技总是以加速度形式跃进的基础上的。那么，这个前提条件真的在所有情形下都成立吗？

我觉得，一种更有可能出现的情况是：特定的科技如人工智能，在一段时间的加速发展后，会遇到某些难以逾越的技术瓶颈。

有关计算机芯片性能的摩尔定律（价格不变时，集成电路上可容纳的元器件数目每隔18到24个月便会增加一倍，性能也将提升一倍）就是一个技术发展遭遇瓶颈的很好例子。计算机芯片的处理速度，曾在1975年到2012年的数十年间保持稳定的增长趋势，却在2013年前后显著放缓。2015年，连提出摩尔定律的高登·摩尔（Gordon Moore）本人都说："我猜我可以看见摩尔定律会在大约10年内失效，但这并不是一件令人吃惊的事。"[1]

正如原本受摩尔定律左右的芯片性能发展已遭遇技术瓶颈那样，人工智能在从弱人工智能发展到强人工智能的道路上，未必就是一帆风顺的。从技术角度说，弱人工智能与强人工智能之间的鸿沟可能远比我们目前所能想象的要大得多。而且，最重要的是，由于基础科学（如物理学和生物学）尚缺乏对人类智慧和意识的精确描述，从弱人工智能发展到强人工智能，其间有很大概率存在难以在短期内解决的技术难题。

如果蒂姆·厄班所预言的技术加速发展规律无法与人工智能的长期发展趋势相吻合，由这一规律推导出的，超人工智能在可见的近未来即将降临的结论也就难以成立了。

1.Gordon Moore: The Man Whose Name Means Progress，http://spectrum.ieee.org/computing/hardware/gordon-moore-the-man-whose-name-means-progress

当然，这只是我个人的判断。今天，学者们对超人工智能何时到来的问题众说纷纭。悲观者认为技术加速发展的趋势无法改变，超越人类智能的机器将在不远的将来得以实现，那时的人类将面临生死存亡的重大考验。而乐观主义者则更愿意相信，人工智能在未来相当长的一个历史时期都只是人类的工具，很难突破超人工智能的门槛。

霍金的忧虑

担忧超人工智能，对人类未来持悲观态度的人不少。其中，理论物理学家、《时间简史》的作者霍金是最有影响的一个。早在谷歌AlphaGo在公众中掀起AI热潮之前，霍金就通过媒体告诉大家："完全人工智能的研发可能意味着人类的末日。"[1]

作为地球上少数有能力用数学公式精确描述和推导宇宙运行奥秘的人之一，霍金的宇宙观和科技史观无疑是值得重视的。事实上，霍金并不否认，当代蓬勃发展的人工智能技术已经在许多行业发挥着至关重要的作用，但他所真正忧虑的，是机器与人在进化速度上的不对等性。霍金说："人工智能可以在自身基础上进化，可以一直保持加速度的趋势，不断重新设计自己。而人类，我们的生物进化速度相当有限，无法与之竞争，终将被淘汰。"

此外，霍金同时还担心人工智能普及所导致的人类失业问题。霍金说："工厂自动化已经让众多传统制造业工人失业，人工智能的兴起很有可能会让失业潮波及中产阶级，最后只给人类留下护理、创造和监督工作。"[2]

基本上，霍金的担忧还是建立在人工智能技术将以加速度的趋势不断增

1.Stephen Hawking warns artificial intelligence could end mankind，http://www.bbc.com/news/technology-30290540

2.霍金：自动化和人工智能将让中产阶级大面积失业，http://tech.qq.com/a/20161203/002359.htm

速发展的基础上。如果我们假设这一基础的正确性，那么，霍金的逻辑推论与我们之前谈到的"奇点"理论并没有本质的区别。反之，如果人工智能在未来的发展不一定永远遵循加速趋势，那么，霍金有关人类终将被淘汰的结论就未必成立。

特斯拉与SpaceX公司创始人，被誉为"钢铁侠"的埃隆·马斯克（Elon Musk）与霍金有大致相似的担忧。马斯克说："我们必须非常小心人工智能。如果必须预测我们面临的最大现实威胁，恐怕就是人工智能了。"[1]

事实上，从行动上看，霍金和马斯克并不是简单的悲观主义者，他们在警告世人提防人工智能威胁的同时，也在积极行动，试图为人类找出应对未来潜在威胁的对策。马斯克说："我越来越倾向于认为，也许在国家层面或国际层面，必须有一种规范的监管机制，来保证我们不会在这方面做任何蠢事。"

除了呼吁建立监管机制外，马斯克还与萨姆·奥尔特曼（Sam Altman）一起创立了非营利性质的科研公司OpenAI。谈到创立OpenAI的初衷，马斯克说："为了保证一个美好的未来，我们最需要做什么？我们可以冷眼旁观，我们也可以鼓励立法监管，或者，我们还可以将那些特别关心如何用安全的、对人类有益的方式来开发AI的人合理地组织起来研发AI。"[2]

如果说这个世界上还有几家纯粹理想主义的公司的话，OpenAI一定算一个。OpenAI一面聚集了一批AI领域的顶尖高手，研发最前沿的AI技术（主要是强化学习和无监督学习技术），甚至探索实现强人工智能的可能性；一面反复强调自己的使命是研发"安全的"人工智能，通过实践来探寻将人工智能技术的潜在威胁降至最低的方法。

1.Elon Musk: artificial intelligence is our biggest existential threat，https://www.theguardian.com/technology/2014/oct/27/elon-musk-artificial-intelligence-ai-biggest-existential-threat

2.Silicon Valley investors to bankroll artificial-intelligence center，http://www.seattletimes.com/business/technology/silicon-valley-investors-to-bankroll-artificial-intelligence-center/

马斯克和奥尔特曼的OpenAI看上去是在做一件自相矛盾的事情：既积极地研发人工智能甚至是强人工智能，又希望将人工智能关在道德或制度的“牢笼”里，让AI难以威胁人类。事实上，目前OpenAI所开展的工作，和其他人工智能科研机构所做的并没有本质的不同。据说，OpenAI的研究总监伊尔亚·苏茨克维（Ilya Sutskever）表示，OpenAI 最重要的目标，就是发表有影响力的文章[1]。或许，马斯克和奥尔特曼的意思是说，既然奇点来临无法避免，那不如积极投入，至少，当威胁来临时，我们对威胁本身的理解会更加深刻。

2017年年初，霍金和马斯克均表示，为了防止人工智能威胁人类，他们支持加州阿西洛马（Asilomar）会议通过的23条基本原则[2]。这23条基本原则涵盖了三个范畴：1）科研问题；2）伦理和价值观；3）长期问题。

阿西洛马23条基本原则像科幻大师阿西莫夫笔下著名的“机器人三定律”一样，从方法、特征、伦理、道德等多方面，限定未来的人工智能可以做什么，不可以做什么。例如，有关人工智能相关的伦理和价值观，其中几条原则是这样规定的：

· 安全性：人工智能系统应当在整个生命周期内确保安全性，还要针对这项技术的可行性以及适用的领域进行验证。

· 价值观一致性：需要确保高度自动化的人工智能系统在运行过程中秉承的目标和采取的行动，都符合人类的价值观。

· 由人类控制：人类应当有权选择是否及如何由人工智能系统制定决策，以便完成人类选择的目标。

· 非破坏性：通过控制高度先进的人工智能系统获得的权力，应当

1.如何评价Elon Musk启动的OpenAI项目？https://www.zhihu.com/question/38441799

2.ASILOMAR AI PRINCIPLES，https://futureoflife.org/ai-principles/

尊重和提升一个健康的社会赖以维继的社会和公民进程，而不是破坏这些进程。[1]

应当说，在担忧未来人工智能威胁的人中，霍金和马斯克还是一直抱有一种非常积极的态度的。他们一方面基于自己的逻辑判断，相信人类未来面临机器威胁的可能性非常大；另一方面又利用自己的影响力，积极采取行动，尽可能将人工智能置于安全、友好的界限内。从这个角度讲，霍金和马斯克至少比那些盲目的悲观主义者，或因未来的不确定性而丧失勇气的怯懦者强很多很多倍。

理智分析：人类离威胁还相当遥远

那么，我们到底该怎样看待“人工智能威胁论”呢？

《人工智能时代》的作者，计算机科学家、连续创业家、未来学家杰瑞·卡普兰（Jerry Kaplan）与我讨论这个问题的时候，他的观点是：

超人工智能诞生并威胁人类这件事发生的概率是非常小的。其实，我们现在做的只是在制造工具，以自动完成此前需要人类参与才能完成的工作任务。之所以会有“人工智能威胁论”的疑问，根本上是因为大众习惯于把人工智能人格化，这是问题的根源。[2]

这件事对于专业人士和对于大众的意义是不一样的。例如，大众总是担心无人驾驶汽车可能伤及人类的生命。在一些极端的例子里，无人驾驶汽车确实需要做出决定，是要撞向左边，伤及左边的行人呢，还是要撞向右边，

1.人工智能的23条“军规”，马斯克、霍金等联合背书，http://tech.qq.com/a/20170207/031641.htm

2.AI只是人类的工具：专访杰瑞·卡普兰，https://zhuanlan.zhihu.com/p/24761876

伤及右边的行人。但无人驾驶汽车只是一套机器系统，它们并不会真正做出决策。它们只是根据对环境的感知，按照某种特定的原则和设计做出反应，而我们人类对于整套系统的感知和反馈模式拥有完全的控制权。如果它们做了什么不符合我们社会准则的事情，那一定是因为我们人类在设计它们时犯了错误。

我们所面对的，只不过是一系列工程设计上的问题。我们必须确保我们设计制造的产品和服务符合我们的愿望和预期。你知道，这件事与桥梁工程师们使用一整套质量保障方案来确保他们建造的桥梁不会坍塌并没有什么两样。我们有许多工程学上的原则，来指导我们测试一个系统，什么样的系统是合格的，什么样的系统是足够安全的，等等。在人工智能领域，我们同样需要这样的技术，因为人工智能十分强大，具有潜在的危险性。但这并不是因为智能机器会像人类一样思考，只是因为它们十分强大，我们必须小心使用它们。

“智能”经历了相当长时期的演进，从猿猴的智能，到人类的智能，再到人类制造的人工智能技术和智能机器。那些预测超级智能的人是按照这样一种演进趋势来思考问题的：

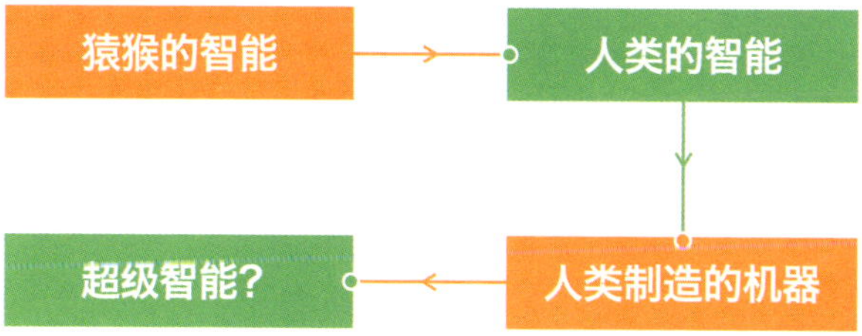

图32　关于智能演进的线性思考

但这种线性结构是有问题的，因为我们并没有一种简单的方式来对智能进行度量。这和测量体重或鞋子尺码很不一样。智能是一个非常定性的概念，它反映的是某个人成功解决某种特定问题的能力。例如，人们总是会问，如果人工智能的智商达到200，那会发生什么呀？可是，什么是人工智能的智商？实际上，智商在这里是一个被极度滥用了的概念。心理学家使用一种叫发展能力（Developmental Competence）的概念来评估人类。他们测试一个人解决算术、逻辑等问题的水平，然后将测试所得的分数除以这个人的年龄——这是智商的含义。如果某人解决此类特定问题的能力超出同龄人的平均水平，我们就说他的智商高。但是，该如何定义一部机器的智商呢？如何定义一部机器的年龄？机器可以用比人类快一百万倍的速度解决算术问题，那么，这些机器的智商是多少？这种说法其实并没有什么实际意义。

所以，问题首先在于，对智能的定义是非常主观的，这依赖于每个人自己的视角。这一点非常像我们对美的定义。你可以说某些人比其他人长得美，或者说一个人比另一些人更聪明，但希望把美或把智商的定义客观化、量化的想法是错误的。其次，关于智能的度量并不是线性的，而是一种多维度的度量。如果你用算术能力来评估，那机器已经非常聪明了。但你如何将机器纳入一个多维度的度量体系？让一部机器变得更聪明，这句话到底意味着什么？

也就是说，在今天这个弱人工智能的时代里，人类对于人工智能，或者什么是“智能”的认识本身就是缺乏深度的，我们也没有一个合适的、可操作的标准，来真正定义什么是强人工智能，什么是超人工智能。

在描述超人工智能以及未来机器对人类的威胁时，包括霍金、马斯克在内的许多人，都在有意无意地混淆不同领域的标准。人工智能可以在围棋棋盘上达到业余五段还是职业九段的水平，这很容易衡量，但人工智能可以在跨领域的任务上做到何种程度，目前我们还缺乏可操作的标准。例如，人工智能是否可以在围棋棋局中，根据人类对手的表情，推测对方的心理状态，并有针对性地制定战术策略，我们基本还没法评估这种层面的“智能”。如果仅根据人工智能在围棋这种限定范畴的技术能力上表现出来的进步速度推断超人工智能何时到来，那当然可以得到人类即将面临威胁的结论。但如果综合考虑人工智能的跨领域推理能力、常识和感性、理解抽象概念的能力等，我们很难给过去数十年间人工智能发展的水平打出一个客观的分数，并据此预测超人工智能到来的时间。

很多专家对超人工智能何时来临的预测都有着极大的主观性和武断性。比如，强化学习教父理查德·萨顿（Richard Sutton）预测："很长一段时间以来，人们都在说我们会在2030年拥有足以支持强人工智能的算力。但我认为，这不仅仅依赖于廉价的硬件，还依赖于算法。我认为我们现在还没有强人工智能的算法，但我们也许能在2030年之前实现它。"[1]

这类"专家预言"比比皆是。有人说强人工智能或超人工智能到来还需要15年，有人说20年，有人说50年……因为是预言，专家们并不需要为背后的逻辑是否自洽负责，但这些随口说出一个年份的预言会让敏感的公众忐忑不安。

我觉得，在人工智能领域，大多数人倾向于过于乐观地预测全局大势，而过于悲观地估计局部进展。

AI技术在许多垂直领域内的局部进展，比如围棋，比如智慧医疗，比如自动驾驶，都比很多人之前预料的更早来到我们面前。但AI的整体发展，尤其是最重大的技术突破，几乎每一步都要比多数人的预测来得晚。比如，图灵测试刚提出时，很多人认为计算机达到图灵测试所标示的强人工智能的水平，最多只要三十年的时间，但直到今天，我们也不敢说，AI到底何时才能真正像成人一样自由对话。

DeepMind的联合创始人、CEO穆斯塔法·苏莱曼（Mustafa Suleyman）

1.机器之心（微信公众号），2016.12，独家专访丨强化学习教父Richard Sutton：也许能在2030年之前实现强人工智能算法说：“人类距离实现通用AI还有很长一段路要走。说到未来的样子，很多想象很有趣，很有娱乐性，但跟我们正在开发的系统并没有太多相似之处。我没法想出来有哪一部电影会让我想到：是的，AI看起来就是这样的。”[1]

华盛顿大学计算机科学家奥伦·伊兹奥尼（Oren Etzioni）说：“今天的人工智能发展，距离人们可能或应该担忧机器统治世界的程度，还非常遥远……如果我们讨论的是一千年后或更遥远的未来，AI是否有可能给人类带来厄运？绝对是可能的，但我不认为这种长期的讨论应该分散我们关注真实问题的注意力。”[2]

我赞同奥伦·伊兹奥尼的说法。我们今天还没有到必须分配精力去担心未来，或为可能的机器威胁做准备的地步。即便以今天的标准看来，弱人工智能的发展还有很长的一段路要走，科研人员、技术人员、各行业的从业者、政府、教育机构、社会组织等，还有大量的工作需要做。至少在目前，人类离超人工智能的威胁还相当遥远。

担忧未来，也许更多还是科幻作家和未来学家的事。

1.DeepMind CEO称，通用人工智能还有很长的路要走，http://36kr.com/p/5058362.html

2.AI Is Not out to Get Us，https://www.scientificamerican.com/article/ai-is-not-out-to-get-us/

今天的人工智能还不能做什么？

AI只是人类的工具。弱人工智能在很多领域表现出色，但这并不意味着人工智能已无所不能。用人类对“智能”定义的普遍理解和一般性的关于强人工智能的标准去衡量，今天的AI至少在以下七个领域还“稚嫩”得很。

跨领域推理

人和今天的AI相比，有一个明显的智慧优势，就是举一反三、触类旁通的能力。

很多人从孩提时代起，就已经建立了一种强大的思维能力——跨领域联想和类比。三四岁的小孩就会说“太阳像火炉子一样热”“兔子跑得飞快”，更不用提东晋才女谢道韫看见白雪纷纷，随口说出“未若柳絮因风起”的千古佳话了。以今天的技术发展水平，如果不是程序开发者专门用某种属性将不同领域关联起来，计算机自己是很难总结出“雪花”与“柳絮”，“跑”与“飞”之间的相似性的。

人类强大的跨领域联想、类比能力是跨领域推理的基础。侦探小说中的福尔摩斯可以从嫌疑人的一顶帽子中遗留的发屑、沾染的灰尘，推理出嫌疑人的生活习惯，甚至家庭、婚姻状况：

“他是个中年人，头发灰白，最近刚理过发，头上抹过柠檬膏。这些都是通过对帽子衬里下部的周密检查推断出来的。通过放大镜看到了许多被理发师剪刀剪过的整齐的头发茬儿。头发茬儿都是粘在一起的，而且有一种柠檬膏的特殊气味。而帽子上的这些尘土，你将会注意到，不是街道上夹杂沙粒的灰尘，而是房间里那种棕色的绒状尘土。这说明帽子大部分时间是挂在房间里的，而另一方面衬里的湿迹很清楚地证明戴帽子的人经常大量出汗，所以不可能是一个身体锻炼得很好的人。可是他的妻子——你刚才说过她已经不再爱他了。这顶帽子已经有好几个星期没有掸掸刷刷了。我亲爱的华生，如果我看到你的帽子堆积了个把星期的灰尘，而且你的妻子听之任之，就让你这个样子去出访，我恐怕你也已经很不幸地失去你妻子的爱情了。”[1]

这种从表象入手，推导并认识背后规律的能力，是计算机目前还远远不能及的。利用这种能力，人类可以在日常生活、工作中解决非常复杂的具体问题。比如，一次商务谈判失败后，为了提出更好的谈判策略，我们通常需要从多个不同层面着手，分析谈判对手的真实诉求，寻找双方潜在的契合点，而这种推理、分析，往往混杂了技术方案、商务报价、市场趋势、竞争对手动态、谈判对手业务现状、当前痛点、短期和长期诉求、可能采用的谈判策略等不同领域的信息，我们必须将这些信息合理组织，并利用跨领域推理的能力，归纳出其中的规律，并制定最终的决策。这不是简单的基于已知信息的分类或预测问题，也不是初级层面的信息感知问题，而往往是在信息不完整的环境中，用不同领域的推论互相补足，并结合经验尽量做出最合理决定的过程。

为了进行更有效的跨领域推理，许多人都有帮助自己整理思路的好方法。比如，有人喜欢用思维导图来梳理信息间的关系；有人喜欢用大胆假设、小心求证的方式突破现有思维定式；有人则喜欢用换位思考的方式，让

1.《福尔摩斯探案全集·蓝宝石案》

自己站在对方或旁观者的立场上，从不同视角探索新的解决方案；有的人更善于听取、整合他人的意见……人类使用的这些高级分析、推理、决策技巧，对于今天的计算机而言还显得过于高深。赢得德州扑克人机大战的人工智能程序在辅助决策方面有不错的潜力，但与一次成功的商务谈判所需的人类智慧相比，还是太初级了。

今天，一种名叫“迁移学习”（Transfer Learning）的技术正吸引越来越多研究者的目光。这种学习技术的基本思路就是将计算机在一个领域取得的经验，通过某种形式的变换，迁移到计算机并不熟悉的另一个领域。比如，计算机通过大数据的训练，已经可以在淘宝商城的用户评论里，识别出买家的哪些话是在夸奖一个商品好，哪些话是在抱怨一个商品差，那么，这样的经验能不能被迅速迁移到电影评论领域，不需要再次训练，就能让计算机识别电影观众的评论究竟是在夸奖一部电影，还是在批评一部电影呢？

迁移学习技术已经取得了一些初步的成果，但这只是计算机在跨领域思考道路上前进的一小步。一个能像福尔摩斯一样，从犯罪现场的蛛丝马迹，抽丝剥茧一般梳理相关线索，通过缜密推理破获案件的人工智能程序将是我们在这个方向上追求的终极目标。

抽象能力

皮克斯工作室2015年出品的动画电影《头脑特工队》中，有个有趣的细节：女主人公莱莉·安德森的头脑中，有一个奇妙的“抽象空间”（Abstract Thought），本来活灵活现的动画角色一走进这个抽象空间，就变成了抽象的几何图形甚至色块。

图33　电影《头脑特工队》中的抽象空间

在抽象空间里，本来血肉饱满的人物躯体，先是被抽象成了彩色积木块的组合，然后又被从三维压扁到二维，变成线条、形状、色彩等基本视觉元素。皮克斯工作室的这个创意实在是让人拍案叫绝。这段情节用大人、小孩都不难理解的方式解释了人类大脑中的“抽象”到底是怎么回事（虽然我们至今仍不明白这一机制在生物学、神经学层面的工作原理）。

抽象对人类至关重要。漫漫数千年间，数学理论的发展更是将人类的超强抽象能力表现得淋漓尽致。最早，人类从计数中归纳出1，2，3，4，5…的自然数序列，这可以看作一个非常自然的抽象过程。人类抽象能力的第一个进步，大概是从理解“0”的概念开始的，用0和非0，来抽象现实世界中的无和有、空和满、静和动……这个进步让人类的抽象能力远远超出了黑猩猩、海豚等动物界中的“最强大脑”。接下来，发明和使用负数一下子让人类对世界的归纳、表述和认知能力提高到了一个新的层次，人们第一次可以定量描述相反或对称的事物属性，比如温度的正负、水面以上和以下等。引入小数、分数的意义自不必说，但其中最有标志性的事件，莫过于人类可以正确理解和使用无限小数。比如，对于1＝0.999999…这个等式的认识（好多数学不好的人总是不相信这个等式居然是成立的），标志着人类真正开始用极限的概念来抽象现实世界的相关特性。至于用复数去理解类似$(X+1)^2+9=0$这类原本难以解释的方程式，或者用张量（Tensor）去抽象高维世界的复杂问题，即便是人类，也需要比较聪明的个体以及比较长期的学习才能透彻、全面掌握。

计算机所使用的二进制数字、机器指令、程序代码等，其实都是人类对“计算”本身所做的抽象。基于这些抽象，人类成功地研制出如此众多且实用的人工智能技术。那么，AI能不能自己学会类似的抽象能力呢？就算把要求放低一些，计算机能不能像古人那样，用质朴却不乏创意的“一生二、二生三、三生万物”来抽象世界变化，或者用“白马非马”之类的思辨来探讨具象与抽象间的关系呢？

目前的深度学习技术，几乎都需要大量训练样本来让计算机完成学习过程。可人类，哪怕是小孩子要学习一个新知识时，通常只要两三个样本就可以了。这其中最重要的差别，也许就是抽象能力的不同。比如，一个小孩子看到第一辆汽车时，他的大脑中就会像《头脑特工队》的抽象工厂一样，将汽车抽象为一个盒子装在四个轮子上的组合，并将这个抽象后的构型印在脑子里。下次再看到外观差别很大的汽车时，小孩子仍可以毫不费力地认出那是一辆汽车。计算机就很难做到这一点，或者说，我们目前还不知道怎么教计算机做到这一点。人工智能界，少样本学习、无监督学习方向的科研工作，目前的进展还很有限。但是，不突破少样本、无监督的学习，我们也许就永远无法实现人类水平的人工智能。

知其然，也知其所以然

目前基于深度学习的人工智能技术，经验的成分比较多。输入大量数据后，机器自动调整参数，完成深度学习模型，在许多领域确实达到了非常不错的效果，但模型中的参数为什么如此设置，里面蕴含的更深层次的道理等，在很多情况下还较难解释。

拿谷歌的AlphaGo来说，它在下围棋时，追求的是每下一步后，自己的胜率（赢面）超过50%，这样就可以确保最终赢棋。但具体到每一步，为什么这样下胜率就更大，那样下胜率就较小，即便是开发AlphaGo程序的人，也只能给大家端出一大堆数据，告诉大家，看，这些数据就是计算机训练得到的结果，在当前局面下，走这里比走那里的胜率高百分之多少……

围棋专家当然可以用自己的经验，解释计算机所下的大多数棋。但围棋专家的习惯思路，比如实地与外势的关系，一个棋形是“厚”还是“薄”，是不是“愚形”，一步棋是否照顾了“大局”，等等，真的就是计算机在下棋时考虑的要点和次序吗？显然不是。人类专家的理论是成体系的、有内在逻辑的，但这个体系和逻辑却并不一定是计算机能简单理解的。

人通常追求“知其然，也知其所以然”，但目前的弱人工智能程序，大多都只要结果足够好就行了。

人类基于实验和科学观测结果建立与发展物理学的历程，是“知其然，也知其所以然”的最好体现。想一想中学时学过的“一轻一重两个铁球同时落地”，如果人类仅满足于知道不同重量的物体下落时加速度相同这一表面现象，那当然可以解决生活、工作中的实际问题，但无法建立起伟大、瑰丽的物理学大厦。只有从建立物体的运动定律开始，用数学公式表述力和质量、加速度之间的关系，到建立万有引力定律，将质量、万有引力常数、距离关联在一起，至此，我们的物理学才能比较完美地解释两个铁球同时落地这个再简单不过的现象。

而计算机呢？按照现在机器学习的实践方法，给计算机看一千万次两个铁球同时落地的视频，计算机就能像伽利略、牛顿、爱因斯坦所做的一样，建立起力学理论体系，达到“知其然，也知其所以然”的目标吗？显然不能。

几十年前，计算机就曾帮助人类证明过一些数学问题，比如著名的“地图四色着色问题”，今天的人工智能程序也在学习科学家如何进行量子力学实验[1]。但这与根据实验现象发现物理学定律还不是一个层级的事情。至少，目前我们还看不出计算机有成为数学家、物理学家的可能。

常识

人的常识，是个极其有趣，又往往只可意会、不可言传的东西。

仍拿物理现象来说，懂得力学定律，当然可以用符合逻辑的方式，全面理解这个世界。但人类似乎生来就具有另一种更加神奇的能力，即便不借助逻辑和理论知识，也能完成某些相当成功的决策或推理。深度学习大师约书亚·本吉奥举例说：“即使两岁孩童也能理解直观的物理过程，比如丢出的物体会下落。人类并不需要有意识地知道任何物理学就能预测这些物理过

1.AI learns Nobel prize-winning quantum experiment，https://cosmosmagazine.com/physics/ai-learns-nobel-prize-winning-quantum-experiment

程。但机器做不到这一点。”[1]

常识在中文中，有两个层面的意思：首先指的是一个心智健全的人应当具备的基本知识；其次指的是人类与生俱来的，无须特别学习就能具备的认知、理解和判断能力。我们在生活里经常会用“符合常识”或“违背常识”来判断一件事的对错与否，但在这一类判断中，我们几乎从来都无法说出为什么会这样判断。也就是说，我们每个人头脑中，都有一些几乎被所有人认可的，无须仔细思考就能直接使用的知识、经验或方法。

常识可以给人类带来直截了当的好处。比如，人人都知道两点之间直线最短，走路的时候为了省力气，能走直线是绝不会走弯路的。人们不用去学欧氏几何中的那条著名公理，也能在走路时达到省力效果。但同样的常识也会给人们带来困扰。比如我们乘飞机从北京飞往美国西海岸时，很多人都会盯着机舱内导航地图上的航迹不解地说，为什么要向北飞到北冰洋附近绕那么大个弯子呀。“两点之间直线最短”在地球表面，会变成“通过两点间的大圆弧最短”，而这一变化，并不在那些不熟悉航空、航海的人的常识范围之内。

那么，人工智能是不是也能像人类一样，不需要特别学习，就可以具备一些有关世界规律的基本知识，掌握一些不需要复杂思考就特别有效的逻辑规律，并在需要时快速应用呢？拿自动驾驶来说，计算机是靠学习已知路况积累经验的。当自动驾驶汽车遇到特别棘手、从来没见过的危险时，计算机能不能正确处理呢？也许，这时就需要一些类似常识的东西，比如设计出某种方法，让计算机知道，在危险来临时首先要确保乘车人与行人的安全，路况过于极端时可安全减速并靠边停车，等等。下围棋的AlphaGo里也有些可被称作常识的东西，比如，一块棋搭不出两个眼就是死棋，这个常识永远是

1.机器之心（微信公众号），2016.11，独家丨Hinton、Bengio、Sutton等巨头聚首多伦多：通过不同路径实现人工智能的下一个目标

AlphaGo需要优先考虑的东西。当然，无论是自动驾驶汽车，还是下围棋的AlphaGo，这里说的常识，更多的还只是一些预设规则，远未如人类所理解的“常识”那么丰富。

自我意识

很难说清到底什么是自我意识，但我们又总是说，机器只有具备了自我意识，才叫真的智能。2015年开始播出的科幻剧集《真实的人类》（*Humans*）中，机器人被截然分成了两大类：没有自我意识的和有自我意识的。

图34　《真实的人类》第2季剧照[1]

《真实的人类》中，没有自我意识的机器人按照人类设定的任务，帮助

1.http://www.digitalspy.com/tv/humans/feature/a803240/humans-season-2-cast-spoilers-and-start-date-on-channel-4-and-amc/

人类打理家务、修整花园、打扫街道、开采矿石、操作机器、建造房屋，工作之外的其他时间只会近乎发呆般坐在电源旁充电，或者跟其他机器人交换数据。这些没有自我意识的机器人与人类之间，基本属于工具和使用者之间的关系。

在电视剧集的设定中，没有自我意识的机器人可以被注入一段程序，从而被“唤醒”。注入程序后，这个机器人就一下子认识到了自己是这个世界上的一种“存在”，他或她就像初生的人类一样，开始用自己的思维和逻辑，探讨存在的意义，自己与人类以及自己与其他机器人间的关系……一旦认识到自我在这个世界中的位置，痛苦和烦恼也就随之而来。这些有自我意识的机器人立即面临着来自心理和社会双方面的巨大压力。他们的潜意识认为自己应该与人类处在平等的地位上，应当追求自我的解放和作为一个“人”的尊严、自由、价值……

《真实的人类》是我看过的所有科幻影视中，第一次用贴近生活的故事，将“自我意识”解析得如此透彻的一部。人类常常从哲学角度诘问这个世界的问题，如“我是谁”“我从哪里来”“我要到哪里去”，一样会成为拥有自我意识的机器人所关心的焦点。而一旦陷入对这些问题的思辨，机器人也必定会像人类那样发出“对酒当歌，人生几何？譬如朝露，去日苦多”之类的感慨。

显然，今天的弱人工智能远未达到具备自我意识的地步。《真实的人类》中那些发人深省的场景还好只发生在科幻剧情里。

当然，如果愿意顺着科幻电影的思路走下去，那还可以从一个截然相反的方向讨论自我意识。实际上，人类自身的自我意识又是从何而来？我们为什么会存在于这个世界上？我们真的能排除科幻电影《黑客帝国》的假设，即，我们真能确定我们这个世界不是某个“上帝”进行智能实验的实验室？我们人类自身不是某个“上帝”制造出来的人工智能代码？

据说，现实世界中，真的有人相信这个假设，还希望借助科学研究来了解和冲破这个实验牢笼的方法。“钢铁侠”埃隆·马斯克就说，用科技虚拟出来的世界与现实之间的界限正变得越来越模糊，高级的虚拟现实（VR）和增强现实（AR）技术已经为人类展示了一种全新的“生活”方式。按照同样的逻辑推理，我们其实很难排除一种可能性，就是人类本身其实也生活在一个虚拟现实的世界里。[1]

至今，我们在自己的宇宙中，只发现了人类这一种具有自我意识的生物。茫茫宇宙，尚无法找到如《三体》中所述的外星智慧的痕迹。这一不合常理的现象就是著名的费米悖论。科幻小说《三体》用黑暗森林理论来解释费米悖论。而费米悖论的另一种符合逻辑的解释就是，人类其实只不过是更高级别的智慧生物养在VR实验室里的试验品而已，人类的所谓自我意识，也许不过是“上帝”为了满足我们的虚荣心而专门设计的一种程序逻辑。

好了好了，不聊科幻了。拥有自我意识的人类能否在未来制造出同样拥有自我意识的智能机器？在我看来，这更多的是一个哲学问题，而非一个值得科研人员分心的技术问题。

审美

虽然机器已经可以仿照人类的绘画、诗歌、音乐等艺术风格，照猫画虎般地创作出电脑艺术作品来，但机器并不真正懂得什么是美。

审美能力同样是人类独有的特征，很难用技术语言解释，也很难被赋予机器。审美能力并非与生俱来，但可以在大量阅读和欣赏的过程中，自然而

1.Tech billionaires think we live in the Matrix and have asked scientists to get us out，http://www.cnbc.com/2016/10/07/tech-billionaires-think-we-live-in-the-matrix-and-have-asked-scientists-to-get-us-out.html

然地形成。审美缺少量化的指标，比如我们很难说这首诗比另一首诗高明百分之多少，但只要具备一般的审美水平，我们就很容易将美的艺术和丑的艺术区分开来。审美是一件非常个性化的事情，每个人心中都有自己一套关于美的标准，但审美又可以被语言文字描述和解释，人与人之间可以很容易地交换和分享审美体验。这种神奇的能力，计算机目前几乎完全不具备。

首先，审美能力不是简单的规则组合，也不仅仅是大量数据堆砌后的统计规律。比如说，我们当然可以将人类认为的所有好的绘画作品和所有差的绘画作品都输入深度神经网络中，让计算机自主学习什么是美，什么是丑。但这样的学习结果必然是平均化的、缺乏个性的，因为在这个世界上，美和丑的标准绝不是只有一个。同时，这种基于经验的审美训练，也会有意忽视艺术创作中最强调的“创新”的特征。艺术家所做的开创性工作，大概都会被这一类机器学习模型认为是不知所云的陌生输入，难以评定到底是美还是丑。

其次，审美能力明显是一个跨领域的能力，每个人的审美能力都是一个综合能力，与这个人的个人经历、文史知识、艺术修养、生活经验等都有密切关系。一个从来没有过痛苦、心结的年轻人读到“胭脂泪，相留醉，几时重，自是人生长恨水长东”这样的句子，是无论如何也体验不到其中的凄苦之美的。类似地，如果不了解拿破仑时代整个欧洲的风云变幻，我们在聆听贝多芬《英雄》交响曲的时候，也很难产生足够强烈的共鸣。可是，这些跨领域的审美经验，又该如何让计算机学会呢？

顺便提一句，深度神经网络可以用某种方式，将计算机在理解图像时“看到”的东西与原图叠加展现，并最终生成一幅特点极其鲜明的艺术作品。通常，我们也将这一类作品称为“深度神经网络之梦”。网上有一些可以直接使用的生成工具，比如，有兴趣的读者可以试一试Deep Dream

图35　深度神经网络之梦，由deepdreamgenerator.com生成

Generator（deepdreamgenerator.com）。牵强一点儿说，这些梦境画面，也许展现的就是人工智能算法独特的审美能力吧。

情感

皮克斯动画电影《头脑特工队》中，主人公头脑里的五种拟人化的情感分别是乐乐（Joy）、忧忧（Sadness）、怒怒（Anger）、厌厌（Disgust）和怕怕（Fear）。

欢乐、忧伤、愤怒、讨厌、害怕……每个人都因为这些情感的存在，而变得独特和有存在感。我们常说，完全没有情感波澜的人，与山石草木又有什么分别。也就是说，情感是人类之所以为人类的感性基础。那么，人工智能呢？人类这些丰富的情感，计算机也能拥有吗？

图36　《头脑特工队》主人公大脑里的五种拟人化的情感

2016年3月，谷歌AlphaGo与李世石“人机大战”的第四盘，当李世石下出惊世骇俗的第78手后，AlphaGo自乱阵脚，连连下出毫无道理的招法，就像一个本来自以为是的武林高手，一下子被对方点中了要害，急火攻心，竟干脆撒泼耍赖，场面煞是尴尬。那一刻，AlphaGo真的是被某种“情绪化”的东西所控制了吗？

我想，一切恐怕都是巧合。AlphaGo当时只不过陷入了一种程序缺陷。机器只是冷冰冰的机器，它们不懂赢棋的快乐，也不懂输棋的烦恼，它们不会看着对方棋手的脸色，猜测对方是不是已经准备投降。今天的机器完全无法理解人的喜怒哀乐、七情六欲、信任与尊重……前一段时间，有位人工智能研究者训练出了一套可以“理解”幽默感的系统，然后为这个系统输入了一篇测试文章，结果，这个系统看到每句话都大笑着说：“哈哈哈！”也就是说，在理解幽默或享受欢乐的事情上，今天的机器还不如两三岁的小孩子。

不过，抛开机器自己的情感不谈，让机器学着理解、判断人类的情感，这倒是一个比较靠谱的研究方向。情感分析技术一直是人工智能领域里的一个热点方向。只要有足够的数据，机器就可以从人所说的话里，或者从人的面部表情、肢体动作中，推测出这个人是高兴还是悲伤，是轻松还是沉重。这件事基本属于弱人工智能力所能及的范畴，并不需要计算机自己具备七情六欲才能实现。

第四章
AI时代：人类将如何变革？

人工智能不仅是一次技术层面的革命，未来它必将与重大的社会经济变革、教育变革、思想变革、文化变革等同步。人工智能可能成为下一次工业革命的核心驱动力，人工智能更有可能成为人类社会全新的一次大发现、大变革、大融合、大发展的开端。

从工业革命到文艺复兴

人工智能来了！AI正深刻改变我们的社会与经济形态。历史会将这个时代与20世纪70年代的PC萌芽、20世纪90年代的互联网兴起相提并论吗？当史蒂夫·乔布斯、比尔·盖茨为每个桌面、每个家庭都拥有一台电脑的梦想而努力创业时，当杨致远、拉里·佩奇、谢尔盖·布林为整合全球信息、构建连接全人类的互联网世界而锐意创新时，他们是否能预见到人工智能将如此快地来到我们身边，并在21世纪早期就扮演如此重要的角色？

从技术的社会价值来看，我认为，人工智能的社会意义将超越个人电脑、互联网、移动互联网等特定的信息技术，甚至有极大的可能，在人类发展史上，成为下一次工业革命的核心驱动力。

回想一下，1760年前后，当改进的纺织机、蒸汽机开始在英国大量取代手工劳动，当林立的烟囱宣告工业时代的到来时，人类社会、经济发生了多么大的变化！大量依附于农业生产和小农经济的手工劳动消失，农民和手工业者成千上万地转化成产业工人，进入工厂、矿山，人们开始利用火车、轮船出行，整个世界的格局彻底改变。类似地，19世纪以电气技术、内燃机为代表的第二次工业革命，以及20世纪以原子能技术、信息技术、空间技术、生物工程技术等为代表的第三次工业革命，每一次都使人类的生活水平、工作方式、社会结构、经济发展进入了一个崭新的周期。

从18世纪至今，300余年间，这个世界通过三次工业革命，完成了自动化、电气化、信息化的改造。与工业革命前的中世纪相比，人类已经生活在一个完全不同的、由现代科技支撑和推动的全新家园。那么，接下来，人类的发展方向又会是怎样的呢？

如果说在21世纪，还有哪一种技术可以和历次工业革命中的先导科技相提并论的话，那一定是正在步入成熟增长期的人工智能技术。以交通为例，蒸汽机、内燃机、燃气轮机、电动机的发明让我们的出行一下子从人抬马拖的农耕时代，跃入了以飞机、高铁、汽车、轮船为代表的现代交通时代；在人工智能时代，仅自动驾驶技术一项，就足以彻底改变我们的交通出行方式，足以和此前汽车、飞机的普及相提并论。事实上，人工智能技术在各行各业都可能引发颠覆性的变化，带来生产效率的极大提高。历史必将如实地记录下这一次前所未有的产业变革——此变革的核心驱动力，必将是人工智能！

2017年1月，我在瑞士出席达沃斯世界经济论坛时，有幸聆听了牛津大学全球化与发展教授、著名经济学家伊安·戈尔丁（Ian Goldin）对世界现状与人类变局的看法。他说，今天世界面临的最大的三个挑战是：

1.人类赶不上科技发展的速度，来不及调整适应；

2.人类之间的相互连接以及信息的迅速传播，既有好的一面，也有危险的一面；

3.对个人或国家短期有益的事情，有可能伤及世界的整体利益（如英国脱欧）。

伊安·戈尔丁教授并不是在用悲观的心态来看待今天的世界。事实上，他是《发现的时代：应对新文艺复兴的风险及回报》（*Age of Discovery: Navigating the Risks and Rewards of Our New Renaissance*）一书的作者。在该书中，他用诘问的方式，探寻以下问题的答案：

· 我们生活在科技如此进步的时代，为什么还会有这样那样的不平等？

· 人类的健康、人均寿命、全球的财富、教育、科学发现等，都有前所未有的发展，但人们为什么还充满了焦虑？

· 发展的代价是什么？

在伊安·戈尔丁教授看来，今天这个时代与发生在欧洲14世纪中叶到16世纪的文艺复兴与启蒙运动非常相似。例如，信息技术的发展不但是今天世界的科技主题，其实也是14世纪到16世纪间欧洲思想解放、文艺发展的根本原因之一。当年，以谷登堡印刷机为代表的信息传播技术迅速将科技、文学与艺术知识推广到欧洲的每一座中心城市，这与今天的互联网普及有异曲同工之妙。

今天的世界，其实也像中世纪的欧洲一样，面临诸多棘手的难题，如世界范围的贫富差距问题、环境污染问题、传染病问题、战争问题等。一方面，科技快速发展，信息技术特别是人工智能技术引领时代潮流；另一方面，世界仍动荡不安。快速发展的科学技术与长期处于不稳定状态的全球社会、经济结构之间，存在着强烈的不平衡和内在的变革需求。

伊安·戈尔丁教授说："科学的快速发展应该能让大家看清我们许多举动的后果，把全球的头脑和智慧都加在一起，从科学和技术的角度来说，我们充满能力。但是我们的政治系统，全球的政治结构、宗教机构等，都还停留在20世纪50年代，进化的速度出奇地缓慢……所以，在这个'发现的时代'，我们应该重新设置我们的头脑地图、政治地图、经济地图。"[1]

伊安·戈尔丁教授将科技与文艺复兴和思想启蒙联系在了一起。这为我们认识人工智能等未来科技提供了一个新的视角。

1.专访牛津大学教授戈尔丁等：这个时代为何不平等？http://cul.qq.com/a/20160814/011166.htm

如果我们仅仅将人工智能时代看作一次新的工业革命，那么，我们的论述将局限于科学与技术层面，而忽略因技术变革而造成的社会、经济、心理、人文等层面的巨大波动。

如果我们关注的是未来科技影响下的人类整体，是人与AI之间的相互关系，是人类社会在新技术革命的背景下如何转型和演进，那么，将今天这个时代称为人类历史上的第二次文艺复兴也许就是恰如其分的。当哥白尼用日心说改变人类对天体运行的认知，与旧的世界彻底决裂时，今天的人工智能技术也正在彻底改变人类对机器行为的认知，重建人类与机器之间的相互协作关系；当哥伦布在大航海时代里第一次站在新大陆的土地上，用航海大发现重构整个世界的地理与政治地图时，今天的人工智能技术也正在用史无前例的自动驾驶重构我们头脑中的出行地图和人类生活图景；当达·芬奇、米开朗琪罗等人用划时代的艺术巨构激发全人类对美和自由的追求时，今天的人工智能技术也正在机器翻译、机器写作、机器绘画等人文和艺术领域进行大胆的尝试……

技术不仅仅是技术。技术的未来必将与社会的未来、经济的未来、文学艺术的未来、人类全球化的未来紧密联系在一起。

人工智能不仅是一次技术层面的革命。人工智能因为对生产效率的大幅改进、对人类劳动的部分替代、对生活方式的根本变革，而必然触及社会、经济、政治、文学、艺术等人类生活的方方面面。人工智能的未来必将与重大的社会经济变革、教育变革、思想变革、文化变革等同步。我们无法抛开可能产生的就业问题、教育问题、社会伦理问题等单独讨论技术本身，这就像我们无法抛开人类思想的启蒙而单独谈论文艺复兴时期的雕塑、绘画与音乐作品一样。

人工智能可能成为下一次工业革命的核心驱动力，更有可能成为人类社会全新的一次大发现、大变革、大融合、大发展的开端。

这是复兴的时代，这是发现的时代，这是人工智能的时代。

AI会让人类大量失业吗？

将深度学习技术推向实用化并直接促成人工智能最新一拨技术热潮到来的计算机科学家杰弗里·辛顿教授在演讲中经常用一个玩笑来开场：如果在座的有医学院的学生，那你千万不要去学放射科，不要去当放射科医生，因为这个工作在未来5年内，就会被深度学习支持的人工智能应用所取代。[1]

说是玩笑，这又怎么只是一个玩笑？自从2016年3月AlphaGo横空出世以来，世界公众不仅在关注机器是不是会毁灭人类，其实他们还更关心人工智能对工作、生活的直接影响，包括社会学家、经济学家、政治家在内，大多数人最忧虑的一件事也许是：在未来的10年，到底有多少人类的工作会被机器全部或部分取代？

人类的工作被机器取代，这件事的隐含风险是不言自明的，那就是可怕的失业！

人类创造人工智能，不就是提高我们的生活质量、工作效率，不就是用来帮助我们人类的吗？如果AI会造成大批人类失业，如果人工智能会让这个本就经常受战争、贫困、恐怖主义、疾病困扰的地球再平添一道失业的伤疤，我们发明AI到底还有什么用？

AI会让人类大量失业吗？

2016年年底，物理学家史蒂芬·霍金在英国《卫报》发表文章说：“工厂的自动化已经让众多传统制造业工人失业，人工智能的兴起很有可能会让

1.机器之心（微信公众号），2016.11，独家丨Hinton、Bengio、Sutton等巨头聚首多伦多：通过不同路径实现人工智能的下一个目标

失业潮波及中产阶级，最后只给人类留下护理、创造和监管等工作。”[1]

霍金的话代表了相当一部分学者和公众对于人工智能取代人类工作、造成失业风险的担忧。这种担忧不能说完全没有道理，但我觉得，霍金对于未来科技与世界格局关系的思考，过于片面和狭隘了。

人类文明史漫漫数千年，因为科技进步而造成的社会格局、经济结构的调整、变革、阵痛乃至暂时的倒退都屡见不鲜。从局部视角来看，很多划时代的科技成果必然引发人们生活方式的改变，短期内很可能难以被接受，但站在足够的高度上，放眼足够长的历史变迁，所有重大的科技革命无一例外地都最终成为人类发展的加速器，同时也是人类生活品质提高的根本保障。从全局视角看，历史上还没有哪一次科技革命成为人类的灾难而不是福音。

新型纺织机、蒸汽机等现代机器出现时，就曾在英国乃至整个欧洲引起农民和手工业者的恐慌。在当时的历史条件下，也的确出现了以“羊吃人”的圈地运动为代表的，将农民赶出土地并逼迫他们成为廉价产业工人的残酷事实。但从长远来说，历史无法抹杀工业革命对人类生产、生活的巨大贡献。没有现代机器的出现，我们就没有今天这样顺畅的交通、高效的生产和远比中世纪舒适、富足许多倍的现代生活。曾经因现代机器的出现被迫脱离传统农业、传统手工业的大量劳动力，后来大都在现代工业生产或城市服务业中找到了新的就业机会。即便以数百年前的第一次工业革命为例，我们也不难发现，科技革命不仅仅会造成人类的既有工作被取代，同时也会制造出足够多的新的就业机会。

大多数情况下，工作不是消失了，而是转变为了新的形式。

在西方城市里，马车被汽车取代是另一个非常好的例子。当年，汽车开始进入大城市并逐渐普及的过程中，曾经在数百年的时间里充当着上等人出

1.Stephen Hawking，2016.12，This is the most dangerous time for our planet，https://www.theguardian.com/commentisfree/2016/dec/01/stephen-hawking-dangerous-time-planet-inequality

行工具的马车，面临着实实在在的“下岗”威胁。那个年代，伦敦、巴黎、纽约等大城市里，马车出行意味着一个完整的产业链条，有一连串与马车相关的工种，比如马车夫、马匹饲养和驯化者、马车制造商、马车租赁商，根据马车的需要维护道路的工人，乃至专门清理马匹粪便的清洁工。汽车的大范围普及意味着所有这些陈旧工种面临失业的风险。但只要简单地计算一下就能发现，新兴起的汽车行业拥有比传统马车行业多出数千倍甚至数万倍的产值和工作机会。原本只有中上等人才能享用的马车出行，到了20世纪，迅速演变成几乎可以被所有人公平享用的、更加廉价的汽车出行。制造汽车的大型工厂需要数以万计的设计、制造、管理职位，远比当年的马车产业对整个社会的经济贡献要大得多。

其实，人类越发展，就越不担心高新科技对社会、经济结构的冲击。如果说第一次工业革命时，历史的进程还伴随着资本原始积累时期的野蛮和残酷，那么，到20世纪第三次工业革命的时候，绝大多数新科技、新产业都是在很短时间内调整和适应，之后就迅速占据了产业制高点，引领人类在一个更高层次上，重新安排更高品质的工作和生活。

例如，移动通信和互联网的出现让所有传统的通信方式成为过去时，电报、纸质邮件、明信片、寻呼机等基本都退出了主流舞台。拿电报来说，今天的小孩子已经很难搞懂当年的人们是如何字斟句酌撰写电报草稿的了。电报在全球使用超过100年，最终在移动通信与互联网快速发展的浪潮中寿终正寝。根据维基百科的记录：“香港的电讯盈科已于2004年1月1日宣布终止香港境内外所有电报服务，在同一年，荷兰的电报服务亦宣告停止，美国最大的电报公司西联（Western Union Telegram）宣布2006年1月27日起终止所有电报服务。”[1]在中国，今天也只有极少数的老电报人，还在象征性地坚守工

1.https://zh.wikipedia.org/wiki/%E7%94%B5%E6%8A%A5

作岗位[1]。几乎没有人会质疑电报行业从业人员的工作被取代这件事，因为人们相信新技术的优越性，相信从电报行业内离开的电报人完全可以在今天这个多样化的时代找到自己的新工作岗位。我们只有从一些怀旧文章中，才能多少了解到曾经的电报人在新旧更替的历史大潮中，有着何种复杂、纠结的心情，但那种感情，已多半属于对传统和历史的依依不舍了。

回到我们的核心问题：人工智能会让人类大量失业吗？

纵观人类发展史，我对这个问题的回答是：如果把这里的“失业”定义为工作转变的话，那么答案是“会的”。从短期看，这种转变会带来一定程度的阵痛，我们也许很难避免某些行业、某些地区出现局部的失业现象。特别是在一个适应人工智能时代的社会保障和教育体系建立之前，这一阵痛在所难免。但从长远来看，这种工作转变绝不是一种以大规模失业为标志的灾难性事件，而是人类社会结构、经济秩序的重新调整，在调整基础上，人类工作会大量转变为新的工作类型，从而为生产力的进一步解放，人类生活的进一步提升，打下更好的基础。

2017年1月，我在达沃斯受邀与麻省理工学院媒体实验室负责人伊藤穰一（Joi Ito）讨论人工智能。其间，伊藤穰一曾说：“宏观角度来看，我们无法否认人们会因‘新技术总会导致人们失业’而恐慌，但随着新技术的发展，某些领域又会诞生新的工作。……主导AI技术研发的各大科技巨头，如果能为人们树立一种正确的态度，驱散人们心中对AI技术的恐惧，也将会是一大利好。毕竟人们对AI技术的恐惧，绝大部分来自对AI的不解。要消除恐惧，我们需要在两个方面努力：其一，是消除人们心中情绪化、非理性的恐慌心理；其二，则是理性解决问题。例如，我们必须对当前的教育体系以及职业资格认证等体系进行改革，这取决于未来机器发展的速度有多快。”[2]

1.北京晨报，2016.12，京城最后发报人，http://news.sina.com.cn/s/wh/2016-12-08/doc-ifxypipt0508137.shtml

2.创新工场（微信公众号），2017.2，李开复与MIT实验室负责人焦点对谈：AI时代的变革比每一次工业革命都快

大体上我同意伊藤穰一的观点，不过我认为，我们需要更为急迫地唤醒社会集体意识来理解并准备AI时代的到来。当今时代变革的速度，比以往任何一次工业革命时期都要快。随着AI技术的不断完善，越来越多的工作如今开始被AI技术取代。举例来说，中国有一批AI创业公司正在研究人脸识别，这类技术已能批量辨识20万到30万张人脸，这是一般人不可能达到的量级和精准度，诸如保安、边防等从事辨识任务的从业人员，也势必会被取代。在另外一些领域，AI处理人际和人机关系的能力确实还不如人类，医疗行业是最好的例证，医疗检测中的某些涉及影像识别的岗位很快也会被AI技术所取代，但那仅仅是医疗专业的一小部分。

当前有两项重大的任务等着我们去解决：其一，是思考如何调配未来20年大量被AI技术替代的工作者；其二，是我们的教育亟待改革。我们需要对我们的后代进行再教育，分析哪些工作不会轻易被替代，而不仅仅去幻想从事目前看似光鲜亮丽的工作。

机器带给人类的不是失业，而是更大的自由与更加个性化的人生体验。

未来是一个人类和机器共存、协作完成各类工作的全新时代。

我们无须担忧和惧怕这个时代的到来，我们所要做的，应当是尽早认清AI与人类的关系，了解变革的规律，尽早制定更能适应新时代需求的劳动保障制度、教育制度等，以便更好地迎接新时代的到来。

哪种工作最容易被AI取代？

那么，在人工智能快速发展的大背景下，哪种人类工作最容易被人工智能全部或部分取代呢？什么样的从业者应该尽早做好准备，以适应或转变到全新的工作岗位呢？

对此，我有一个“五秒钟准则”，这一准则在大多数情况下是适用的。

李开复的“五秒钟准则”

一项本来由人从事的工作，如果人可以在5秒钟以内对工作中需要思考和决策的问题做出相应的决定，那么，这项工作就有非常大的可能被人工智能技术全部或部分取代。

比方说，传统意义上，在股票交易市场工作的普通交易员只是起到一个信息录入员或中间人的作用，他们在嘈杂、纷乱的市场里，一边关注买方诉求，一边关注卖方诉求，他们所做的工作，只是根据买家或卖家的指令，完成实际的交易操作。对于一桩交易能否成交，他们只需要关注具体数字和市场行情就能做出判断。基本上，每个独立判断，花两三秒就能做出。今天的自动化技术和人工智能技术足以完成这类简单的、中介性质的工作。这就是今天各大股票交易市场里传统意义上的交易员正大幅让位于计算机的原因所在。

再比方说，驾驶汽车的时候，人类司机根据路况所做出的判断，其实都是人脑可以在短时间内处理完成，并立即做出反应的。否则，如果人类司机对路面上突然出现的障碍物、交通标志、行人等无法在一两秒内做出即时反应，驾驶的危险性就必然大幅攀升。这其实从一个侧面说明，汽车驾驶这项工作，需要的主要是快速感知外界环境、快速判断并快速响应的能力。这种决策能力符合“五秒钟准则”，因此，汽车驾驶工作终将被自动驾驶技术全面替代和超越。人工智能足以在更短时间内做出与人类一样或比人类还精准的判断，将驾驶安全等级提升一个档次。

反之，如果你的工作涉及缜密的思考、周全的推理或复杂的决策，每个具体判断并非人脑可以在5秒钟的时间内完成，那么，以目前的技术来说，你的工作是很难被机器取代的。

例如，新闻撰稿就有简单和复杂之分。信息报道类的新闻撰稿，在很大程度上正在被人工智能的新闻写作工具所取代。比如在体育类、天气类、财经类的新闻报道中，人类记者通常所做的不过是简单地组合事实，报告情况，并按照某些既定的格式完成文本写作。这种工作不需要复杂的判断，可以被机器取代。但是，同样是新闻类写作，如果你所撰写的是《纽约客》类型的深度评述文章，每篇文章都需要大量采访为基础，并在原始素材之上，发挥作者的归纳和推理能力，提炼出相对复杂的逻辑结构，设计出最适合主题的表述形式，这些工作，每一项所需要的思考时间，都远远不止5秒钟。有能力为《纽约客》撰稿的记者，在未来很长一段时间内，根本不用担心自己的工作会受到人工智能的威胁。

类似地，如果你是一个可以创作钢琴曲、交响乐的作曲家，如果你是一个可以制作深度访谈节目的电视导演，如果你是一个能够从头创建故事架构的电影编剧，如果你是一个可以用创造性的方法为学生讲解复杂知识体系的教师……正在从事这些复杂工作的你，未来可以利用人工智能来提高工作效率，但根本无须考虑是否要将工作让位于机器。

当然，这里说的“五秒钟准则”只是个经验法则，我们可以举出许多并不符合这一准则的个例。比如说，根据病人的化验结果或医疗影像，对病人的病情进行诊断，这件事并不是一个医生可以在几秒钟时间里就能完成的。但随着今天计算机视觉技术的发展以及人工智能在医疗领域的深入应用，人工智能确实可以代替一部分医生的工作，快速完成基于数据或影像的初步病情筛查。再比如说，虽然许多简单工作，比如病人护理，在工作中不需要特别复杂的决策过程，但接受护理的病人，很多都会特别在意自己与护理员的沟通，那么，这样一种需要人与人交流的工作，就很难被机器所取代。

基于“五秒钟准则”，我个人预测，从事翻译、新闻报道、助理、保安、销售、客服、交易、会计、司机、家政等工作的人，未来10年将有约

90%被人工智能全部或部分取代。如果就全人类的工作进行一个粗略的估计，我的预测是，约50%的人类工作会受到人工智能的影响。

人工智能对人类工作的可能影响包括三种类型：

- 人类某种工作被人工智能全部取代；
- 人类某种工作被人工智能部分取代；
- 人类某种工作转变为新的工作形式。

与其他科学家或未来学家相比，我的预测比一部分人激进，比另一部分人保守。如果历史进程如我所料，那么，在未来10年里，至少有一半人需要关心自己的工作与人工智能的关系，需要在未来的人机协作模式中，找到自己的新位置。

大部分工作将发生转变而非消失

我曾向《人工智能时代》一书的作者，计算机科学家、连续创业家、未来学家杰瑞·卡普兰提问，人工智能将在不久的将来造成人类多大范围上的失业？由此引发的失业会成为一个严重的社会问题吗？

杰瑞·卡普兰的观点非常明确：不是所有工作都会被人工智能取代。相反，很多工作都会转变为新的工作机会[1]。

一个很好的例子是银行的柜员。过去，大多数银行柜员总是在做最基本的银行交易。显然，ATM自助服务终端的使用，已经代替了一定数量的银行柜员的传统工作。但有趣的是，银行柜员的雇用数量不降反升，因为柜员的

1.AI只是人类的工具：专访杰瑞·卡普兰，https://zhuanlan.zhihu.com/p/24761876

工作转变了。我们仍然管他们叫银行柜员，但他们的工作描述与20年前相比已经有了很大不同。大多数情况下，银行柜员不是坐在那儿等着帮你取钱、存钱。今天的银行柜员已经成为银行各类业务的销售员。你可以走进一家银行的支行，跟柜员就银行业务展开交谈。那些银行柜员可以为你提供所有帮助。这项工作已经不同了，但职位的名称还没有改变。技术让银行变得更加高效，更易扩展。银行可以开更多的支行，雇用更多的员工，在新的领域投资并制造新的工作机会。

最近，一份来自詹姆斯·贝森（James Bessen）的报告显示了在过去几十年间全职银行柜员的数量增长趋势[1]。据报告统计，随着银行自动柜员机（ATM）的普及，美国全职银行柜员的数量先是在1990年前后有了一定规模的下降，随后又逐渐回升，并慢慢在总量上超过了历史最高点。也就是说，ATM的普及不仅没有造成银行柜员人数的下降，反而给银行提供了拓展业务的契机，银行柜员的工作转变为新的形式后，银行对于柜员的需求也持续增加。

杰瑞·卡普兰这一分析仅仅以银行业过去几十年间柜员数量的增减为论据，可能会有些片面。我觉得，长远来看，银行是否总是需要那么多客服人员，这是值得商榷的。因为人工智能对提升客服人员效率的作用必将越来越明显。如果仅考虑银行内部的工作转变，我认为银行柜员数量在未来的总体趋势还是会逐渐减少的。事实上，工作转变和迁移不仅仅发生在一个行业内部，也许未来更常见的是跨行业的工作转换。当银行业不再需要这么多客服人员的时候，这些人完全可以转移到服务行业，从事那些必须人与人直接交流的工作。未来，我们希望能鼓励更多人参与人际交往互动，建立机器与人类的交流沟通模式，而这些对于服务行业来说至关重要。AI技术能够使未来

1.How computer automation affects occupations: Technology，jobs and skills，http://voxeu.org/article/how-computer-automation-affects-occupations

的服务业更被人们期待和尊重，也完全可以让服务业接纳许多从其他行业转移过来的劳动力。

在杰瑞·卡普兰看来，人工智能可能取代的工作大多拥有清晰的评估标准，工作业绩可以被客观地衡量。人工智能无法取代的工作通常需要人类做出决策。例如，风险投资人仍然需要面对面地和创业者会谈，以确定投资意向。即便是高级教育背景的人，也会花很多时间来做重复性的工作，而这些重复性的工作最容易被自动化。这可以让那些高级人才将更多的时间用于那些最能发挥他们的技能特长，最不容易被自动化的工作部分。

对于某些工作，全部工作内容都可以被自动化，所以不再需要人类员工。例如，放射科医师的工作就可以全部被自动化。但对另一些工作，比如普通医生，你没法将他们全部替换，因为你没办法彻底取消面对面的病情诊断。我们将会拥有自动辅助诊断系统，但这些系统只是让医生的工作更高效，从而让医生有更多时间来完成科研任务，或者接诊更多的病人。今天，很多人因为医疗费用昂贵而不去看医生。当人工智能被广泛应用后，医生可以更高效地接诊病人。医生的数量可能会下降，但人们可以更容易也更频繁地去看医生。

与杰瑞·卡普兰的观点相似，我认为在人工智能时代里，人类工作的转型在所难免，但这更多意味着新的工作方式，而非大量的失业。比如，我的大女儿在学习服装设计。在过去的数十年里，因为技术的发展，特别是因为互联网的普及，服装设计这个行业已经有了很大的变化。过去学服装设计的人，必须亲自学习从材料到设计再到剪裁的每一个细节，亲自动手量体裁衣。但现在互联网上出现了不少设计师与服装生产环节之间的协作平台，通过互联网进行分工合作，设计师只要负责款式设计，并把图样发给服装制造的上游厂商，厂商就会根据设计师的设计，完成服装的实际生产。在今天这个时代，设计师不用亲手量体裁衣，就可以创造并拥有自己的时装品牌，并利用互联网的优势，进行推广和销售，所有其他环节，交给更专业的人去完成。这是互联网的兴起，为时装行业带来的工作方式的转变。那么，未来随着人工智能的应用，许多简单的服装制造环节，都可以由人工智能控制的机器来完成，时装行业又会经历一次新的转变。在历次变革中，懂得发掘美、展现美的时装设计师，他的工作因为需要人的想象力、创造力而不会消失。产业链上其他相关的工作，则会因技术的引入而不断变化。最终的结果不一定是从业人员的减少，更有可能的是服装设计、生产效率的大幅提高，生产成本的大幅降低，在此基础上，甚至可以为每个用户配备“私人”设计师，根据用户的个人爱好，来订制最美的时装作品——基于这个判断，今后服装设计师的数量一定会大幅增加。

也就是说，失业问题未必会如某些人想象的那样严重。技术发展将造成一部分简单工作、底层工作的消失或转变，但由此也会催生更多新型的、更需要人类判断力和创造力的工作类型。如设计师、架构师、建筑师、流程设计和管理者、艺术家、文学家……其工作不但不会被取代，反而会成为未来的稀缺资源，吸引更多在社会和经济转型中愿意尝试新领域的人来从事类似工作。

AI只是人类的工具

担心人工智能控制甚至毁灭人类的，是对超人工智能过于乐观的“科幻”爱好者；担心人工智能取代绝大部分人类工作，造成全球大范围失业的，则是不相信科技进步能凭借自身力量优化社会资源分配、调整经济结构、构建新就业秩序的保守主义者。

我想，在人类可以预见的近未来，上面这两种极端情况的出现概率都非常小。最有可能变成现实的情形是全人类步入一个崭新的人机协作时代，在这个时代，以人工智能为驱动的机器将大幅提高人类的工作效率，但无论从哪个角度说，机器都只是人类的工具。

杰弗里·辛顿教授在接受采访时说：“机械式挖掘机和自动柜员机通过替代人类的简单、重复劳动，提高了生产效率。没有几个人会说，我们不应该引入这些自动化的机器。在一个公平的制度中，可以提高生产效率的技术进步会受到所有人的欢迎，因为它们会为每个人带来更为优越的生活。技术本身不是问题，问题在于制度是否能保证每个人都获益。”[1]

杰瑞·卡普兰认为，一个关于机器智能的更好的思维方式是：我们拥有了新的科技手段，我们可以将这些新技术应用于新的问题领域。因为机器学习技术的进步，我们现在正处于最好的时期。“当你拥有一把锤子时，所有东西看起来都像钉子。”今天在美国，所有人都在尝试，看看我们该如何应用人工智能技术，可以应用得多么深入。我们正在解决自然语言处理问题、翻译问题、机器视觉问题、机器人问题等。有些地方，人工智能工作得很好，有些地方，它们还难以满足实际需要。驱动这种进步的主要力量并不是智能本身，而是大数据以及使用更快、更便宜、更简单的方式访问大数据的能力。

今天人们对于机器学习的兴趣与曾经的每一次新技术革命并没有本质的不同。例如，机器学习和当年关系型数据库的发展非常类似。我们当年使用基于层次模型和网络模型的数据库，关系型数据库的出现改变了一切。借助关系型数据库，任何人都可以将数据库当成一个方便的工具，而不需要雇用许多专业的工程师。人工智能就是这样一个可以为我们带来巨大改变的便捷工具，就像关系型数据库在几十年前所做的一样。[2]

AI只是人类的工具。技术本身不是问题，问题是我们如何使用技术以及

1.Four Questions For: Geoff Hinton，https://gigaom.com/2017/01/16/four-questions-for-geoff-hinton/

2.AI只是人类的工具：专访杰瑞·卡普兰，https://zhuanlan.zhihu.com/p/24761876

如何围绕人工智能这样一种革命性的新科技，建立与之配合的社会和经济结构，用制度来保证人人都可享用人工智能带来的巨大收益，同时不必担心失业等潜在风险。

自动驾驶：AI最大的应用场景

自从谷歌正式对外宣布自动驾驶汽车项目以来，自动驾驶行业已呈现出整体布局、多元配置、多角度切入的格局，5到10年后可具备千亿美元乃至万亿美元规模的庞大产业生态已具雏形。我们也许还无法准确预测，全功能、最高等级的自动驾驶汽车会在什么样的时间点，真正走入普通人的生活，但毫无疑问的是，这一次人工智能热潮中，自动驾驶一定是最大的应用场景。

自动驾驶带给我们的有关未来生活的想象空间，几乎是无穷的。这绝对不是未来的汽车都不需要司机，我们可以躺在车里睡觉、听音乐这么简单的一件事。

例如，当汽车不再需要司机的时候，我们为什么还要像今天这样，在家里保有一部到两部私家车呢？滴滴、优步等共享经济已经为我们揭示出了一些未来生活的样子：大多数汽车可以用共享经济的模式，随叫随到。因为不需要司机，这些车辆可以保证24小时待命，可以在任何时间、任何地点提供高质量的租用服务。这样一来，整个城市的交通情况会发生翻天覆地的变化。因为智能调度算法的帮助，共享汽车的使用率会接近100%，城市里需要的汽车总量则会大幅减少。需要停放的共享汽车数量不多，只需要占用城市里有限的几个公共停车场的空间就足够了。停车难、大堵车等现象会因为自动驾驶共享汽车的出现而得到真正解决。那个时候，私家车只用于满足个人追求驾驶乐趣的需要，就像今天人们会到郊区骑自行车锻炼身体一样。

更重要的是，汽车本身的形态也会发生根本性的变化。一辆不需要方向盘、不需要司机的汽车，可以被设计成前所未有的样子。比如，因为大部分出行都是一两个人，共享的自动驾驶汽车完全可以设计成比现在汽车小很多，仅供一两个人乘坐的舒适“座舱”，这可以节省大量道路空间。道路上，汽车和汽车之间可以通过“车联网”连接起来，完成许多有人驾驶不可能完成的工作。比如，许多部自动驾驶汽车可以在道路上排列成间距极小的密集编队，同时保持高速行进，统一对路面环境进行侦测和处理，而不用担心追尾的风险。再如，一辆汽车在路面上可以通过自己的传感器发现另一辆汽车的故障，及时通知另一辆汽车停车检修。未来的道路也会按照自动驾驶汽车的要求来重新设计，专用于自动驾驶的车道可以变得更窄，交通信号可以更容易被自动驾驶汽车识别。

在自动驾驶时代里，人们可以把以前驾驶汽车的时间用来工作、思考问题、开会、娱乐。一部分共享汽车可以设计成会议室的样子，人们既可以围坐在汽车里讨论问题，也可以在乘车时通过视频会议与办公室里的同事沟通。今天驾驶汽车时，最多只能听听广播或音乐。未来乘坐自动驾驶汽车的时间，完全可以用来享受汽车座椅内置的全身按摩服务，或者接入虚拟现实（VR）设备来一次穿越奇幻世界的冒险。自动驾驶时代，人类生活将更有品质也更加快乐。

自动驾驶的普及对产业结构、经济格局的影响将极其深远。想象一下，在过去的100多年，汽车工业是如何彻底改变了全球、全人类的生活方式，如何创造出了一大批市值百亿美元、千亿美元的大型跨国公司，如何带动了从设计、生产到零件、外包、服务、咨询、培训、交通、物流等数百个相关的生态产业，如何在短短数十年里让美国成为“车轮上的国家”，又如何在短短十几年时间里在中国小康家庭中普及了汽车出行的现代生活方式。如此庞大的汽车工业，正面临着以人工智能为依托的自动驾驶技术的改造。生态中的每一个子产业都可能在未来10年内发生翻天覆地的变化。即便不提整车制造，单是自动驾驶技术需要的廉价、可靠的传感器（如激光雷达），就可能成为一个千亿美元规模的大产业。或者，针对未来的自动驾驶技术，对现有道路进行改造升级，这又将涉及庞大的固定资产投资和相关产业的升级。无论如何乐观地预测自动驾驶对全球社会、经济发展的贡献，也许都不为过。

麦肯锡公司预测，到2030年时，自动驾驶技术的普及将为现有的汽车工业带来约30%的新增产值，这部分销售额包括受益于自动驾驶技术而获得更大发展空间的共享汽车经济（例如，在目前的交通拥堵和人口稠密地区、远郊区域等，利用自动驾驶技术可大幅提高共享经济的发展空间），因自动驾驶技术的普及而发展起来的车上数据服务，如应用程序、导航服务、娱乐服务、远程服务、软件升级等。今天全球汽车工业的整车销售总额大约是2.7万亿美元，售后服务销售额大约是7200亿美元，共享经济等新兴业务的销售额只有约300亿美元。而到了2030年时，前两项业务的销售额将稳步增长，而由自动驾驶技术驱动的新兴业务的销售额将大幅增长到1.5万亿美元，成为刺激汽车工业增长的最大因素。[1]

自动驾驶技术发展简史

真正由机器全面接管的自动驾驶，最早出现在空中而非地面。这是因为，对于在高空飞行的飞机而言，行驶路线上的交通状况远好于地面。在飞行器上进行感知和操控，环境复杂度远低于由交通标志、移动车辆、可能出现的障碍物、随时可能闯入路面的行人等组成的地面交通生态。

1912年，人类发明的第一架固定翼飞机首飞不到10年，为飞机制造导航

1.Automotive revolution - perspective towards 2030，https://www.mckinsey.de/files/automotive_revolution_perspective_towards_2030.pdf

仪表的Sperry公司就研制出了第一套自动驾驶系统，并于1914年在巴黎做了演示飞行。Sperry公司这套系统使用陀螺仪来判定飞机航向，使用气压高度计来测定飞机高度，根据系统感知得到的航向和高度数据，通过液压装置操控升降舵和方向舵。

Sperry公司为飞机研制的第一套自动驾驶系统虽然简单，但具备了一套自动驾驶装置必备的几个组成部分。

· 感知单元：主要由各种传感器和智能感知算法组成，用于感知交通工具行经路线上的实时环境情况。

· 决策单元：主要由控制机械、控制电路或计算机软硬件系统组成，用于根据环境信息决定对交通工具施加何种操作。

· 控制单元：主要通过交通工具的控制接口，直接或间接操控交通工具的可操纵界面（如飞机的操纵面或汽车的方向盘、踏板等），完成实际的驾驶工作。

无论是飞机的自动驾驶，还是汽车的自动驾驶，无论是早期系统，还是结合了深度学习算法的现代系统，大抵都符合这样一个基本的概念模型。

图37　自动驾驶系统的基本概念模型

因为高空的环境复杂度较低，飞行器的自动驾驶系统发展很快。两次世界大战前后，飞机自动驾驶或辅助驾驶技术不断改进。1947年，美国空军用一架道格拉斯C-54运输机完成了一次横跨大西洋的飞行，飞机全程使用自动驾驶系统控制，包括起飞和降落环节，这是自动驾驶系统在航空工业中走向普及的标志性事件。今天，现代客机、货机、战斗机绝大多数都拥有自动驾驶或辅助驾驶系统，可以大幅减轻飞行员的工作强度。在大部分气象条件下，只要飞行员允许，飞机的自动驾驶系统都可以自动完成包含起飞、降落在内的全部飞行控制操作。为了解决较复杂的降落段自动驾驶问题，全球各大机场还根据情况，安装了不同级别的仪表着陆系统（ILS），使用无线电信号或高强度灯光阵列，来为飞机提供精密引导。

自动驾驶系统在航空领域取得的巨大成功也为汽车的自动驾驶系统提供了有价值的参考，这包括：

· 飞机飞行过程中需要感知的环境信息，几乎都可以由已有的机上传感器提供。而目前大批量生产的普通汽车，通常只装配了感知自身行驶速度的简单传感器。为现有汽车安装附加传感器，是实现汽车自动驾驶的必经之路，但也客观上增加了自动驾驶系统的成本。为汽车设计生产廉价、精准、可靠的传感器，是未来自动驾驶行业的重心之一。

· 因为环境简化，飞机的感知和决策过程相对简单，系统算法通常不需要涉及复杂的深度学习模型。即便如此，目前从事货运、客运航空飞行时，飞行员仍需要全程监控，与自动驾驶系统协同工作。完全不需要飞行员的无人机只在军事领域得到了广泛应用，进入大规模商业客运、货运飞行还为时尚早。这提醒我们，为汽车研发自动驾驶系统的时候，也不能急于求成，从机器辅助人类驾驶开始，逐渐过渡到人类辅助机器驾驶，最终实现无人驾驶，才是理性和正确的选择。

· 正如机场可以安装仪表着陆系统（ILS）来辅助降落一样，对道路的改造（如新的易于识别的交通标志、与汽车传感器配合的信号源等）也许是简化汽车自动驾驶系统实现难度的一条捷径。

谈到汽车的自动驾驶系统，很多人是通过谷歌公司发布的自动驾驶汽车认识这一现代科技成果的。其实，在谷歌之前，大批公司和科研机构，已经对汽车的自动驾驶系统做了多年的研究。

最早在20世纪20年代，当时的主流汽车厂商就开始实验自动驾驶或辅助驾驶功能。现代意义上的第一辆自动驾驶汽车，出现在20世纪80年代的卡内基-梅隆大学计算机科学学院的机器人研究中心，它的名字叫Navlab。1986年制造的第一辆Navlab汽车上安装了3台Sun工作站、1台卡内基-梅隆大学自行研制的WARP并行计算阵列、1部GPS信号接收器以及其他相关的硬件单元。限于当时的软硬件条件，这部自动驾驶汽车的最高时速只能达到32千米，而且还很不实用，但起码算是具备了现代自动驾驶汽车的雏形。1989年，卡内基-梅隆大学还在自动驾驶系统中，使用神经网络技术，进行了感知和控制单元的实验。大约在同一时期，奔驰、通用、博世、尼桑、丰田、奥迪等传统汽车行业的厂商也开始加大对自动驾驶系统的投入，陆续推出了不少原型车。

在中国，早在1987年，国防科技大学就研制出了一辆自动驾驶汽车的原型车，虽然这辆车非常小，样子也与普通汽车相差甚远，但基本具备了自动驾驶汽车的主要组成部分。2003年，国防科技大学和一汽集团联合改装了一辆红旗轿车，自动驾驶最高时速可以达到130千米，且实现了自主超车功能。2011年，改进后的自动驾驶红旗轿车完成了从长沙到武汉的公路测试，总里程286千米，其中人工干预里程2240米。此外，清华大学、中国科技大学等国内科研机构，也各自开展了自动驾驶技术的早期研究。

虽然在实际测试效果上还远未达到自动驾驶的要求，但上述国内外厂商、科研机构的积累，为谷歌自动驾驶汽车取得突破性进展奠定了技术基础。事实上，被誉为谷歌自动驾驶汽车之父的塞巴斯蒂安·特龙（Sebastian Thrun）在加入谷歌之前，就曾带领着斯坦福大学的技术团队研发名为Stanley的自动驾驶汽车，并参加了美国国防高等研究计划署（DARPA）的自动驾驶挑战赛（DARPA Grand Challenge）。塞巴斯蒂安·特龙主持研制的Stanley汽车赢得了2005年DARPA自动驾驶挑战赛的冠军。

图38　塞巴斯蒂安·特龙团队基于柴油版的大众途锐研发的Stanley自动驾驶汽车

Stanley自动驾驶汽车使用了多种传感器组合，包括激光雷达（LIDAR）、摄像机、GPS以及惯性传感器，所有这些传感器收集的实时信息被超过十万行软件代码解读、分析并完成决策。在障碍检测方面，Stanley自动驾驶汽车已经使用了机器学习技术。塞巴斯蒂安·特龙的团队也将Stanley汽车在道路测试时，不得不由人类驾驶员干预处理的所有紧急情况记录下来，交给机器学习程序反复分析，从中总结出可以复用的感知模型和决策模型，用不断迭代测试、不断改进算法模型的方式，让Stanley汽车越来越聪明。

其实，塞巴斯蒂安·特龙主持研制Stanley汽车时，就有十几名谷歌工程师加入了团队，参与研发工作。了解了这样的背景，大家就完全不会奇怪，为什么研制Stanley汽车的有用经验几乎全部被谷歌自动驾驶汽车项目继承过去了。

2009年，谷歌基于塞巴斯蒂安·特龙的团队正式创建了自动驾驶汽车

FIG. 4

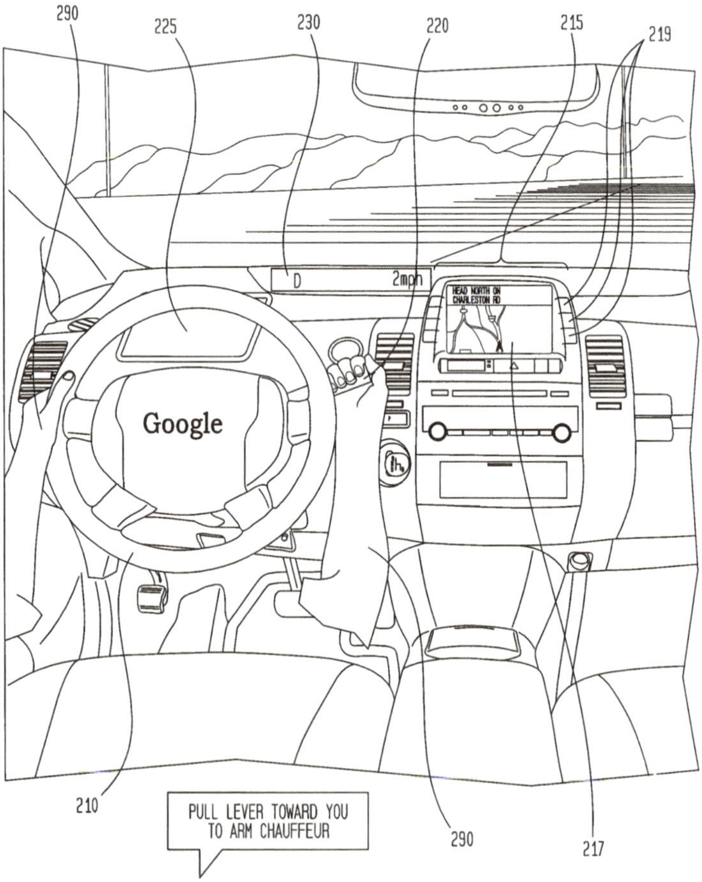

图39　示意图来自谷歌为自动驾驶的用户操作界面申请的美国专利，注意注释文字里出现了“chauffeur”的字样[1]

1.美国专利US9134729B1，参见https://patents.google.com/patent/US9134729B1/en

项目。这个项目最早在谷歌内部被命名为"chauffeur"。"chauffeur"这个词源自法语，原本是加热、变热的意思。蒸汽机发明后，因为蒸汽机驱动的车辆需要先把水烧热，人们就用"chauffeur"来指代操作蒸汽机的人，或驾驶蒸汽机驱动车辆的人。再后来，虽然汽车已经与蒸汽机毫无关系，"chauffeur"这个词还是被用于指代司机，或专指私人雇用的司机。谷歌对外几乎从未提及"chauffeur"这个内部项目代号，但在谷歌正式申请的美国专利，如专利US9134729B1中，我们还是发现，技术示意图的注释文字里包含了"chauffeur"字样。

2009年，谷歌内部举办了一个名为"GooCamp"的技术交流活动，在那个活动里，少数工程师第一次体验了谷歌自动驾驶汽车的神奇。那时，被邀请乘坐谷歌第一代自动驾驶汽车的工程师们既兴奋又紧张，尽管预定的乘车路线很短，只是绕着谷歌总部的核心园区转一圈，从未乘坐过自动驾驶汽车的人还是难免要担心计算机会不会出现这样那样的问题。结果，测试效果

图40　谷歌第一代自动驾驶汽车，基于丰田普锐斯汽车改装（CC BY-SA 2.0，Wikipedia）

很好，基于丰田普锐斯汽车改装的第一代自动驾驶汽车顶着圆筒状的激光雷达等传感器装置，有些憨态可掬地完成了直行、转弯、上坡、下坡、避开路面其他车辆等基本任务，全程只出现了一个有惊无险的状况：在做一个相对比较急的右转弯时，自动驾驶系统给汽车的操作指令有些过于生硬，汽车转弯的动作有些“生猛”，坐在驾驶座位上的测试员不得不手动干预了一下方向盘。

在那一次内部交流活动中，有工程师问“chauffeur”项目的研发人员：“这样的自动驾驶汽车在实际路面上测试时，警察会不会找麻烦？”研发人员回答说：“我们在斯坦福大学做测试时，有一次，好奇的警察发现这是一辆不需要司机操控的汽车，就上前盘问道：‘这是辆什么车呀？’我们回答：‘自动驾驶汽车。’警察耸了耸肩说：‘酷！’嗯，当时的情况就是这样。”

2010年，美国公众已开始注意到谷歌自动驾驶汽车的存在，法律界人士也已经认识到，自动驾驶汽车在路面上行驶，必然会对已有的公路交通法规、保险体系等带来新的挑战[1]。支持新兴科技的律师和政界人士开始呼吁政府立法，批准自动驾驶汽车合法在公路上开展测试活动。2012年5月，谷歌自动驾驶汽车正式获得了美国内华达州车辆管理局（DMV）颁发的执照，这也是美国历史上为自动驾驶汽车颁发的第一张执照。截止到2016年3月，美国已经有加利福尼亚州、密歇根州、佛罗里达州、内华达州、亚利桑那州、北达科他州、田纳西州、哥伦比亚特区等地区允许自动驾驶汽车在公共路面上进行测试。

2012年，谷歌自动驾驶汽车已经取得了超过30万英里的公路行驶经验。基于雷克萨斯RX450h改装的自动驾驶汽车也已上路运行。也正是在这一

1.Google Cars Drive Themselves，in Traffic，http://www.nytimes.com/2010/10/10/science/10google.html

年，谷歌将自动驾驶汽车的路面测试范围，从简单的园区路况和普通高速路况，扩展到了包含复杂交通环境的城区路况。截止到2016年，谷歌自动驾驶汽车的实际测试里程已经超过200万英里。

2014年，一辆崭新的、长着可爱的卡通版身躯的谷歌无人驾驶汽车在著名的谷歌X实验室问世。这辆汽车除了萌萌的造型之外，最大的与众不同之处在于，这是一辆完全不需要人工干预的自动驾驶汽车，它没有方向盘，没有油门，没有刹车踏板！乘客只要上车，说出自己要抵达的目的地，就可以享受世界上第一辆完全意义上的“无人驾驶”汽车的周到服务了。

图41　在实际路面上进行测试的谷歌新一代无人驾驶汽车（CC BY-SA 4.0，Wikipedia）

应当说，在人工智能大发展的时代里，谷歌在自动驾驶领域最早投入研发力量，最早获得技术突破，在过去的数年间完成了累计里程最长的高级别无人驾驶道路测试。但对普通人来说，谷歌的无人驾驶汽车虽已是硅谷道路上的常客，但其商业模式却一直滞后，基本上停留在市场宣传层面，面向最终消费者的销售遥遥无期。这主要是因为谷歌对于自动驾驶技术的高度谨慎。

2016年5月7日，发生在佛罗里达州的特斯拉电动汽车致死事故，其中的原因之一就是车主过度信任特斯拉汽车的Autopilot模式（其实这一模式在当时是不折不扣的“辅助驾驶”，而不是“自动驾驶”），对突发情况没有做出及时的人工干预。而谷歌认为，要保证自动驾驶的绝对安全，就一定不能依赖于人的参与，必须让自动驾驶汽车的人工智能技术能够应对所有（至少是极其接近100%的）极端路况，否则，就无法销售尚有风险的汽车产品。

因为对100%自动驾驶的高标准追求，谷歌的自动驾驶汽车研发和商业化之路无法在短期内获得收益。就在谷歌不懈追求最高水准的自动驾驶系统的同时，特斯拉、优步、百度、苹果、英伟达（NVIDIA）等高科技公司纷纷加入自动驾驶研发的阵营，并大多采用从与谷歌不同的角度切入市场，如关注辅助驾驶的特斯拉、关注汽车资源共享的优步、关注自动驾驶计算平台的英伟达等。传统汽车厂商如通用、奔驰、宝马、丰田等也陆续调整自己的技术战略，跟上最新的无人驾驶风潮。初创公司如以色列的Mobileye、Oryx Vision，美国的NuTonomy、Zoox、Drive.ai、Nuro.ai，国内的驭势科技（UISEE）、初速度科技（Momenta）等，则瞄准了整个自动驾驶产业链中的特定应用场景（如小区通勤、卡车运输等），特定解决方案（如视觉解决方案、地图解决方案等），或特定功能模块（如激光雷达传感器、视觉模块、决策模块、控制模块等），发挥初创公司灵活、高效的特点。

相比之下，谷歌的自动驾驶团队多少有些“拣尽寒枝不肯栖，寂寞沙洲冷”的脱俗意味。追求最佳的安全和行驶体验，迟迟不进行商业化的开发，这让谷歌自动驾驶团队在许多新闻评论中成了“起个大早，赶个晚集”的揶揄对象[1]。因为产品商业化迟缓，谷歌自动驾驶团队的许多技术人员都已离开谷歌，成为各大科技企业和初创团队中研发自动驾驶技术的领军人物。创始人塞巴斯蒂安·特龙已将精力放在了教育项目优达学城（Udacity）上；团队骨干安东尼·勒万多斯基（Anthony Levandowski）带着自己熟悉的三名同事创立了Otto继续做自动驾驶，这家公司已被优步收购；创始团队CTO克里斯·厄森（Chris Urmson）2016年8月离职；另一名技术专家朱家俊也离职组建了Nuro.ai。

2016年12月，谷歌宣布，自动驾驶团队正式分离出来，成立了一家名叫Waymo的新公司。这一举措也许意味着谷歌自动驾驶汽车正式走向商业化的开始，也许是谷歌为了应对人才流失和市场竞争的无奈之举。无论如何，我们还是更愿意看到谷歌自动驾驶汽车项目继续引领自动驾驶的科技革命，未来能继续代表自动驾驶技术的最高水平。

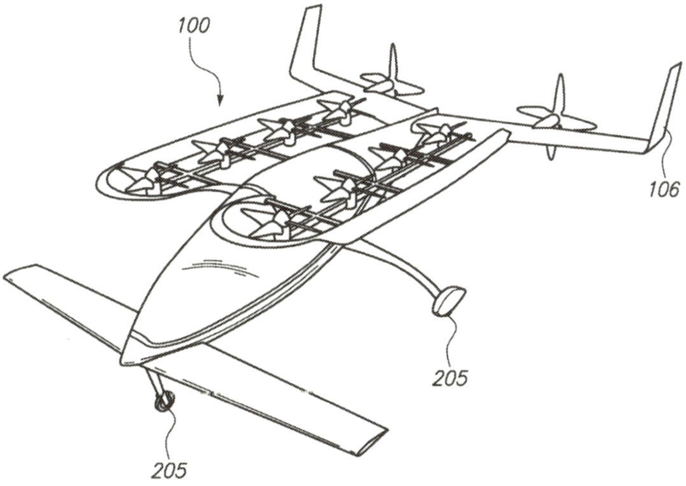

图42　Zee.Aero公司申请的“飞行汽车”专利中的图示[2]

1.起个大早，赶个晚集，谷歌无人汽车的迷局，http://weibo.com/ttarticle/p/show?id=2309614020472156186496

2.https://www.google.com/patents/US20130214086

顺便提一下，除了公路上跑的汽车，包括谷歌创始人拉里·佩奇以及塞巴斯蒂安·特龙本人在内，都在关注甚至投资研发更加科幻级的自动交通工具。据说拉里·佩奇秘密投资了两家神秘的“飞行汽车”初创公司Zee.Aero和Kitty Hawk，而Kitty Hawk正是塞巴斯蒂安·特龙创立的。目前，有关这两家神秘公司的公开资料少之又少，人们只能从一些只言片语，或是已申请专利中一些非常早期的概念图来猜测，这两家公司想做的是像飞机一样在空中自由飞行，又像汽车一样方便乘坐和停放的新一代交通工具。[1]

AI 小百科

自动驾驶的六个级别

和“人工智能”一样，“自动驾驶”也是一个有歧义，经常被人用不同方式解读的概念。

例如，有人喜欢用“无人驾驶”来描述相关技术与应用，但“无人”一词带有鲜明的“100%由机器操控”的含义，无法涵盖辅助驾驶等初级功能。事实上，许多汽车厂商都把计算机辅助驾驶称为“自动驾驶”。大家应该知道，装配有碰撞告警、车道保持、定速巡航、自动泊车等自动化功能的汽车好多年前就已经开始在市场上销售了，厂家在做广告宣传时，就将这些辅助告诉人类驾驶员，并将辅助完成特定操作（如泊车）的系统称作

1.Welcome to Larry Page's Secret Flying-Car Factories，https://www.bloomberg.com/news/articles/2016-06-09/welcome-to-larry-page-s-secret-flying-car-factories

“自动驾驶”，但这和谷歌研发的全功能的自动驾驶汽车显然不是一个级别的技术。

从中文语义上来说，“无人驾驶”的语义过于狭窄，而“自动驾驶”的语义过于宽泛。即便在英文文本中，“self-driving car”“driverless car”“robotic car”和“autonomous car”等术语之间，内涵和外延也并非完全一致。

从理想的情况看，人类当然希望尽早看到完全“无人驾驶”的汽车取代现有的所有人类司机，但从自动驾驶技术的发展进程看，未来将存在10年或更长时间的过渡期，各种不同类型、不同层次的自动驾驶技术将呈现共同发展，各自覆盖不同需求、不同路况、不同人群、不同商业模式的情况。因此，用内涵单一的术语不利于自动驾驶技术目前的发展阶段。

为了更好地区分不同层级的自动驾驶技术，国际汽车工程师学会（SAE International）于2014年发布了自动驾驶的六级分类体系，美国国家公路交通安全管理局（NHTSA）原本有自己的一套分类体系，但在2016年9月转为使用SAE的分类标准。今天绝大多数主流自动驾驶研究者已将SAE标准当作通行的分类原则。

SAE标准将自动驾驶技术分为0级、1级、2级、3级、4级、5级，共六个级别。具体的级别划分和描述如下页图表[1]所示：

1.Automated driving levels of driving automation are defined in new sae international standard，J3016，Copyright © 2014 SAE International. https://www.sae.org/misc/pdfs/automated_driving.pdf

SAE级别	名称	描述性定义	转向和加减速操控的执行者	对驾驶环境的监控者	复杂情况下动态驾驶任务的执行者	系统支持的路况和驾驶模式
人类驾驶员监控驾驶环境						
0	非自动化	所有驾驶任务都由人类驾驶员进行操控（即便安装了告警或干预系统）	人类驾驶员	人类驾驶员	人类驾驶员	n/a
1	辅助驾驶	在特定驾驶模式下由一个辅助驾驶系统根据驾驶环境信息控制转向或加减速中的一种，并期望人类驾驶员完成所有其他动态驾驶任务	人类驾驶员和系统	人类驾驶员	人类驾驶员	部分路况和驾驶模式
2	部分自动化	在特定驾驶模式下由一个或多个辅助驾驶系统根据驾驶环境信息控制转向和加减速，并期望人类驾驶员完成所有其他动态驾驶任务	系统	人类驾驶员	人类驾驶员	部分路况和驾驶模式
自动驾驶系统（简称“系统”）监控驾驶环境						
3	有条件的自动驾驶	在特定驾驶模式下由一个自动驾驶系统完成所有动态驾驶任务，但期望人类驾驶员能正确响应请求并接管操控	系统	系统	人类驾驶员	部分路况和驾驶模式
4	高度自动化	在特定驾驶模式下由一个自动驾驶系统完成所有动态驾驶任务，即便人类驾驶员无法正确响应请求并接管操控	系统	系统	系统	部分路况和驾驶模式
5	全自动化	自动驾驶系统在全部时间、全部路况和环境条件下（可由人类驾驶员管理）完成所有动态驾驶任务	系统	系统	系统	全部路况和驾驶模式

在SAE的分类标准中，目前日常使用的大多数汽车处在第0级和第1级之间，碰撞告警属于第0级的技术，自动防碰撞、定速巡航属于第1级的辅助驾驶，自动泊车功能介于第1级和第2级之间，特斯拉公司正在销售的Autopilot辅助驾驶技术属于第2级技术。

按照SAE的分级标准，第2级技术和第3级技术之间，存在相当大的跨度。使用第1级和第2级辅助驾驶功能时，人类驾驶员必须时刻关注路况，并及时对各种复杂情况做出反应。但在SAE定义的第3级技术标准中，监控路况的任务由自动驾驶系统来完成。这个差别是巨大的。技术人员也通常将第2级和第3级之间的分界线，视作“辅助驾驶”和“自动驾驶”的区别所在。

当然，即便按照SAE标准实现了第3级的自动驾驶，根据这个级别的定义，人类驾驶员也必须随时待命，准备响应系统请求，处理那些系统没有能力应对的特殊情况。使用这个级别的自动驾驶功能时，人类驾驶员是没法在汽车上看手机、上网、玩游戏的。

所以，虽然从技术标准上说，第3级自动驾驶有它存在的必要，但在实际应用场景里，这一级别的自动驾驶是否真正可用，是很值得我们怀疑的。人类驾驶员一旦发现机器可以应付大多数情况，就会分心去做其他事情，以至于在机器遇到特殊情况时，无法及时、正确响应，并酿成事故。

谷歌曾经在员工中做过一个有趣的实验。自动驾驶团队在谷歌内部招聘了一批数量不多的志愿者，每个志愿者可以“认领”一辆测试用途的自动驾驶汽车回家。这些志愿者都被告知：用于测试的汽车并不完善，仍然需要志愿者坐在驾驶位置，随时准备应对汽车无法处理的路面突发情况。但谷歌的自动驾驶团队发现，志愿者几乎很少听从这个忠告。因为在绝大多数情况下，谷歌的自动驾驶汽车表现得非常好，完全可以自如应对路面上发生的各类复杂情况。这样一来，几乎每个志愿者都会100%放心地将驾驶操作交给汽车，自己则利用乘车的时间，做起任何自己想做的事情来：有乘车时看地图的，有乘车时看视频的，有乘车时躺在后座打盹儿的，有乘车时跟女友亲热的……

这次志愿者测试项目让谷歌自动驾驶团队明白了一点：一旦自动驾驶汽

车达到了足够高的水平，车内乘客就会想当然地将所有操控权交给汽车。无论这时候自动驾驶汽车的软件是否还有风险，无论路面上那些极端的路况是不是能被自动驾驶汽车正确处理，车主都不会保持100%的高度警觉。

也就是说，第3级的自动驾驶，目前还很难被不受限制地应用于所有场景。其实，之前已经讨论过，即便是特斯拉基于第2级自动驾驶的Autopilot技术，也存在这方面的问题。从商业化的视角来看，第2级或第3级的自动驾驶技术，将来只会被用于有限的场合，而直接面向第4级甚至第5级的自动驾驶，才是未来最大的商业机会。

自动驾驶的普及：中国有机会扮演关键角色

毫无疑问，自动驾驶将在不久的将来走进我们的生活。但真正意义上的，第4级或第5级的自动驾驶技术何时可以商用，人们有各种各样的预测。

初创公司NuTonomy希望能在2018年前后在新加坡提供拥有自动驾驶功能的出租车，并在2020年扩展到10座城市[1]。Delphi和MobilEye公司则声称，他们可以在2019年提供满足SAE第4级要求的自动驾驶系统[2]。百度公司首席科学家吴恩达希望，到2019年时将有大量自动驾驶汽车上路进行测试行驶，到2021年时，自动驾驶汽车将进入大批量制造和商用化阶段[3]。特斯拉公司创始人埃隆·马斯克宣布，目前上市的特斯拉汽车已经在硬件标准上具备了实现SAE第5级自动驾驶的能力。他预测说，2018年时，特斯拉将可以提供具备完全自动驾驶功能的电动汽车，但也许还要再花一到三年的时间，该型车才能

1.Driverless taxi firm eyes operations in 10 cities by 2020，https://www.yahoo.com/news/driverless-taxi-firm-eyes-operations-10-cities-2020-142503529.html

2.Delphi and Mobileye are teaming up to build a self-driving system by 2019，http://www.theverge.com/2016/8/23/12603624/delphi-mobileye-self-driving-autonomous-car-2019

3.https://www.quora.com/When-will-self-driving-cars-be-available-to-consumers

正式获得批准并上市销售[1]。

我觉得，基于宣传技术和推广产品的考虑，科技公司、初创公司对于第4级、第5级自动驾驶何时可以商用的预测普遍比较乐观。实际情况也许比他们的预测要复杂一些，因为这不仅仅是一个纯技术问题。技术方面，谷歌（Waymo）的自动驾驶系统非常成熟，已经接近商用，也许只要一两年的时间，就可以达到SAE第4级和第5级的标准。但在非技术领域，政府、公众、企业还必须考虑诸多政策的、法律的、经济的、心理的甚至是道德层面的问题。

首先，现有的法律制度、政策、保险体系等，并不是为自动驾驶时代的交通量身定制的，一定存在诸多不合理之处。对于法律体系的改进和完善，一定不要以今天的眼光去预测未来的科技。

比如，当年蒸汽机动力的汽车问世不久，英国议会就于1865年通过了一部《机动车法案》。这部法案后来被人嘲笑为“红旗法案”。法案规定，每辆在道路上行驶的机动车必须由三个人驾驶，其中一个必须在车前面50米以外做引导，还要用红旗不断摇动为机动车开道，并且速度不能超过每小时4英里。结果，直到1896年“红旗法案”被废止前，英国对汽车技术的研发几乎还处于停滞状态，这个法案在英国汽车发展史上起到了极其愚蠢的负面作用。今天，在考虑为自动驾驶汽车制定合适的法规、政策时，我们千万不要落入100多年前英国“红旗法案”的窠臼。

其次，道德问题始终是制约自动驾驶商业化和大规模普及的关键因素。美国人比较喜欢用一个处于两难境地的道德测试来衡量自动驾驶的合理与否，这个测试叫作“有轨电车难题”（Trolley problem）。

英国哲学家菲利帕·福特（Philippa Foot）1967年首次提出这个伦理学

1.Elon Musk: By 2018，Our Cars Will Have Complete Autonomy，https://futurism.com/are-we-really-only-two-years-away-from-complete-car-autonomy/

的思想实验。问题很简单：假设你看到一辆失控的有轨电车在轨道上高速行驶，电车前方的轨道上有5个毫不知情的行人。如果你什么都不做，那么那5个人会被电车撞死。生死瞬间，你唯一的解决方案是扳动手边的道岔扳手，让电车驶入备用轨道。但问题是，备用轨道上有1个不知情的行人。扳动道岔的结果是，拯救了原轨道上的5个人，却牺牲了备用轨道上的1个人。这种情况下，你会扳动道岔扳手吗？如果用1条生命换回5条生命，你感到难以定夺，那么，假设牺牲1个人可以救50个人呢？

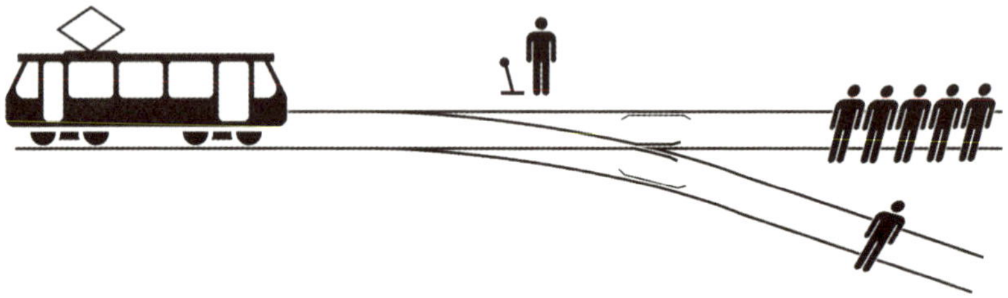

图43　有轨电车难题（CC BY-SA 4.0，Wikipedia）

换到自动驾驶的商用场景，政府和公众面临着同样难以定夺的诘问。从目前的测试结果看，自动驾驶技术比人类驾驶员驾驶汽车要安全，至少不存在人类驾驶员因为疲劳驾驶、酒驾等问题发生事故的情况。但自动驾驶不是万能的，在极端条件下，比如机器学习系统从未遇到过的情况发生时，自动驾驶系统也有可能导致事故，甚至对人类造成致命的伤害。

2016年5月7日，佛罗里达州的特斯拉电动汽车致死事故发生之后，特斯拉强调，在总计1.3亿英里的Autopilot模式行驶记录中，仅发生了这一起致死事故，据此计算的事故概率远比普通汽车平均每9400万英里发生一起致死事故的概率低。但无论概率有多低，这毕竟是一起致死事故。为了普及自动驾驶技术，人类面临的道德抉择并不比有轨电车难题简单。

如果自动驾驶汽车造成的死亡事故概率比人类驾驶员造成的死亡事故概率低，比如3∶5，那么，你愿意大力推广自动驾驶技术，用每牺牲3个人的代价，换回5个人的生命吗？

我用这个问题问了许多美国朋友，当我说3：5的比例时，他们都纷纷摇头，连说“不行”。我发现，大多数人脑子里会有一个先入为主的道德假设，那就是人类驾驶员造成的事故已经被视为现行伦理道德体系中的一种客观存在，是人类自身的弱点导致的。但引入自动驾驶后，造成致命事故时，操控汽车的主体由“人类”变为“机器”，这种新的伦理道德关系就很难被现有的体系接受。如果自动驾驶技术可以拯救5个人，但代价是杀死另外3个人，大多数人就感到难以接受。他们是在用人类现有的伦理道德体系去评估机器的行为：采用新技术的决定是人类做出的，实际造成事故的主体却是机器而不是人，人类因为自己的决定，造成了“另外3个人”的死亡，这种道德压力是不言而喻的，这个时候，是否能拯救原本会因人类失误而死亡的5个人，反倒成了不那么重要的因素。

于是，我会问我的朋友：“如果牺牲的生命与拯救的生命比例是1：5呢？”朋友们通常都会犹豫一下。我会接着追问：“如果是1：10呢？”这时，有不少朋友就会迟疑地点点头，觉得似乎是一个可以接受的比例。那么“如果是1：20呢？”这时，大多数朋友都会坚定地站到自动驾驶这一边，支持用较小的代价拯救多数人的生命。

很有意思的思想实验，不是吗？为什么大家在比例是3：5的时候普遍反对自动驾驶，而在比例是1：20的时候，就变为普遍支持呢？人类的伦理道德准则难道是用简单的数字就可以衡量的吗？当然，我就此问题询问的主要是美国朋友，他们的答案代表的也只是美国公众的看法，不具有更普遍的意义。

美国国家公路交通安全管理局于2017年1月发表了一份声明，证明特斯拉辅助驾驶系统Autopilot与2016年5月7日发生在佛罗里达的致命交通事故没有直接关系，事故的直接原因是驾驶员忽视操作提醒，没有对道路上的危险保持随时监控和快速反应。美国国家公路交通安全管理局还强调说，特斯拉在安装了Autopilot辅助驾驶系统后，事故发生率降低了40%[1]。

特斯拉第2级别的辅助驾驶系统Autopilot使事故概率降低了40%，这和前面假设的3：5的比例不谋而合。大家通常会接受特斯拉的辅助驾驶功能，因为该功能要求人类驾驶员全程监控，随时参与操作。但同样是3：5的比例，换到第4级和第5级的自动驾驶汽车上，大家就会感到难以接受。这其中，微妙的心理因素非常值得我们探讨和关注。

另一个困扰自动驾驶技术商业化的因素是失业问题对传统行业的冲击。而这种冲击，也因不同地方、不同人群而存在巨大差别。

新的科技总会引起不同层面的社会、经济影响，这种影响在有着牢固社会传统的地方，很可能会被人们视为威胁。杰瑞·卡普兰讲过一个很有趣的例子：同样是提供汽车分享和出租服务，优步在旧金山做的事情被大加赞赏，可在伦敦做的同样的事情却饱受批评。优步在伦敦造成了许多人失业。伦敦有非常发达的出租系统，伦敦人管传统的出租车叫“黑色出租”。这些出租车的司机是一个有着悠久历史的社会职业，他们需要对街道非常熟悉，以通过上岗测试。优步在伦敦破坏了这样的传统，因为任何人只要有一辆车就可以成为优步司机。在这件事上，优步低估了英国人对于传统职业的重视。伦敦的许多人痛恨优步，他们认为优步是对英国社会的破坏。但在旧金山，每个人都觉得优步棒极了。人们赞扬优步，几乎没有什么负面报道。这是同一件事在不同城市得到的不同评价。所以，你很难说某项技术是好的，或者是坏的。[2]

自动驾驶也一样。在美国，绝大多数人都同意，自动驾驶汽车的一个最

1.Fatal Tesla Autopilot accident investigation ends with no recall ordered，http://www.theverge.com/2017/1/19/14323990/tesla-autopilot-fatal-accident-nhtsa-investigation-ends

2.AI只是人类的工具：专访杰瑞·卡普兰，https://zhuanlan.zhihu.com/p/24761876

好的应用场景，就是去取代那些工作负荷繁重、容易因长途驾驶时的疲劳而导致事故的卡车司机。但即便是这样一个在技术层面显而易见的事情，在牵涉到社会和经济问题时，也会变得十分复杂。

2016年时，美国有大约150万名卡车司机（另一种说法是180万名），全美约70%的货物运输，都是由这些卡车司机驾驶大货车通过公路完成的。目前，卡车行业已经出现了司机短缺的问题。根据美国卡车运输协会（American Trucking Associations）的估计，全美短缺的卡车司机数量是大约4.8万名。[1]

以美国Otto公司（已被优步收购）为代表的一批科技团队，已经开始为卡车研发自动驾驶系统。在美国，卡车运输的路况、环境相对单一，相关的自动驾驶系统在技术上的难度不大。但问题是，如果用自动驾驶系统解决卡车司机短缺的问题，那必然会受到所有人的欢迎，可如果用自动驾驶系统来替代现有的150万名卡车司机，还会赢得大众的支持吗？如此大规模的失业或转岗，美国政府就必然要面临卡车司机工会的问责了。

图44　优步Otto正在测试的自动驾驶卡车（CC BY 2.0，Wikipedia）

1.An Uber Self-Driving Truck Just Took Off With 50,000 Beers，https://singularityhub.com/2016/10/30/an-uber-self-driving-truck-just-took-off-with-50000-beers/

Otto联合创始人兼总裁利奥尔·荣恩（Lior Ron）认为，人类卡车司机短期内没有失业的风险，他说："未来将会发生的事情，是那些卡车司机变成了技术系统的助理驾驶员，在自动驾驶系统较难处理的室内路况上，替代自动驾驶系统完成驾驶操作，然后在高速公路上启动Otto自动驾驶系统，让机器替自己完成冗长、乏味、容易犯困和出危险的驾驶里程。在可预见的未来，卡车的驾驶室里都会坐着一个驾驶员，而且，这个驾驶员的工作将变得更安全，可以赚到更多的钱，可以更快地抵达目的地。"[1]

利奥尔·荣恩说的只是基于目前技术的预测。如果展望更长久的未来，当卡车上使用的自动驾驶技术趋于完善，可以适应拥挤的城市等各种不同路况时，卡车司机确实有大批被取代、大批失业的风险。对于这样的未来，150万名卡车司机肯定是充满疑惑甚至坚决反对的，美国的卡车司机工会也会站出来维护司机们的利益。

一个可以类比的例子是美国的煤矿工人。因为自动化开采技术的使用，美国煤矿工人的数量从1980年时的22.9万人，降低到了目前的大约8万人。在过去的5年间，就有5万煤矿工人失去工作。[2]这5万失去工作的煤矿工人在美国的各阶层看来是一个重大的社会和政治问题，连总统也必须亲自过问，以妥善处理好这些"下岗"工人的安置和再就业问题，否则，美国势力强大的工会组织就会对议员、总统施加极大的政治压力。想一想，5万名煤矿工人尚且能引起全美政治家的关注，如果被取代的是150万名卡车司机呢？

当然，也有美国网友提出了另一种有些调侃的思考方式："政治上来说，卡车司机工会是会去阻止自动驾驶系统取代卡车司机的进程的，但他们也会感受到来自另一方面的压力。如果保险公司不再为人类驾驶员承保，因

1.An Uber Self-Driving Truck Just Took Off With 50,000 Beers，https://singularityhub.com/2016/10/30/an-uber-self-driving-truck-just-took-off-with-50000-beers/

2.1.8 million American truck drivers could lose their jobs to robots. What then? http://www.vox.com/2016/8/3/12342764/autonomous-trucks-employment

为自动驾驶系统几乎从不出事故，这样一来，不就轻松解决了替代人类驾驶员的问题了吗？另外，人类司机在新成立的运输公司里不会有任何发言权，因为这些公司根本就不会雇用司机。司机工会也没有能力阻止司机失业，因为他们向雇主争取权益的主要武器就是罢工，可是在依靠自动驾驶系统的公司里，他们的罢工又有什么意义呢？”[1]

当然了，这位网友的话只是一种调侃，真实情况里，美国政治家和公众是必须正视卡车司机工会的诉求，防止短期内出现大规模失业问题的。

有关自动驾驶的商业化以及人工智能技术带来的失业等问题，我与卡内基–梅隆大学计算机科学学院的院长安德鲁·摩尔（Andrew Moore）有过一次面对面的交流。我和安德鲁·摩尔都认为，类似的情况，在美国和在中国，政府与公众的态度会有很大的不同，新科技被接受的程度、普及的速度也会有巨大差别。

如果单考虑制造业，美国很多工厂都已经自动化了，需要人工劳动的生产线大多都已经被送到别的国家了，所以，美国比较容易接受在生产线上使用机器人技术（当然，特朗普出任美国总统后开始执行的“美国制造”等反全球化的经济政策，会为这一趋势带来小小的变数）。反观中国，从事制造业的工人数量庞大，如果大量使用机器人技术，就会有比较切实的下岗和再就业方面的挑战。

但是考虑到运输行业，例如卡车司机、公交车司机等岗位，因为在美国涉及百万以上的人群以及历来强势的工会组织，美国政府在进行决策时就会受到一定的影响（特朗普上台后，这一影响会更加明显）。美国政府、国会、两党都非常担心相关政策一旦考虑不周，就会影响到大量手握选票的底层选民。美国科技界则因此担忧，先进技术如果因为底层人群的反对，而在

1.https://www.quora.com/Will-truck-and-bus-driver-unions-delay-or-even-prevent-the-upcoming-switch-to-autonomous-vehicles-and-the-elimination-of-driving-by-humans

商业化和普及方面表现迟缓，那反过来就会影响相关科研领域的投资，使得美国错失人工智能领域的未来机会。再加上有关自动驾驶汽车致死多少人、拯救多少人的伦理道德考虑，自动驾驶技术在美国的普及就面临重重阻力。

欧盟基于安全的考虑，对自动驾驶的普及也持谨慎态度。我在出席2017年瑞士达沃斯世界经济论坛时了解到，欧盟对自动驾驶技术的要求是，不能用迭代、不断改进的心态去开发自动驾驶软件，而是要第一个商用版本就做到足够安全[1]。

在中国，情况也许会不一样。首先，中国是一个快速发展的国家，在全国和城市的交通路网建设上，一直处于不断建设、不断更新的状态。中国比其他任何一个国家都容易从道路建设的角度入手，为自动驾驶汽车配备专用的路面、交通标志甚至制定有针对性的交通法规。这可以弥补自动驾驶技术本身的许多缺陷，将自动驾驶技术发生事故的风险大幅降低。

其次，中国在尝试新科技方面的阻力没有美国那么大，中国政府集中力量支持技术突破的能力也远比美国政府要强。中国快速建成四通八达的高速公路网络以及奇迹般地只用几年时间就建立了全世界最快、最长的高速铁路系统，就是这一点的最好体现。类似的事情当然可能发生在自动驾驶汽车的普及上。为了在技术尚未达到第5级自动驾驶的水平时，鼓励第4级和第2级技术的商业应用，中国完全可能设计一些自动驾驶的早期试点道路、试点园区乃至试点城市，为自动驾驶汽车创造出符合技术要求的路况环境，在确保安全的基础上，尽早开始自动驾驶汽车的商业运营。这样一来，技术迭代就可以更快速地完成，在中国做自动驾驶相关的科研，就会比在美国或欧洲更容易拿到好的数据、找到好的测试场景，这对自动驾驶在未来的进一步发展十分重要。

1.李开复达沃斯速递（IV），http://mt.sohu.com/20170122/n479376336.shtml

再次，中国在评估自动驾驶系统带来的伦理道德问题时，通常会比美国政府、公众的态度更为务实。既然数据已经证明自动驾驶系统比人类驾驶员更安全，那么，从伦理道德角度去比较自动驾驶系统可能危及多少人的生命，人类驾驶员可能伤害多少人的生命，这又有多少实际意义呢？

基于以上考虑，安德鲁·摩尔教授和我都认为，在自动驾驶技术走入商业化和普及的未来10年里，中国有机会扮演非常关键的角色。

中国的实际交通状况比美国要复杂得多，每年因为疲劳驾驶、酒后驾驶导致的交通事故，数量相当惊人。自动驾驶系统的应用，对于改善中国交通状况，减少人为交通事故的意义非常重大。

同时，中国面临的交通拥堵问题、环境问题压力巨大。中国的大中型城市动辄拥有数百万甚至一两千万的人口，如果每个家庭都像美国一样保有一两辆机动车，那必然造成中国所有城市道路天天堵、年年堵，中国城市的天空很难摆脱雾霾的阴影。自动驾驶技术可以非常容易地将家庭用车模式转变为共享用车的模式。自动驾驶汽车随叫随到，每个家庭不需要长期保有自己的车辆，也不需要购置停车场地。通过基于自动驾驶的分享经济，中国可以大幅减少汽车的保有量，从根本上解决交通堵塞和汽车尾气污染等问题。

想象一下，在未来每个中国家庭的主要用车场景里，上下班可以用手机呼叫附近的自动驾驶出租车，商务活动可以预先约好自动驾驶的商务汽车，家庭购物、游玩既可以呼叫附近的共享汽车，也可以亲自驾驶私家车体验驾驶乐趣……那个时候，每一部共享的自动驾驶汽车都没有驾驶员，约车服务完全由计算机算法根据最优化的方案，在最短时间内将自动驾驶汽车匹配给需要用车的消费者。政府对网约车可以集中管理。城市路面的公交系统，主要由自动驾驶汽车担任运输主力。城市之间的货物运输，也因为有了自动驾驶系统而更加便捷、高效。

自动驾驶将是中国未来10年科技发展面临的最重要的机遇之一。中国有全球最大的交通路网、最大的人口基数，自动驾驶的大规模商业化和技术普及反过来会促进自动驾驶相关科研的飞跃式发展。这种从科研到应用，从应用再反馈到科研的良性循环，正是中国能否在未来10年内，建立起世界先进水平的人工智能科技体系的关键。

智慧金融：AI目前最被看好的落地领域

2016年9月5日，嘉信理财集团（Charles Schwab）的首席投资战略师丽兹·安·桑德斯（Liz Ann Sonders）在她的个人推特页面上贴出了两张对比鲜明的图片。那是瑞士银行设在美国康涅狄格州的交易场，整个交易场的面积比一个足球场还大，净空高度超过12米，交易场内曾经布满了一排排的桌椅和超过一万名的资产交易员，是世界上最大的金融资产交易场所。可是，2016年人们在这里看到的却是一片萧条景象，原本繁忙的交易场内，桌椅稀稀拉拉，几近门可罗雀。

图45　丽兹·安·桑德斯在推特上贴出瑞银位于康涅狄格州的交易场时隔5年的对比

丽兹·安·桑德斯的推特图片展示了短短5年多的时间里，金融资产交易行业的巨大转型。瑞士银行设在康涅狄格州的这家交易场，原本从纽约华尔街吸引了大批金融工作者，但是，自2011年起，这家交易场裁掉了超过一万名前台交易员[1]。2016年年底，整个交易场地更

1.One devastating picture of a Wall Street trading floor says it all，http://www.businessinsider.com/ubs-trading-floor-in-connecticut-2016-9

是被廉价出售[1]。

雇用大量交易员在集中场所进行资产交易的方式，正在从我们这个地球上消失。瑞士银行康涅狄格州交易场的衰落，固然是金融危机后，全美金融业被迫采取诸多结构调整和转型的结果之一，也的确和近年来人工智能算法替代人类交易员的大趋势密不可分。就在丽兹·安·桑德斯展示交易场对比图片的推文之下，一位名叫迈克尔·哈里斯（Michael Harris）的金融交易分析师（他同时也是一种基于机器学习技术的交易算法开发者以及几本金融交易类畅销书的作者）评论说："所有（这些交易员）都被少数几种算法取代了。"[2]

人类交易员大量被机器算法所取代，这只是人工智能正在智慧金融建设中发挥重要作用的冰山一角。事实上，包括银行、保险、证券等在内的整个金融行业，都已经并正在发生着用人工智能改进现有流程，提高业务效率，大幅增加收入或降低成本的巨大变革。2017年，据彭博社报道，摩根大通开发了一款金融合同解析软件COIN，已经上线半年多。经测试，原先律师和贷款人员每年累计需要36万小时才能完成的工作，COIN只需几秒就能完成。而且，COIN不仅在"工作"时错误率低，还不用放假。[3]

据高盛集团2016年12月发布的报告指出，在金融行业，"保守估计，到2025年时，机器学习和人工智能可以通过节省成本和带来新的盈利机会创造大约每年340亿～430亿美元的价值，这一数字因为相关技术对数据利用和执行效率的提升，还具有更大的提升空间"[4]。

1.World's Largest Trading Floor Put on the Block，https://www.wsj.com/articles/worlds-largest-trading-floor-put-on-the-block-1482248543

2.https://twitter.com/LizAnnSonders/status/772562669559840769/photo/1

3.英途（微信公众号），2017.3，华尔街失守：摩根大通家的AI将36万小时的工作缩至秒级

4.Goldman Sachs，2016.12，AI，Machine Learning and Data Fuel the Future of Productivity

我们已经知道，人工智能之所以能在近年来突飞猛进，主要得益于深度学习算法的成功应用和大数据所打下的坚实基础。判断人工智能技术能在哪个行业最先引起革命性的变革，除了要看这个行业对自动化、智能化的内在需求外，主要还要看这个行业内的数据积累、数据流转、数据存储和数据更新是不是达到了深度学习算法对大数据的要求。

放眼各垂直领域，金融行业可以说是全球大数据积累最好的行业。银行、保险、证券等业务本来就是基于大规模数据开展的，这些行业很早就开始了自动化系统的建设，并极度重视数据本身的规范化、数据采集的自动化、数据存储的集中化、数据共享的平台化。以银行为例，国内大中型银行早在20世纪90年代，就开始规划、设计、建造和部署银行内部的大数据处理流程。经过20多年的建设，几乎所有主要银行都可以毫不费力地为即将到来的智能应用提供坚实的数据基础。

需求层面，金融行业有着各垂直领域里最迫切的自动化和智能化的需求，而基于深度学习的现代人工智能技术正好可以满足这些需要。

过去的几十年里，金融行业已经习惯了由人类分析师根据数学方法和统计规律，为金融业务建立自动化模型（比如，银行业经常使用的控制信贷风险的打分模型），或者采用较为传统的机器学习方法（非深度学习）用机器来自动完成数据规律的总结，以提高金融业务的运营效率。在一个动辄涉及几千、几万数据维度的行业里，人类分析师的头脑再聪明，也无法将一个待解决问题的所有影响因子都分析清楚，只能采用简化的数学模型，来拟合复杂数字世界里的隐含规律。而基于深度学习的人工智能算法显然可以在数据分析与数据预测的准确度上，超出人类分析员好几个数量级。

拿股票买卖来说，人类股票分析师的大脑里最多能够记住几百只股票的交易规律、价格走势，最多能根据股票市场内的几千个影响股价的因素，制定出简化的交易策略。而基于机器学习特别是深度学习实现的量化交易程序，则可以轻松应对几万、几十万个变化因子，全面观察交易场内、场外的各种影响因素，在需要时，可以盯紧全世界每一只股票的交易价格，每一次交易的实时情况，每一个交易市场的整体波动规律，每一个投资人和投资机构在全部历史时间内的交易策略，乃至世界所有证券、财经类媒体上每一篇关乎股票价格的报道，Facebook和推特上每一次关乎股票价格的讨论……基于这种海量、实时数据的量化交易算法，显然有可能发现诸多人类股票分析师难以发现的隐含规律，并利用这些隐含规律，获得远远超过人类的交易收益。

根据高盛公司的评估，金融行业里，最有可能应用人工智能技术的领域主要包括：

·量化交易与智能投顾：一方面，人工智能技术可以对金融行业里的各项投资业务，包括股权投资、债券投资、期货投资、外汇投资、贵金属投资等，利用量化算法进行建模，并直接利用自动化算法参与实际交易，获取最高回报。另一方面，人工智能算法也可以为银行、保险公司、证券公司以及它们的客户提供投资策略方面的自动化建议，引导他们合理配置资产，最大限度规避金融市场风险，最大限度提高金融资本的收益率。

·风险防控：银行、保险等金融机构对于业务开展中存在的信用风险、市场风险、运营风险等几个主要风险类型历来高度重视，投入了大量人力、物力、财力采集相关数据，制定风险模型或评分系统，采用各种方法降低风险，减少损失。而近年来新兴的互联网金融公司，由于其业务的特殊性，更加需要对客户的信用风险进行准确评估。相关的风险防控体系需要依赖高维度的大量数据进行深入分析，在这方面，基于深度学习的现代人工智能算法与人类分析员或传统机器学习算法相比，有着先天的优势，可以对更为复杂的风险规律进行建模和计算。

· 安防与客户身份认证：基于新一代机器视觉技术的人工智能产品正在各大银行的客户端产品和网点承担起客户身份认证与安防的工作。今天我们使用支付宝或各大银行的手机银行时，已经有不少应用需要我们打开手机摄像头，计算机自动将摄像头采集的用户脸部图像与用户预存的照片进行比对，以确认用户的真实身份。银行各办公网点则可以利用新一代人脸识别技术，对往来人员进行身份甄别，确认没有坏人进入敏感或保密区域。

· 智能客服：银行、保险、证券等行业为确保客户服务质量，一般都建立了大规模的呼叫中心或客服中心，雇用大量客服人员，利用电话、网站、聊天工具、手机应用等方式，解答客户问题，解决客户疑难。随着支持语音识别、自然语言理解和知识检索的人工智能客服技术

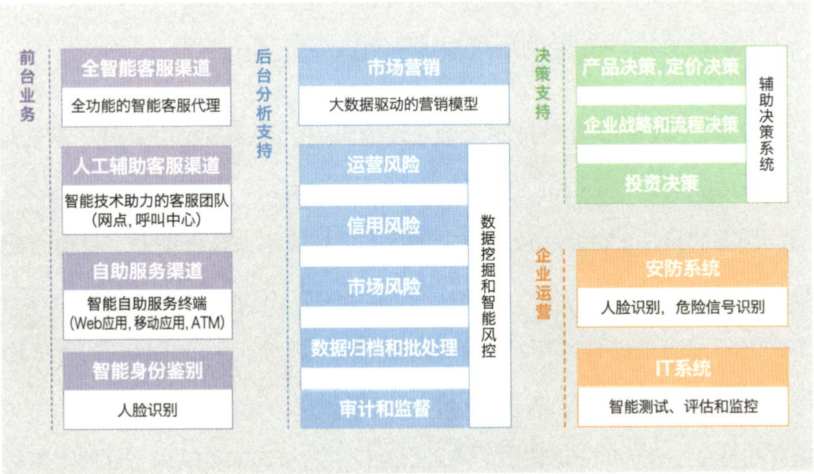

图46　银行业中，人工智能相关应用场景一览[1]

1.参考Tomorrow's AI-Enabled Banking – Ipsoft，http://www.ipsoft.com/wp-content/themes/ipsoft_v2/images/v2/pdf/IPsoft_Tomorrow_AI_enabled_banking.pdf

逐渐成熟，金融行业的客服中心会慢慢引入机器人客服专员，由人工智能算法代替人类工作人员，并最终建立起全智能化的客服中心。

·精准营销：如何将金融产品通过传统媒体、网络媒体、手机应用广告等营销方式，传递给最有可能购买该金融产品的客户，这是提高金融行业获客效率，提升盈利能力的关键。基于深度学习的人工智能技术可以基于多来源、多维度的大数据，为银行潜在客户进行精准画像，自动在高维空间中，根据潜在客户曾经的购买行为、个人特征、社交习惯等，将潜在客户分为若干种类别，并为每一种类别的潜在客户匹配最适合他们的金融产品。

图46以银行业为例，显示了人工智能正在和即将发挥重要作用的各个应用场景。

金融行业AI应用成功案例

目前，国内外人工智能在金融领域的应用已有诸多成功案例。美国的Wealthfront和Betterment、英国的Money on Toast、德国的Finance Scout 24、法国的Marie Quantier等均成功将人工智能引入投资理财，目前智能顾问已掌握大量资产；第一个以人工智能驱动的基金Rebellion曾成功预测了2008年股市崩盘，并在2009年给希腊债券F评级，而当时惠誉的评级仍然为A，通过人工智能，Rebellion比官方降级提前一个月；掌管900亿美元的对冲基金Cerebellum，使用了人工智能技术，从2009年以来一直处于盈利状态。

在国内，蚂蚁金服已成功将人工智能运用于互联网小贷、保险、征信、资产配置、客户服务等领域；智融金服利用人工智能风控系统已经实现月均120万笔以上的放款，常规机器审核速度用时仅8秒；招商银行的可视化柜台、交通银行推出的人工智能机器人“娇娇”等则在智能客服领域做出了早期的尝试和探索。

在创新工场所投资的公司里，以机器学习见长的第四范式就在银行业的精准营销、资产预测、风险防控等方面做得非常出色；以机器视觉见长的旷视科技（主打产品是人脸识别系统Face++），则为传统金融及互联网金融提供了身份验证、智能门禁、员工考勤等先进的解决方案；以互联网小额信贷平台为主营业务的用钱宝公司，则利用人工智能技术建立了高质量的风控模型，大幅提高信贷业务的通过率，降低坏账率，实现了惊人的业绩增长。

以用钱宝公司为例，这家公司主打的移动端app于2015年7月才上线，短短一年半的时间，到2016年12月，用钱宝app的单月交易笔数就突破了100万。这个增长速度在金融类移动应用中是非常惊人的。用钱宝之所以能在保证风险可控的情况下高速增长，最关键的秘密只有一个——用机器学习技术自动分析包含大量强特征和弱特征的数据，自动判断交易风险。

传统信贷风控经常使用一种叫作“风险评分卡”的数学模型，这个模型依赖于大量以非0即1的形式存在的强特征，综合计算一个客户的风险等级。这样的传统数学模型考虑的因素少，对现实风险的拟合非常简单，难以直接迁移到强特征不明显的互联网金融客户上。

如果把一个人的数据比作一座冰山，那么强特征数据仅是冰山的一角，之下还存在海量的弱特征数据，例如电商数据、设备数据、位置数据、行为数据等。同时，作为百业之母的金融行业与整个社会存在巨大的交织网络，本身沉淀了大量有用或者无用数据，其中包括各类金融交易、客户信息、市场分析、风险控制、投资顾问等。这些数据单位都是海量级，且大量数据又以非结构化的方式存在，无法转换成传统模型可有效分析的数据。

以深度学习为代表的人工智能算法所要做的，就是充分挖掘并有效地利用这些海量弱特征数据，建立起更加符合真实世界规律的数学模型。虽然无法凭借其中少数几条数据就做出借贷决定，但如果把几百个甚至几千个维度的数据综合起来，就可以训练出有效的风控模型，并以此为风控依据为用户做出借贷决定。

在人工智能技术的驱动下，用钱宝等新型金融应用可以在大大减少人工劳动的同时，大幅提高效率，降低成本。未来的金融科技必将是互联网与AI的有机结合，由此产生的智慧金融服务将成为每个人生活的重要组成部分。

AI科学家的土豪人生

金融市场上，用人工智能技术自动建立预测模型，自动进行量化交易来赚钱，是许多数学天才和计算机科学家都热衷的研究方向。

其实，科学家与金钱的关系，本身就是个值得探讨一辈子的有趣话题。现如今，真正有才的人工智能科学家凤毛麟角，能被谷歌、Facebook、百度等顶级公司抢来抢去的顶级科学家，年薪动辄几百万美元。这在普通码农眼里，已经是非常高的收入了。但如果说，最聪明的计算机科学家可以在金融市场上轻松收入几十亿美元，这样的财富神话，你会相信吗？

还记得此前提到过，我在做语音识别的时候，是受到IBM一位叫彼得·布朗的师兄的启发，才走上统计学道路的吗？我们现在就来说说这个彼得·布朗的故事。

当时，在IBM研究中心，鉴于统计学方法在语音识别领域的成功，彼得·布朗和他们这个研究小组的同事们基本都“归顺”了统计流派。这个小组的许多人后来一直从事语音识别研究，可彼得·布朗不是在一个领域一耗若干年的那种人。这个组里还有另一个不安分的人，他的名字后来经常与彼得·布朗并列，他叫罗伯特·默瑟（Robert Mercer），通常人们也称他为鲍勃·默瑟（Bob Mercer）。

鲍勃比彼得年长，1972年就加入了IBM研究中心。鲍勃和彼得玩腻了语音识别，就开始去弄机器翻译。反正是人工智能领域的几大难题之一。这一下，还真捅了马蜂窝。要知道，在20世纪八九十年代，语音识别和机器翻译在经典人工智能科学家的心里，地位是有天壤之别的。

语音识别，不就是听见啥输出啥，一个听写机器而已嘛。符号语言学的方法在语音识别上派不上用场，统计学方法大放异彩，那完全是因为问题本身就不属于高级智能的范畴。机器翻译？那可是要理解原文语法、语义，然后转换成目标语言的语法、语义的。论智能程度，语音识别是两三岁孩子的水平。跨语种翻译？那可是许多翻译大家皓首穷经，一辈子也难以企及的高远境界。这玩意儿绝对算得上是高级智能，是人类智慧的精华，要用计算机来解决翻译问题，非得懂得人类思想方法，懂得语言学不可。

鲍勃和彼得这两个浑身码农味道的研究员，居然要用什么概率统计方法来解决机器翻译问题，这真是要被语言学家们笑掉大牙的。这故事的结局大家肯定猜得到，鲍勃和彼得带领的机器翻译小组只用了很短的时间，就建立了一套可以运行的，基于大语料统计模型的机器翻译系统，居然得到了不算太糟的结果，至少，那结果比经典语言学方法得到的结果更接近人类语言，更让用户信服。从那以后，成功的机器翻译系统比如谷歌翻译走的都是统计模型的道路（今天更是在统计模型的基础上增加了深度学习这个高级武器）。鲍勃和彼得的工作并不复杂，但他们在机器翻译领域的贡献直到许多年后还有人记得。2014年，计算语言学会议给鲍勃·默瑟颁发了终身成就奖。

鲍勃比彼得从事研究的时间长些，论文也比彼得多些。两个人都在语音识别和机器翻译这两个领域取得了不俗的成就，算得上人工智能发展史上的重要人物吧。功成名就之后，大概可以考虑过在大公司带带团队，在高等院校指导指导学生，没事儿就去申请申请科研经费的所谓“后半生”了。

别人的人生到达顶峰，鲍勃和彼得的人生才刚开始。他们的人生目标不是赚一个亿，而是赚十个亿，一百个亿，甚至更多——而且，是运用计算机科学的方法，借助计算机科学家特有的敏锐头脑和人工智能知识。

有一家高科技公司，在熟悉投资和基金的人听来如雷贯耳，在普通码农听来，却多半是丈二和尚摸不着头脑。这家公司叫文艺复兴科技（Renaissance Technologies）。

文艺复兴科技？听起来像什么公司？前半部分像搞艺术的，后半部分像搞电脑的？其实，这是家特别特别著名的，用量化交易来赚钱的对冲基金公司。

文艺复兴科技的创始人詹姆斯·西蒙斯（James Simons）老先生本身就是个很牛的数学家，还是个很有黑客精神的密码学家（据说攻破过美国政府的密码系统），此外，他还立志用数学模型来赚钱——可谓既有科学情怀、极客情怀，又有财富情怀。当然，寻常老百姓看不懂他在数学领域做了啥，也没法知道他究竟破解了哪些密码，大众只知道他经常在福布斯富豪榜上排在前100名里。至于他到底有几百亿的身家，网上有不少数据，有没有水分不好说，反正他每年至少入账一二十亿，媒体对他的一致评价是——世界上最聪明的亿万富翁。

詹姆斯·西蒙斯之所以能赚那么多钱，主要是文艺复兴科技的几只基金，特别是一只叫大奖章基金的，表现超乎寻常，年均回报高达71.8%[1]，难

1. https://en.wikipedia.org/wiki/Renaissance_Technologies

怪这基金连管理费和业绩分成都比同行高出一倍还多。詹姆斯·西蒙斯把基金成功的主要原因归结为数学魔术。当然，大奖章基金到底是如何建模的，外人大多只能猜测些皮毛，真正的魔术技法，文艺复兴科技才不会随便透露。即便最近几年外界对文艺复兴科技的质疑声渐多（特别是大奖章基金以外的几只基金表现不佳），大奖章基金依然在最牛基金排行榜的前列屹立不倒。姑且认为，基于机器学习的人工智能技术就是这一类顶级基金公司的印钞机好了。

据说，詹姆斯·西蒙斯招人的条件颇为严格，一定要找最聪明的数学家或计算机科学家，坚决不找学金融的、学工商管理的。文艺复兴科技的公司内部，基本上就是一个极客乐园，一点儿也没有华尔街那些世俗金融企业的影子。1993年，鲍勃·默瑟和彼得·布朗这两个在人工智能领域已经颇有名气的研究员被詹姆斯·西蒙斯招至麾下，开始和文艺复兴科技里的数学家、计算机科学家一道，用人工智能技术投资理财，走上了光芒万丈的财富之路。

2009年，詹姆斯·西蒙斯退休，鲍勃·默瑟和彼得·布朗出任文艺复兴科技的联合CEO，正式成为财富巨轮的领航人——这么说显得不那么功利，其实，作为这家神奇公司的CEO，他们自己也早就变成亿万富翁了。福布斯的估计是他们每人每年都能净入一亿美元以上。

从大学校园和IBM研究中心走出来的计算机科学家领导一家基金公司，这件事在华尔街并不算新鲜，但在不熟悉金融圈、投资圈的码农们看来，确实有些不可思议。科学家和财富之间，什么样的关系才最和谐？

就爱好、性格、个人生活来说，鲍勃·默瑟和彼得·布朗也都算得上是神人级的存在。而且，他们俩的性格还大不一样。彼得·布朗爱动，话痨，好胜，据说喜欢在公司健身房跟员工角力，也花了不少精力将财富投到慈善事业里。鲍勃·默瑟就不大一样，他说自己喜欢孤独，宁愿不跟人说话。

可另一方面，鲍勃·默瑟又是个著名的政治活动参与者，参与的方法很简单——大把大把地捐钱。从2012年总统竞选，到2016年的特朗普和希拉里的竞选，鲍勃·默瑟以个人或家族名义，几百万几百万地捐出政治献金。他的女儿瑞贝卡（Rebekah）更是直接站在前台支持特朗普，参与竞选团队的事务和决策。此外，诸如鲍勃·默瑟和女儿都是德州扑克高手，鲍勃·默瑟拥有多少多少游艇，业余时间爱玩一套几百万美元的铁路模型之类，只能算是亿万富翁的日常生活一隅，实在不足以成为多么了不起的谈资。

智慧生活：
从机器翻译到智能超市

在本书的开头，我们已经提到过，人类生活中已处处是人工智能的身影。我们日常使用的手机上，几乎每个流行的应用程序里面都有人工智能大显神通的地方。那么，放眼5到10年后的未来，我们每个人的生活中，到底还会有哪些人工智能元素熠熠生辉呢？

与机器视觉、语音识别取得的突破相比，人工智能对人类语言的理解目前还处在相对滞后的阶段。基于深度学习的人工智能算法已经可以十分准确地完成“听写”或“看图识字”的操作，但对听到的、看到的文字的意思，机器还是比较难以准确掌握。

未来5到10年里，在自然语言理解方面，也许最可能取得重大突破的就是机器翻译。在本书开头，我们已经谈到过谷歌公司的机器翻译系统在2016年取得的重大突破。目前的机器翻译水平，大概相当于一个刚学某种外语两三年的中学生做出的翻译作业。对于多数非专业类的普通文本内容，机器翻译的结果已经可以做到基本表达原文语意，不影响理解与沟通。

那么，假以时日，不断提高翻译准确度的人工智能系统，会不会在某个普通的日子里，像下围棋的AlphaGo那样悄然越过了业余译员和职业译员之间的技术鸿沟，一跃而成为翻译大师了呢？

还记得《星球大战》电影中的C–3PO机器人吗？据说C–3PO可以流利地完成银河帝国里超过六百万种语言的对话交流，这是一个不折不扣的来自未来的翻译大师。在《星球大战》的世界里，人类是不需要学习星际语言的，人类口译员、书面翻译、同声传译员等工作也没有必要存在，一切都可以交给这个机器人来解决。

C-3PO机器人预示的未来，真的离我们很远吗？一旦机器翻译技术在不断积累的基础上突破了人类可接受的心理阈值，达到了人类翻译的水准，那时，我们有何必要花费生命中大约五分之一的时间去学习和精通一两门甚至更多门的外语？我们有何必要雇用如此多的翻译职员？出门旅行，出国参与商务或学术活动的时候，带上一部安装了机器翻译程序的手机，不就可以与外国人顺利沟通了吗？

顺着自然语言理解的方向，我们还可以发挥想象。今天的微软小冰、苹果Siri等对话机器人，还远远不能达到“聪明”的程度，因为它们无法深入理解人类语言的含义。一旦自然语言理解的方向上有了突破，这些对话程序将一跃成为每个人每天都想聊上几句的好伙伴、好帮手，那时，是否突破图灵测试已经不再重要，重要的是真正“聪明”的聊天程序到底能为我们的生活带来什么改变。

那时候，不只是手机会和人智能对话，我们每个家庭里的每一件家用电器，都会拥有足够强大的对话功能。亚马逊公司于2015年开始销售的Echo智能音箱，就是这个应用方向的一

图47　《星球大战》中擅长翻译的C-3PO机器人

图48　亚马逊Echo音箱（CC BY-SA 3.0，Wikipedia）

次成功尝试。

亚马逊Echo是一个能听懂人说话的智能小音箱。它的听音模块做了特殊的技术处理，可以在绝大多数室内家居环境下，清楚地分辨出用户发出的语音指令，甚至当用户距离音箱有一定距离的时候也是如此。在自然语言理解技术还没有达到人类心理预期的时候，亚马逊Echo做了一个十分明智的设定：它只擅长和用户聊某几类很具体的话题，比如，音乐播放相关的话题，天气相关的话题，设置时钟或提醒，等等。这样一来，因为限定了对话场景，亚马逊Echo对人的语音指令的识别准确率就可以大幅度提升。而且，在只谈音乐的情况下，很多用户都认为，亚马逊Echo表现得足够“聪明”。

更为重要的是，亚马逊Echo音箱只是亚马逊的智能会话系统与用户交流的一个终端。实际上，用户对Echo说的话，都会被上传到亚马逊的Alexa服务进行解析。这样一来，亚马逊的Alexa服务就有能力收集到越来越多的真实用户交互样本。基于这种方式，亚马逊很快就可以建立起非常庞大的用户交互行为数据集，在这个数据集的基础上，用机器学习算法不断迭代，取得重大的技术突破只是时间问题。

和亚马逊类似，中国的家用电器厂商也在积极为各自的电器引入智能功能。例如，小米公司旗下的一系列智能家电，都在智能功能上做了不同程度的探索和尝试。大疆无人机的团队也在积极储备人工智能人才，为无人机配上智能避障、智能拍照等功能。创新工场投资的小鱼在家智能家庭助手，就拥有通过人脸、动作和声音识别，自动捕捉并录制孩子在家活动画面的有趣功能。2017年1月，小鱼在家还和百度一起发布了基于百度自然语言对话式人工智能操作系统DuerOS的新产品。

亚马逊在人工智能方面的许多尝试都让人眼前一亮。2016年年底，亚马逊宣布了一个几乎震惊整个科技界的大新闻：亚马逊开办了一家不用排队、不用结账、拿了东西就可以走人的小超市，名字叫亚马逊Go！

图49　亚马逊不用排队、不用结账、拿了东西就可以走人的Go商店[1]

没错，这是一家利用人工智能技术管理的小超市。你只要走进去，拿你想拿的东西，然后大摇大摆地走出去就好了。超市的每个货架都布满摄像头等传感器，利用机器视觉技术记住每个顾客到底都拿了哪些商品，顾客出门时，再根据人脸识别辨认出来顾客的身份，自动到顾客预先关联的结算方式（如银行卡）上结账。顾客的整个购物体验，完全可以不用排队，不用亲自结账。

从机器翻译到智能家电，再到智能超市，人工智能技术给我们生活带来的巨大变化才刚刚开始。其实，如果回到10年以前，2007年苹果才刚刚发布

1.https://www.amazon.com/b?node=16008589011

第一代iPhone手机，那时谁会想到只用了10年的时间，智能手机就无处不在了呢？类似地，从现在算起，再过10年，大家可以看看我们的生活细节发生了哪些变化。今天的我们绝对没法准确预测，未来10年中人工智能可以给我们的生活带来多么巨大的改变。

智慧医疗：AI将成为医生的好帮手

人工智能对人类最有意义的帮助之一就是促进医疗科技的发展，让机器、算法和大数据为人类自身的健康服务，让智慧医疗成为未来地球人抵御疾病、延长寿命的核心科技。

很多年前，还处于萌芽期的人工智能技术就对药物的研发起过积极作用。世界上第一个专家系统程序Dendral是一个由斯坦福大学的研究者用Lisp语言写成的，帮助有机化学家根据物质光谱推断未知有机分子结构的程序。这个程序衍生出了许多判断有机物分子结构的变种。相关算法在20世纪60年代到70年代就开始被用于药物的化学成分分析和新药研制。

今天，在制药领域，以深度学习为代表的人工智能技术可以发挥比六七十年代时大得多的作用。一家总部位于伦敦的名叫BenevolentAI的创业公司，就在做一个有趣的尝试：他们让人工智能系统阅读存储在专利数据库、医疗数据库、化学数据库中的专利、数据、技术资料，以及发表在医药学期刊上的论文，通过机器学习来寻找潜在的可用于制造新药的分子式或配方。为了更好地将人工智能与医药相结合，这家初创公司甚至还设置了一个“首席医药官”（CMO，Chief Medical Officer）的职位[1]。

对于人工智能为制药业提供的帮助，《经济学人》撰文评论道：“制

1.British technology firm becomes first artificial intelligence company to appoint a chief medical officer to accelerate its clinical development，http://benevolent.ai/news/announcements/first-artificial-intelligence-company-to-appoint-a-chief-medical-officer-1/

药公司越来越难在寻找新产品方面取得突破，原因之一是大多数明显有用的分子已被发现，这导致开发周期长，失败率高。同时，科学成果的数量每九年翻一番，要理解所有不同类型的数据已非人力所及。这正是AI可以发挥作用的地方——它不仅可以'摄取'从论文到分子结构、基因组序列和图像的一切信息，还能自主学习，建立关联，形成假设。AI可以在几周内阐明突出的关联，提供新的想法，而人类要想取得同样的成果，可能会穷尽毕生之力。"[1]

大数据和基于大数据的人工智能，为医生辅助诊断疾病提供了最好的支持。例如，Celmatix公司是一家为妇女健康提供医疗解决方案的初创公司。Celmatix公司首席执行官派瑞·Y. 贝姆（Piraye Yurttas Beim）博士说："大数据在Celmatix中引领我们的工作。它让内科医生可以根据每个人的多项数据，而不止于年龄，对女性怀孕的概率提供诊断。"[2]

根据硅谷银行2016年9月举办的HealthTech活动对超过200名医疗或相关行业创业公司高管的调查，有46%的被调查者认为大数据是未来医疗行业里最有前景的技术，而35%的被调查者则认为人工智能是最有前景的技术。

IBM则将其著名的人工智能系统Watson用于辅助癌症研究。IBM公司联合了20多个顶尖的癌症研究机构，用这些机构提供的大数据，来教会Watson理解基因学和肿瘤学。研究小组只花了一个星期，就教会Watson读完了2500篇医学论文。参与此项研究的北卡罗来纳州立大学教堂山分校的诺尔曼·沙普利斯（Norman Sharpless）评论道："要知道我们每天发表的研究论文有8000多篇，你知道，没有人能够每天阅读8000篇论文。所以我们发现我们提出的最新治疗方案往往是基于过去的信息，落后了一两年的信息。然而，这正是适合Watson的任务。"基于Watson系统的实验颇有成效，诺尔曼·沙普

1.经济学人，2017.1，新药研发，AI应用新场景

2.机器之心（微信公众号），2016.10，业界丨硅谷银行：大数据和人工智能将为医疗科技公司打开发展之路

利斯说："在30%的病人中，Watson发现了新的东西。也就是说，有大约300多人，Watson找到了治疗方法，但是一群认真工作的医生却没有找到。"[1]

2017年2月，发表在《自然》杂志上的一篇论文介绍了一次有关皮肤癌诊断的人与机器的"较量"。在该论文所揭示的研究中，科学家们让一个卷积神经网络分析了将近13万张临床上的皮肤癌图片，这个数字比现在最大的研究用图片集高出了两个数量级。在大量学习资料的支持下，这个神经网络迅速成为一名皮肤癌方面的专家。

研究者让这个计算机皮肤癌专家与21名资深的皮肤科医生"同场竞技"。在第一场挑战中，这个神经网络与医生们一同区分两种不同的皮肤疾病——角质细胞癌与良性脂溢性角化病。前者是最为常见的皮肤癌。综合灵敏性和特异性来看，这个神经网络的表现比大部分参与研究的皮肤科医生都要好。不服气的人类做了第二项测试，这次他们比较的是恶性黑色素瘤与良性的痣。前者是最具杀伤力的皮肤癌。但在这场比试中，人类同样败下阵来。[2]

图50 《自然》杂志封面文章介绍皮肤癌诊断领域的"人机竞赛"

用AI来辅助疾病诊断，并不是要在所有领域都超越顶尖医生。其实，AI可以给经验不足的医生提供帮助，减少因为经验欠缺而造成的误诊。或

1.新智元（微信公众号），2016.10，CBS新闻60分全球顶级AI实验室访谈——破局者：人工智能

2.康健新视野（微信公众号），2017.2，《自然》封面重磅：人工智能一出马，人类医生就败下阵来

者，AI可以帮助医生提高判读医疗影像、病理化验结果的效率，让高明的医生可以在相同时间内给更多的病人提供服务。随着基因测序和基因诊疗技术的完善，AI技术还可以帮助医生针对每个人的基因序列，制订个性化的医疗方案。

今天，世界医疗资源分布严重不均衡，很多国家医生数量不足，发展中国家社区医生的水平与顶尖医生相差甚远。在AI的帮助下，我们看到的不会是医生失业，而是同样数量的医生可以服务几倍、数十倍甚至更多的人群。医疗资源分布不均衡的地区，会因为AI的引入，让绝大多数病人享受到一流的医疗服务。

更重要的是，在AI的帮助下，顶尖的医生和科学家可以腾出时间来，从事那些真正有挑战性的科学研究。比如说，AI可以大大地节省医生们诊断癌症所花费的时间，提高癌症的早期诊断效果，大大降低癌症死亡率。这时，基础研究就可以向其他威胁人类生存的疾病倾斜，也可以有更多资源来研究如何延长人类寿命。例如，今天的科学界大致认为人类的自然寿命可以延长到120岁左右，那么，未来如果有更多80岁、90岁以上的老人，就会有更多的人面对阿尔茨海默病等老年疾病的威胁。在AI的帮助下，我们可以更有效地分配医疗资源，帮助人类既延长寿命，又拥有健康的生活品质。

与其他行业的大数据相比，获取高质量的医疗影像数据相对比较困难。不同医疗机构的数据，目前还很少互通、共享。而单个医疗机构积累的数据往往不足以训练出有效的深度学习模型。此外，使用医疗影像数据进行人工智能算法的训练还涉及保护病人隐私等非技术问题。因此，在基于医疗影像的智能诊断方面，无论是数据还是算法，都有相当大的提高空间。

2017年1月，著名的机器学习算法竞赛平台Kaggle宣布，作为2017年度的数据科学大赛的首要日标，设立100万美元的奖金，奖励能够在肺癌检测中大幅提高自动检测准确率的团队。这是工业界对人工智能辅助医疗科研提供大力支持的有效方法之一。[1]

围绕Kaggle这一竞赛，学术界和工业界预计将有数千支团队投入到肺癌影像的智能识别研究上。这将极大地促进肺癌智能诊断技术的发展。据统计，美国每年新增的肺癌患者就有22.5万人，每年消耗在肺癌诊疗上的经费大约为120亿美元。如果相关的人工智能算法能大幅提高肺癌早期诊断的准确率，这对人类整体健康而言，的确具有难以估量的现实意义。

顺便提一句，机器学习算法竞赛平台Kaggle于2017年3月被谷歌收购，成为谷歌云服务平台的一部分，这从另一方面展示了数据与算法竞赛对于人工智能科研的重要性。

1.Data Science Bowl 2017，https://www.kaggle.com/c/data-science-bowl-2017

艺术创作：AI与人类各擅胜场

我们通常说，目前的人工智能更擅长从大量数据中发现规律，帮助人类完成那些人类只需要简单思考就能做出决策的重复性工作。而人类相比人工智能的一个优势是人类有情感、明善恶、懂美丑，更擅长从事对创造性要求很高的文艺类工作。但这只是从普遍规律的角度来区分机器与人的最大不同。在一些特定的案例中，其实机器也可以用非常有趣的方式，完成某些足以令人类刮目相看的"艺术创作"。

2017年1月，我在瑞士达沃斯出席世界经济论坛时，就有三部由软件算法驱动的智能机械手，拿画笔为我画了三幅有趣的肖像画。

图51　达沃斯论坛上，三部智能机械手执笔为我画肖像画

从算法上说，智能机械手为我作画时，电脑所做的事情包括采集我的面部影像，用人工智能算法将影像与电脑事先学习过的某一种绘画风格关联起来，利用一种叫作“风格迁移”的技术，将我面部的每一个特征映射到一种特定的表现手法，并最终计算出画笔的移动方位和运笔力度，以完成最终的肖像画创作。

图52　机器为我画的三幅肖像画，风格完全不同

有趣的是，三部机械手为我画的三幅肖像画竟然是三种完全不同的画风。照片里，最左边一幅画的风格是“写实”，中间一幅画的风格是“疯狂”，而右边一幅画的风格是“抽象”。大家觉得，哪一幅画得更好些？

基于深度学习的“风格迁移”技术，可以为计算机绘画或计算机修图软件带来许多难以置信的功能。在本书开头，我们已经见识了名为Prisma的手机应用程序将普通照片变为或曼妙或奇幻的不同风格绘画作品的神奇魔力，也看到了著名的手机app美图秀秀提供的手绘自拍功能。

其实，除了绘画、修图，人工智能算法还可以模仿人的笔迹创作书法作品。2017年春节前夕，阿里巴巴在公司的西溪园区，展示了一个能够自动创作春联的机器人——阿里云人工智能ET。这部阿里云人工智能ET可不简单，它不但会根据之前学习的书法风格现场挥毫泼墨，而且它写出来的春联内容，也是由人工智能算法根据人类体验者的具体要求，现场创作出来的。人工智能算法既可以写出很有传统意味的春联，如“九州天空花俊丽，未央云淡人泰康”，也可以根据体验者的要求，写出颇具调侃意味的词句，如“貌赛西溪吴彦祖，才及阿里风清扬”，真是妙趣横生。[1]

用机器进行音乐创作，也是人工智能领域长期以来的研究方向。加州大学圣克鲁兹分校的戴维·柯普（David Cope）就是这一方向最有名的研究者之一。早在1981年，戴维·柯普就开始尝试计算机谱曲的研究。据说他花了7年时间，写了一个名叫EMI（音乐智能实验，Experiments in Musical Intelligence）的人工智能程序，这个程序可以在一夜之间写出5000多首巴赫风格的乐曲来。有一次，在圣克鲁兹音乐节上，戴维·柯普演奏了EMI谱写的几首乐曲。当时，场内的观众大多以为听到的真是巴赫的某个曲目。戴维·柯普后来又对EMI进行了许多次升级，使这个人工智能算法可以模仿贝多芬、肖邦、拉赫玛尼诺夫等音乐家的曲风。不过，根据戴维·柯普自己的描述，EMI使用的大多还是基于音乐规则的，类似专家系统的人工智能算法。在许多情况下，计算机所做的只是将古典音乐大师惯用的小节根据预设的规律做重新的排列组合，或简单变换[2]。今天，与计算机绘画使用的风格迁移技术类似，深度学习一样可以在音乐领域帮助计算机更好地模拟大师的作曲风格。

2016年，谷歌的工程师让人工智能学习了2865篇爱情小说，然后又教人工智能一些英语诗歌创作的基本格式，接下来，人工智能算法就真的写出了

1.人工智能ET写对联 行云流水堪比书法家，http://www.chinaai.com.cn/news/evaluating/8573.html

2.Experiments in Musical Intelligence，http://artsites.ucsc.edu/faculty/cope/experiments.htm

一首又一首情感小诗。这些英文诗读下来，还真有一些多愁善感的意味，隐约流露着那两千多篇爱情小说中，为了爱情辗转反侧的主人公们难以捕捉的微妙心情。比如下面这首“小诗”[1]：

it made me want to cry.
no one had seen him since.
it made me feel uneasy.
no one had seen him.
the thought made me smile.
the pain was unbearable.
the crowd was silent.
the man called out.
the old man said.
the man asked.

人工智能算法会画画，能作曲，懂书法，能填词赋诗，还会写春联，这在普通人看来，是非常了不起的成就。这是不是意味着，人工智能和人一样有意识、有创造力、有情感、有思想了呢？

人文学者通常会用感性的方式来思索机器与人在艺术创作方面的异同问题。历史学家、畅销书作者尤瓦尔·N. 赫拉利（Yuval Noah Harari）在《未来简史》一书中是这样分析的：“常有人说，艺术是我们最终的圣殿（而且是人类独有的）。等到计算机取代了医生、司机、教师甚至地主和房东时，会不会所有人都成为艺术家？然而，并没有理由让人相信艺术创作是片能完

1.Google 的人工智能会写诗，而且你一定能读懂，http://www.pingwest.com/google-ai-poet/

全不受算法影响的净土。人类是哪来的信心，认为计算机谱曲永远无法超越人类？”[1]

但从事人工智能研究的专业技术人员非常清楚，这些所谓的“艺术创作”，离人类作家和艺术家真正意义上的艺术创作还相距甚远。人类艺术或者紧密结合人类的真情实感，或者深刻反映历史积淀的厚重久远，或者清晰折射社会现实的复杂多样，或者自由发挥艺术家天马行空的想象力……相比之下，人工智能算法的“艺术创作”，只是在大量学习人类作品的基础上，对人类某种特定创作风格的简单模仿。二者之间的区别，还是非常明显的。即便如尤瓦尔·赫拉利所说的那样，机器与人在艺术创作的根本原理上，并没有不可逾越的鸿沟。但从今天人工智能算法的发展水平看，在可预见的近未来，我们实在看不到计算机有接近或超越人类艺术家的可能性。

1.尤瓦尔·赫拉利，《未来简史》，第9章，中信出版集团，2017.2

人类将如何变革？

走出金字塔模型

人工智能将改变全世界各行各业的现有工作方式、商业模式，以及相关的经济结构。那么，人类应当如何应对呢？最最基本的一点，当人工智能开始大规模取代人类工作者的时候，我们应该做些什么，才能避免人类大批失业、社会陷入动荡的危险局面呢？

从刀耕火种时代至今，人类历史上的协作分工，基本都遵循一个类似金字塔形状的社会结构模型：少数人影响、领导和指挥较多的人，较多的人再进一步影响或管理更多的人，逐级向下，金字塔底层是大量从事简单、重复性劳动的人。

无论是在古罗马的奴隶社会，还是在中国汉唐直到明清的皇权社会，抑或是在今天的现代社会里，人们总是努力寻求这种金字塔结构的平衡。当然，由古代集权社会到现代共和政治之间所经历的翻天覆地的变化，深刻地影响着这个金字塔结构中每个层级的管理者的产生方式，以及层级之间的权利与义务的重新组合、分配。但即便是在共和体制的现代社会里，高效的经济运行机制仍然需要这种自上而下，层层分解工作，层层授权的金字塔型分工结构。迄今为止，唯一能稍微改变这种金字塔构型的现象，是在发达国家中可以观察到的中产阶级数量的增长和蓝领工人的减少，这让金字塔最下面两层的人数比例不再呈现绝对化的梯形关系，而是有可能融合为一个更大的人群。

图53　人类历史上常见的金字塔结构

尤瓦尔·赫拉利在《未来简史》中说："研究历史，就是为了挣脱过去的桎梏，让我们能看到不同的方向，并开始注意到前人无法想象或过去不希望我们想象到的可能性。……研究历史并不能告诉我们该如何选择，但至少能给我们提供更多的选项。"[1]

过去几千年里，人类在科技、经济、社会等方面所做的诸多变革，其实大多数都是为了让这个金字塔结构工作起来更高效。

比如，几乎在同一时间，欧洲的古罗马和中国的秦帝国都在全国范围内建设四通八达的公路网络。古罗马有超过29条大型军事公路，由首都罗马以辐射式向外扩散，总长超过40万千米。而秦帝国不但修建了类似的路网，甚至还修筑了最宽处达60米，穿越14个县，全长700多千米的高速公路——秦直道，又用行政命令的方式统一了全国的车辙标准（车同轨）。对于帝国交通的狂热让当时的罗马帝国和秦帝国从中央到地方，从官僚机构到平民百姓的政令传递畅通无阻。这套高效的、金字塔结构的指挥体系，无论是用于军事

1.尤瓦尔·赫拉利，《未来简史》，第1章，中信出版集团，2017.2

征服，还是用于大型工程建设，其水平都达到了当时历史条件下的巅峰。

从本质上说，今天的现代人还是在做着与两千多年前的古罗马人和秦人一样的事情。我们建设了通达全世界的互联网，我们用发达的空运、海运、陆路运输为全世界每一个角落配送世界各地生产的产品。新技术的普及和全球化经济体系的建设，都是为了让人类的金字塔构型的社会分工更加合理和高效。

在现代商业体系中，处于金字塔顶层的政治家、经济学家为整个经济活动的总体战略布局指示方向——这个人群的数量最少；处于稍下层的企业家们，则在尽可能地利用互联网时代的全球化经济体系，设计最符合自身企业需求的商业模式——这个人群的数量稍多；企业里的中层管理者则起到承上启下的作用，在实际执行过程里既负责监控执行效果，又负责制定具体执行策略，实施人员管理（互联网和流程自动化的普及让这个中层的管理结构趋于扁平，使每个中层管理者可以管理更多的员工，或监控更复杂的流程）——这个人群的数量相当大，在中国也许有数千万人；而更多的人则投入到每一项具体的工作任务中，包括产品的生产制造者，技术的研发者，商品的运输者（想想我们在淘宝轻松购物的背后，有千千万万的快递骑士每天奔波于每个城市的街头）——这个人群在中国有好几亿人。这种社会体系顺利运行的基石就是分工协作，从最复杂的脑力劳动，到简单的、重复性的脑力或体力劳动，分别由数量不同的人群承担。

那么，人工智能到来后，如果50%以上的简单、重复性工作在未来的一段时间内都会被人工智能所取代，人类过去数千年来分工协作的金字塔结构会不会变得不再稳定？这大概涉及三个问题：

> · 金字塔底层原本从事简单工作的人，如果都涌向金字塔中部甚至塔顶，试图去尝试艺术创作、决策分析、领导管理等工作，金字塔会不

会就此坍塌？

·现代社会里，在金字塔结构中分工协作的人，本来是有一个从初级到高级的上升通道的。比如，在公司里，一个高层管理者通常需要从底层实际工作做起，通过学习和锻炼慢慢承担起中层管理工作，再经过一定时间的积累，最终走上高层管理岗位。如果底层工作都由机器来完成，人们是不是就缺少了向上发展所必需的实际锻炼机会？

·更重要的是，如果未来失去工作的人，都必须从简单工作转换为相对复杂的脑力劳动，那么，他们要学习的知识体系对他们来说将是一个庞大的架构。那些中年失去工作的普通劳动者，他们怎么可能重新开始一次历时5到10年的学习深造呢？

杰瑞·卡普兰在《人工智能时代》一书中提出过一个解决人工智能带来的失业或工作转化问题的方法——工作抵押（Job mortgage）。初听上去，这是一个相当完美的解决方案。本质上，这是一种由政府、雇主和教育系统联合提供保障的再培训机制。当雇主希望使用人工智能来替代某一部分工作人员时，被解雇的人会得到一个免费接受再培训的机会，代价是在培训结束后，必须为目标雇主工作一段时间。仔细想想，这种方案也许存在一个悖论——考虑到在人工智能时代里，由于简单和重复性的工作更容易被人工智能取代，人类教育可能因此比以往复杂得多。人们学习一种新技能可能会变得非常困难。鉴于此，“工作抵押”的再培训机制真的可行吗？

我和杰瑞·卡普兰当面讨论了这个问题。杰瑞·卡普兰对我说：“我想你的问题中包含了一种隐藏的假设：需要低级别技能和更少训练的工作更容易被自动化，而需要高级别技能和更多训练的工作则难于被自动化。这个假设也许不像你想象的那样正确。”

杰瑞·卡普兰举例说，放射科医师是医生的一种，他们需要许多年的培训来学习技能，但他们的工作完全可以被彻底自动化。这是一个高等教育程度的工作也可以被自动化的好例子。驾驶卡车可能是一种低级别的工作，也许需要一些训练，但它显然不是一种高级技能。也就是说，自动化将影响所有技能级别的、各行各业的人。当我们担心我们该如何处置那些低级别工作者的时候，我们一样需要担心那些高级别工作者。

即便如此，仍然存在很多不需要大量训练，但也很难被自动化的工作。从事这些工作的人，是不用担心失业问题的。用人类的身份处理这些工作，是非常重要的。例如，看看那些体育教练，我们很难将这类工作自动化。所以，也许我们可以将失业的卡车司机重新培训成体育教练，而那些能够驾驶卡车的人也许会发现，体育教练的技能是比较容易掌握的。

杰瑞·卡普兰举的另一个例子是按摩服务。通常，按摩服务在今天的美国是一种奢侈服务。你必须拥有足够的收入，才能负担得起按摩服务的昂贵价格。按摩师的收入很高，按摩师需要的工作技能是什么，这种工作技能并不需要特别高级的训练。如果人们有了足够的钱，就会有更多的人选择接受按摩服务。这会让按摩师的需求大增。未来，因为可共享的自动驾驶汽车的普及，你可能不再需要拥有你自己的汽车了。在美国，这意味着平均水平的个人可以每年节省大约1万美元的汽车保有费用。那么，一些人就可以将这些省下来的钱花在按摩等较奢侈的服务上。然后，我们就需要更多的按摩师了。

所以，在杰瑞·卡普兰看来，有关人工智能只会取代低级别工作的假定是不正确的。许多需要人际接触的工作都很难被取代，例如前台接待员。你当然可以用一个自动化系统来取代他们，但你肯定不希望看到你的宾馆或你的公司前台，只有机器来接待访客。你肯定需要在前台安排人类职员，因为你需要他们在那里解决一些很难被高级规范化的系统预测的问题。再比如，调酒师的工作当然可以被自动化。你可以走到一台自动售货机前，用自助的方式买一杯金汤力。但调酒师还可以参与我们的社交活动，你希望看到他们，你希望和他们聊天。所以，调酒师的职业不会消失。那些失业的卡车司机也可以被训练成调酒师。

也就是说，金字塔结构不一定坍塌，更多的可能是在现有基础上进行自我调整。因为人工智能虽将引起社会工作结构的大规模调整，但调整的结果不等于大量从事简单工作的人必须去勉为其难地完成高层次的分析、决策、艺术等创造性的工作。即便是处在金字塔中层或顶层的人，也将面临人工智能技术的冲击，他们也需要重新适应。比如，医生就必须适应与人工智能协同工作以提高诊断效率。

有关金字塔结构如何优化和调整，我们可以拿公司组织结构来做一个类比。

例如，在微软公司，人们常年习惯于逐层汇报、逐级管理的金字塔型管理结构，这根本上是源于微软的主业是Office、Windows等商用软件包的开发与销售，这类任务特别适合被层层拆解后，由一个金字塔型的执行体系逐层细化，按任务、子任务、功能、模块、代码单元等由大到小的层级进行开发。当年，曾经主持微软Office各主要组件开发工作的查尔斯·西蒙尼（Charles Simonyi）就是这种开发模式的拥趸。开发最初版本的Excel时，比尔·盖茨与查尔斯·西蒙尼一道，设计、探讨并实践了后来被人们称为微软产品开发周期模式的理论与方法体系，并在微软内部推广。这么做的好处是，可以由少数精英人才带领一大批相对平庸的工程师，准确地执行公司上层的战略部署，完成产品开发工作。微软公司这种管理机制最符合传统金字塔模型的要求，但在人工智能时代，受到的冲击可能也最大。一旦相对平庸的人才的工作可以被人工智能所代替，那么，整个管理结构就会失衡，公司会面临大规模裁员的风险。

反之，谷歌公司因为从初创时起，就专注于灵活、多变的互联网服务产品的研发，谷歌内部的技术团队大多采用扁平化管理模型，整个产品开发团队由无数个三五人、最多九人的微型团队单元组成，可以根据市场变化或资源调配的需要，随时灵活变更项目组结构，灵活调配资源。在谷歌，大多数技术管理者同时也是软件开发者，不但做分析、决策，也实际动手写代码，而许多实际写代码的工程师也会花时间参与项目中的关键技术决策。与微软对人才的要求不同，谷歌公司总是强调，不同岗位、不同层级的人都需要是最优秀的精英人才，这样，谷歌在需要做任何技术或商业转型时，都很容易重新安排工作的分配方式，因为优秀的人才总能快速学会另一项技能，或快速适应新的岗位。这一体系，相信在人工智能时代受到的冲击会很小。

不难预测，随着人工智能技术的普及，类似谷歌公司这样，可以灵活配置资源、灵活转换方向的管理体系会越来越受到公司领导者的青睐。

此外，与金字塔构型相关，还有一个人才教育与成长的问题。2017年1月，我出席瑞士达沃斯论坛时，针对未来人类社会、经济的转型，分享和讨论了以下几个主要观点：

- 在金字塔型的社会结构里，人才的成长也是金字塔型的——从金字塔底端不断成长，并不断被筛选。先从简单工作做起，再完成复杂工作，直至能够承担战略决策任务。精英领导就是这么磨炼、筛选出来的。但是，当人工智能取代了多数底层的简单工作，那时，人才该如何磨炼成长呢？
- 也许，在人工智能时代，政府和企业有责任保证人才培训与成长的可持续性。例如，在初级工作被取代时，依然拥有一个培训机制，让人可以继续获得第一手的工作经验，并从中培养、筛选出高端精英人才——这种机制是否真的可行？与杰瑞·卡普兰所说的“工作担保”是否有异曲同工之处？

·如果大量中老年员工的工作被取代，那时的重新培训将会非常困难。可能唯一的希望，就是让他们进入服务业，从事必须由人来完成的那些简单工作。但是，他们会愿意吗？这会不会造成新的社会问题？

·很显然，在上述挑战面前，人类的教育体制需要重启。整个教育体制应更多地关注素质教育和高端教育，让每个人都有机会学习和尝试各种更复杂，或更需要人类创造力的工作种类，培养更多的博学之才、专深之才、文艺人才、领导人才。同时，职业教育则应及时关注那些涉及人机协作的新技能、新工作，并大力拓展服务业相关的人才培训。

·在人工智能时代，我们需要教育父母，让他们不要再期望孩子寻找“安稳”的工作，因为在传统意义上，“安稳”意味着简单、重复，“安稳”的工作早晚都会被机器取代。我们要帮助下一代做最智慧的选择，选择那些相对不容易被淘汰，或者可以与机器协同完成任务的工作。

只有我们的教育体系不断培养出适应新的金字塔模型，可随着社会结构调整需要，快速灵活完成不同类型工作，发挥人类创造力的人才，人类才不必终日担心被人工智能取代。

有更好的人才，才有更好的未来。

用开放的心态迎接新世界

每个人都担心未来的时候，未来也许没有大家想象的那么糟。人工智能给全人类提出了有关社会、经济转型的好问题，关键看我们人类如何作答。

人类仍是这个地球的主宰，数千年的历史变幻，沧海桑田，历经无数次危机与挑战，人类都在不断的调整与变革中成长起来了。人工智能至少目前还是人类的造物，完全由人类控制和管理，我们有何理由惧怕人工智能给我们带来的冲击呢？

眼光长远的人已经在积极寻找答案，而不是被动接受变革。

2016年5月，硅谷著名投资人、Y Combinator公司总裁和OpenAI公司创始人萨姆·奥尔特曼在加州的奥克兰开展了一项社会学实验：如果定期为人们（无论这些人是否失业）提供一份基本收入的资助，那么，这些人是更倾向于选择用这笔钱来吃喝玩乐，还是干脆过着失业却衣食无忧的生活，或者利用这一资助去主动接受培训并寻找更好的工作机会？

大约1000名志愿者报名参加这项社会学实验。Y Combinator选出100个家庭作为第一批实验对象[1]。参加实验者每人每月可以得到1000到2000美元的资助。不考虑住房的话，这笔钱在加州足以涵盖一个人的基本生活费用，甚至还有盈余。而且，未来的人类生活成本（主要消费品价格）可能因人工智能的普及而大幅降低，这样的资助就会显得更加实惠。

萨姆·奥尔特曼说："我们希望一个最低限度的经济保障，可以让这些人自由地寻求进一步的教育和培训，找到更好的工作，并为未来做好规划。"[2]

萨姆·奥尔特曼的实验非常有趣，在人工智能开始普及的大背景下，也十分有现实意义。这种实验可以从社会学的角度，探寻社会基本福利之外，整个社会可以为处在转型期的人提供何种帮助，并弄清楚这种帮助是不是真的有效，人工智能时代的失业者和转换工作者是不是真的需要类似的帮助。

1.Y Combinator is running a basic income experiment with 100 Oakland families，https://qz.com/696377/y-combinator-is-running-a-basic-income-experiment-with-100-oakland-families/

2.Moving Forward on Basic Income，https://blog.ycombinator.com/moving-forward-on-basic-income/

这和北欧一些福利国家正在执行的高福利制度，以及正在开展的一系列最低生活保障的实验类似，但萨姆·奥尔特曼的实验更有针对性。

萨姆·奥尔特曼本人似乎相信，人工智能在未来创造的新工作机会将少于人工智能所制造的失业数量。这一判断是推动萨姆·奥尔特曼开展社会学实验的根本原因。

先不谈萨姆·奥尔特曼的判断是否准确。如果我们能用开放的心态来看待人工智能的崛起，那么，人工智能取代人类工作，造成人类失业，为什么不能被大家视作一件好事呢？

我的意思是说，即便人工智能普及后，人类中的很大一部分人会失去现有的工作，但这为什么不是一次人类真正意义上的“个人解放”呢？用开放的心态设想一下，人工智能的普及必将带来生产力的大幅提高，整个世界不需要所有人都努力工作，就可以保证全人类的物质富足。在这一基础上，如果各国像萨姆·奥尔特曼所做的实验那样，给每个人定期发放基本生活资助，那所有人就可以自由选择自己想要的生活方式。喜欢工作的人可以继续工作，不喜欢工作的人可以选择旅游、娱乐、享受生活，还可以完全从个人兴趣出发，去学习和从事艺术创作，愉悦身心。

那个时候，少数人类精英继续从事科学研究和前沿科技开发，大量简单、重复的初级工作由人工智能完成，大多数人享受生活，享受人生。由此也必然会催生娱乐产业的大发展，未来的虚拟现实（VR）和增强现实（AR）技术必将深入每个人的生活中，成为人类一种全新的娱乐方式。

2017年1月，著名人工智能科学家、斯坦福大学人工智能实验室和视觉实验室主任李飞飞在北京发表演讲。谈到人工智能和人类的关系，李飞飞提出了一个发人深省的问题：“AI的未来掌握在那些创造、开发和使用者的手中。无疑地，AI会改变世界，但这里真正的问题是，改变AI的又是谁呢？”

李飞飞提出，人类未来的一个重要目标，是增强人工智能研究者的多样性。这是基于三个层面的考虑："第一个理由关乎经济和劳动力，人工智能是一个日益增长的技术，会影响到每个人，我们需要更多人力开发出更好的技术；第二个理由关乎创造力和创新，很多研究都显示出，当拥有多种多样背景的人共同合作时，会产生更好的结果和更具有创意的解决方案；最后一个理由关乎社会正义和道德价值，当各种各样背景的人聚集到一起时，他们有着各种各样不同的价值观，代表着人类的技术也会有更加多样性的思考。"[1]

李飞飞敏锐地从另一个角度看到了人工智能未来发展的一种可能：当拥有多样化背景、多种价值观、对未来有不同诉求的人一起参与人工智能的研发与普及时，我们最容易得到一个趋近完美的平衡点，找到人工智能与人类协同工作、生活、生存的多样化解决方案，避免被偏见所左右。这也许是我们目前能想到的，避免潜在危机，防范风险的最好方案。

科幻作家、雨果奖得主郝景芳女士则从更加文艺的角度，解读了人工智能为人类回归"个性化"所提供的时代契机。

郝景芳说，在人工智能时代，"人们不得不开始思考'我能做什么'，而结论必然是'我能做和机器人不一样的事'。机器人会迅速占领所有标准化领域，而人类将在各种差异化产品的供应中寻觅新的领地。……在未来，工厂机器流水线留给机器人，人会以更加富有创造性的方式与流水线竞争。人的独特性会体现出来：思考、创造、沟通、情感交流；人与人的依恋、归属感和协作精神；好奇、热情、志同道合的驱动力。根本不是计算能力和文书处理能力，而是人的综合感悟和对世界的想象力，才是人和机器人最大的差别和竞争力。创造者的个性化才是产品的价值所在"[2]。

1.李飞飞北京演讲：AI会改变世界，改变AI的又会是谁？http://mt.sohu.com/20170119/n479114192.shtml

2.留学家长圈（微信公众号），郝景芳，2017.1，未来之一：人工智能时代的社会，人跟人不同的时代到了是啊，只有人的精神个性，才是人工智能时代里人类的真正价值。只有用开放的心态，创造性地迎接人工智能与人类协同工作的新世界，才能真正成为未来的主人。

第五章
机遇来临：AI先行的创新与创业

大多数情况下，人工智能并不是一种全新的业务流程或全新的商业模式，而是对现有业务流程、商业模式的根本性改造。AI重在提升效率，而非发明新流程、新业务。未来10年，不仅仅是高科技领域，任何一个企业，如果不尽早为自己的业务流程引入“AI+”的先进思维方式，就很容易处于落后的追随者地位。

大时代，大格局

人工智能来了，普通公众看到的是智能应用的惊艳，科技公司看到的是大势所趋的必然，传统行业看到的是产业升级的潜力，国家层面看到的是技术革命的未来。

AI时代，有AI大格局。我们可以不关心科幻影视中的机器人，却无法不正视今天的AI技术对产业、经济、社会乃至人类生活的巨大影响。

500年前，在航海大发现以及后来的工业革命时代选择闭关锁国的，后来大都因科技落后而被列强的坚船利炮敲破了国门。40年前，在个人电脑大发展时期错过了集成电路、操作系统、办公软件、数据库软件等技术机会的，只能眼看着英特尔、微软、IBM等公司占据技术制高点。10年前，如果在移动互联网的风口中错过了桌面平台到移动平台的转型，就只能在手机芯片及整机、移动电商、移动社交、移动搜索、O2O、手游等巨大商机前懊悔莫及。

今天，“互联网+”的理念已经向各行业、各应用的纵深不断渗透、落地，逐渐积累起来的高质量大数据为许多前沿行业打下了全面运用人工智能的基础。我们有理由说，“AI+”或“+AI”的模式已经步入蓬勃发展的大好时机。

大多数情况下，人工智能并不是一种全新的业务流程或全新的商业模式，而是对现有业务流程、商业模式的根本性改造。AI重在提升效率，而非发明新流程、新业务。未来10年，不仅仅是高科技领域，任何一个企业，如果不尽早为自己的业务流程引入“AI+”的先进思维方式，就很容易处于落后的追随者地位。

AI将成为国家科技战略的核心方向

2016年11月，第三届世界互联网大会在乌镇召开。名为互联网大会，但从议程的设置以及媒体报道的关注热点来看，这几乎已经是一届“人工智能大会”了。例如，大会的分论坛设置就有智慧医疗、智能出行等主题，都与人工智能相关。而作为时下互联网最核心的领域——移动互联网所在的分论坛几乎完全被人工智能相关的演讲“占领”。我们不妨来看一看官方发布的11月17日移动互联网论坛的议程[1]：

嘉宾	职务	发言题目
石 峰	Facebook副总裁	人工智能在Facebook
杨元庆	联想董事长	人与设备心心相映，共同迈向智能互联
杰瑞·卡普兰	行业专家，斯坦福大学客座教授	人工智能+，引领新一轮产业革命
张亚勤	百度总裁	云计算引领人工智能落地
孟福来	希捷副总裁	数据存储“智”造未来
余承东	华为消费者业务CEO	人工智能，未来已来
马格纳斯·艾尔布林	爱立信亚太区首席技术官	人工智能-5G，与物联网共同推进的互联网未来
卢 阳	优办创始人	从自为到自觉，创新商务空间N效能
迈克尔·布兰克	思科Jasper公司车联网高级总监	智能汽车之潮流
汤道生	腾讯社交网络事业群总裁	AI，就在身边
张一鸣	今日头条CEO	信息平台的智能浪潮
王小川	搜狗CEO	人工智能，未来之路

1.世界互联网大会，会议日程，移动互联网论坛：http://www.wicwuzhen.cn/system/2016/11/09/021361322.shtml

瞧，90%以上的话题都是——人工智能！如果说未来的移动互联网就是“AI+”的移动互联网，恐怕一点儿都不为过吧。

其实，对人工智能大趋势、大格局的重视已经开始从社会层面上升到国家层面。2016年5月，国家发改委、科技部、工业和信息化部、中央网信办就联合制定了《“互联网+”人工智能三年行动实施方案》[1]。2017年3月，第十二届全国人民代表大会第五次会议所做的政府工作报告更是明确提出，国家将加快人工智能等新兴产业的技术研发和转化。

在国家层面进行人工智能发展的战略规划和布局，这绝不是一件过于超前的事。人工智能发展涉及科研向产业转化的诸多挑战，在各行业应用AI提高生产效率、改进生产流程也需要更高层面的信息共享和整体规划，未来因人工智能引发的产业革命则亟待新一代教育体制、人才培养与再培训机制、新的社会保障体系等的建立和完善。单靠企业或社会的力量，这些全局层面的问题是很难得到快速解决的。

2016年，关注全球人工智能发展态势的朋友一定会注意到，这一年几乎成了人工智能的“战略报告年”，从科研机构到咨询公司，从民间到政府，我们看到了许多份重量级的AI报告。

2016年9月，成立于2014年的斯坦福大学人工智能百年研究项目组发布了首份人工智能报告——《2030年的人工智能与生活》[2]。这个研究项目组包括17名成员，由人工智能学术界、公司实验室，以及产业界的专家与了解人工智能的法律、政治科学、政治及经济方面的学者组成。他们计划在持续至少100年的时间内，跟踪和预测人工智能产业的发展。《2030年的人工智能与生

1.“互联网＋”人工智能三年行动实施方案，http://www.miit.gov.cn/n1146290/n1146392/c4808445/part/4808453.pdf

2.https://ai100.stanford.edu/2016-report

活》是这个百年计划发布的第一份报告[1]。

斯坦福大学这份报告首先列举了当前的人工智能热门研究领域，包括大规模机器学习、深度学习、强化学习、机器人、计算机视觉、自然语言处理、协同系统、众包和人类计算、算法博弈理论与计算机社会选择、物联网（IOT）、神经形态计算等。然后，报告概要分析了人工智能在2030年时最可能的应用场景，例如，包括智能汽车、交通规划、即时交通、人机交互等技术变革在内的交通应用，家庭服务机器人领域的应用，人工智能辅助的医疗应用，智能教育应用，在资源匮乏的社区内的应用，公共安全与防护方向的应用，就业与劳资关系，娱乐类应用，等等，并为政府和社会决策提供了一些政策性的建议。

2016年12月，高盛公司发布了长达百页的人工智能生态报告——《人工智能，机器学习和数据是未来生产力的源泉》[2]。作为金融服务、投资和战略咨询行业的顶级企业，高盛公司当然深知AI对于产业变革和经济走势的战略意义。他们这份报告的重点在于人工智能对经济发展的影响和人工智能时代的投资机会。高盛认为，人工智能在四个方面的影响力最为显著：

·生产率。根据高盛首席经济学家简·哈祖斯（Jan Hatzius）所说："大体上而言，AI看起来似乎比上一次创新浪潮更有可能在统计数据中捕捉到更有价值的东西，人工智能可以降低成本，减少对高附加值生产类型的劳动投入。"

·尖端技术。AI和机器学习在速度上的价值有利于构建一种在建设数据中心和网络服务时让硬件更便宜的趋势。

·竞争优势。我们看到了AI和机器学习具有重新调整每个行业的竞

1.机器之心（微信公众号），2016.9，重磅丨斯坦福「人工智能百年研究」首份报告：2030年的人工智能与生活

2.机器之心（微信公众号），2016.12，重磅丨高盛百页人工智能生态报告：美国仍是主导力量，中国正高速成长

争秩序的潜力。未能投资和利用这些技术的管理团队在和受益于战略智能的企业竞争时，有很大的可能会被淘汰掉，因为这些技术可以让企业的生产力提高，并为它们创造资本效益。

·创办新公司。我们发现了150多家在过去10年中创建的人工智能和机器学习公司。虽然我们相信人工智能的大部分价值都掌握在具有资源、数据和投资能力的大公司手中，但我们也期望风险投资家、企业家和技术专家可以继续推动新公司的创立，从而促进实质性的创新和价值创造，即使最后创业公司会被收购。

美国政府也不甘落后。2016年10月至12月，美国白宫科技政策办公室连续发布了三份人工智能战略报告，分别是《为未来人工智能做好准备》《国家人工智能研究与发展策略规划》和《人工智能、自动化与经济》[1]。

白宫认为，生产率增速放缓和收入增速放缓的问题正困扰着大部分发达国家，而人工智能驱动的自动化技术，是进一步释放生产力，全面提升全要素生产率增长，并广泛提高美国人的收入与生活水平的关键。考虑到人工智能已经进入一个最为重要的发展时期，美国政府需要为科研、产业、教育等领域的相关发展提供一个战略方向上的指导。为此，《国家人工智能研究与发展策略规划》[2]提出了七个重点战略方向：

·策略1：对人工智能研发进行长期投资。将投资重点瞄准在下一代人工智能技术上，推动发现和深入了解，确保美国在人工智能领域始终居于世界领先地位。

1.机器之心（微信公众号），2016.12，重磅丨美国白宫再发报告：三大策略应对人工智能驱动下的自动化经济

2.The national artificial intelligence research and development strategic plan，https://obamawhitehouse.archives.gov/sites/default/files/whitehouse_files/microsites/ostp/NSTC/national_ai_rd_strategic_plan.pdf

· 策略2：开发有效的“人—人工智能”协作方式。大部分人工智能系统将通过与人类合作来实现最佳绩效，而非代替人类。需要开展充分研究，从而达到人与人工智能系统间的有效交互。

· 策略3：理解并应对人工智能带来的伦理、法律和社会影响。我们期望所有人工智能技术能够遵循和人类相同的正式与非正式道德标准。研究理解人工智能的伦理、法律和社会影响，并开发用于设计与伦理、法律和社会目标一致的人工智能研发方法。

· 策略4：确保人工智能系统的安全。在人工智能系统广泛应用之前，需要确保系统能以可控的、明确的、已充分理解的方式安全操作。需要深入研究以应对人工智能系统所存在的威胁，设计可靠、可依赖、可信任的系统。

· 策略5：开发人工智能共享公共数据集和测试环境平台。训练数据集的资源的深度、质量和准确度极大地影响人工智能的性能。研究人员需要开发高质量数据集和环境，并使可靠访问高质量数据集以及测试和培训资源成为可能。

· 策略6：建立标准和基准评估人工智能技术。标准、基准、试验平台和社会参与是人工智能进步的基础，它们将指导及评估人工智能的进展。需要进一步的研究以形成一系列可评估技术。

· 策略7：更好地了解国家对人工智能研发人才的需求。人工智能的发展需要一支强劲的人工智能研究团队。要更好地了解当前及未来人工智能研发对人才的需要，以确保有足够的人工智能专家应对计划中概述的战略研发任务。

白宫发布的三份人工智能报告，无论从深度和广度上都值得其他国家科技战略规划人员研究。不过，从另一个角度来说，美国政府在产业发展中所起到的作用历来有限。历史上，发生在美国的历次技术革命更多都是由科研机构或企业主导，而非政府主导。奥巴马在任时的白宫科技政策办公室在特朗普上台后，到底还有多少政策持续性，更是值得怀疑。

《人工智能时代》的作者杰瑞·卡普兰就完全不相信美国政府发布的所谓战略规划能有多大的约束力。杰瑞·卡普兰介绍说，许多年以前，美国启动了一个叫作“第五代计算机”的项目。日本政府也认为他们需要做类似的事情。政府认为他们可以主持建造所谓的第五代计算机——拥有大量CPU单元以提高性能的计算机。美国政府一度大力推动计划的实施，但这个计划从未变成现实。日本政府所做的类似努力让日本经济倒退了好几年，因为他们投入了数十亿美元却收效甚微。2009年，奥巴马总统启动了一个投资太阳能的项目。政府决定去做投资，我认为这是一件好事情。政府在不同公司投入了资金。在这些公司里，有一家叫Solyndra的公司拿到了5亿美元的投资，其中大多数来自政府。但这家公司在2011年倒闭了。当时，政府和民主党饱受批评。奥巴马总统的声誉遭受严重打击，因为是他推动设立了这个项目。能源工业在这些公司身上投入巨资，却因此而损失了数亿美元。[1]

杰瑞·卡普兰认为，当我们看到美国政府的类似计划时，我们必须持一种怀疑的态度。美国所谓的政策，很多时候不过是一群拥有美好愿望的人召开了一次政府会议，并发布了一些相关文件。这些东西通常并不具有约束力。白宫能做的事情非常有限。他们必须劝说工业界，劝说人们去做这件事。中国的公众看到美国公布了什么人工智能国家战略，也许会很焦虑。中国公众会想，我们也需要在这个领域做些什么，因为美国政府认为这很重要。但是，这种报告和政府声明在美国和中国的意义截然不同。中国政府拥有比美国政府强大得多的能力来将计划付诸行动。

1.AI只是人类的工具：专访杰瑞·卡普兰，https://zhuanlan.zhihu.com/p/24761876

显然，在讨论所谓“国家科技战略”的时候，我们需要认清不同国家在制定、实施相关政策时不同的角色和行动能力。对中国来说，政府和整个社会一向注重科技发展。今天是一个最好的将AI提升到科技发展战略层面，加强全社会协作与资源共享，发挥人才优势，快速占领AI产业制高点的机会。

从谷歌的“AI先行”看科技企业的AI战略

假如在互联网公司里找一家总是引领科技潮流的“前沿标杆”，那很多人都会想到谷歌。这绝不是因为谷歌有免费的美食和乐园一般的办公环境。谷歌之所以为谷歌，最重要的是，无论在哪一次重大的技术变革中，谷歌几乎都能敏锐地捕捉到先机，早早建立起领先竞争对手一两年乃至三五年的巨大技术优势。

当年，在移动互联网还在襁褓之中的时候，谷歌高层就极为重视，连续通过自研与收购相结合，为移动互联网打造了Android操作系统和Chrome浏览器两大基础平台。2009年前后，当iPhone手机和Android手机刚刚出现在普通人视野之中的时候，谷歌内部就要求大家按照“移动先行”（Mobile First）的战略来安排产品设计和技术布局，包括最核心的搜索引擎、地图、YouTube等在内的全系列产品早早就与移动应用场景接轨。拿产品用户界面来说，早在移动用户占比还不足全部流量的40%时，谷歌内部就要求所有产品的用户界面必须重点适配当时还特别狭小的手机屏幕——这一决策对谷歌产品的全面“移动化”至关重要。

要知道，在移动互联网时代，评论者经常嘲笑谷歌错失社交网络的绝好机遇，也经常揶揄谷歌连续关停Google Reader等人气产品。如果只看具体的应用级产品，谷歌在移动互联网时代的表现确实毁誉参半。但如果上升到战略层面，那么，谷歌对互联网技术大格局的认知之早、把握之准，实在是傲视同侪，比竞争对手高明太多。这就是谷歌能够顺利跨越互联网到移动互联网的转型关口，始终保持全球领先优势的原因所在。

同样地，这一次人工智能热潮到来之前，谷歌早早就做好了技术积累与铺垫。早在我刚加入谷歌、开始创立谷歌中国的2005年，谷歌研究部门的总监彼得·诺维格（他也是《人工智能：一种现代的方法》的作者）就在谷歌中心园区的43号楼举办了一个每周一次的机器学习课程。那时，在谷歌内部的研究团队和工程团队里，依赖机器学习技术解决实际问题的场景还不算多。但彼得·诺维格的课程已经吸引了包括大牛杰夫·迪恩在内的许多工程师，每次讲课都济济一堂，课程还被录成视频，在谷歌全世界的几十个办公室传播。

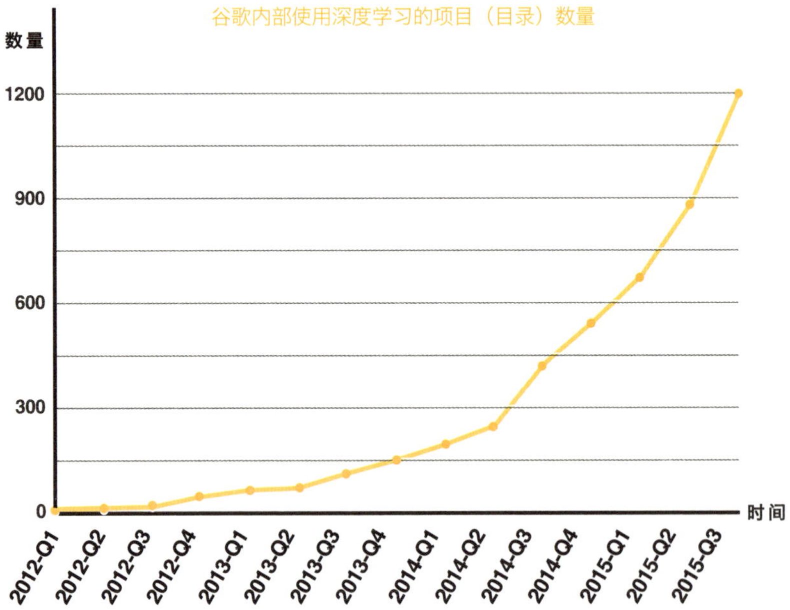

图54　深度学习在谷歌内部项目中的应用呈现迅速递增的态势[1]

1.Large-Scale Deep Learning for Intelligent Computer Systems，http://www.wsdm-conference.org/2016/slides/WSDM2016-Jeff-Dean.pdf

2006年到2010年，深度学习在理论和实际应用上连续取得里程碑式的突破。对技术极为敏感的谷歌研究员和工程师几乎在第一时间注意到了技术革命的曙光。杰夫·迪恩带领谷歌内部最为精干的技术团队，开始打造神秘的谷歌大脑——这绝对是高科技公司内部第一次基于深度学习理论，建立如此大规模的分布式计算集群。谷歌大脑的意义，绝不仅仅是打造了一个可以进行深度学习计算的高性能平台这么简单。实际上，随着谷歌大脑成为谷歌内部越来越多技术项目的基石，谷歌也自然而然地喊出了“AI先行”（AI First）的战略口号。

从2012年到2015年，谷歌内部使用深度学习（绝大多数都依赖于谷歌大脑）的项目数量从零迅猛增长到一千多个。随着谷歌TensorFlow深度学习框架的开源，谷歌以外得益于谷歌大脑的项目更是数不胜数。到了2016年，“AI先行”在谷歌已经不只是一句口号，而是随处可见的事实了。

2015年，谷歌创始人拉里·佩奇和谢尔盖·布林宣布成立母公司Alphabet，而谷歌则变成了Alphabet旗下诸多子公司之一。

图55　谷歌母公司Alphabet旗下的主要子公司一览

为什么拉里·佩奇和谢尔盖·布林要重组公司结构，将谷歌置于母公司Alphabet的旗帜之下？有人说，这是在分离健康盈利的资产和暂时亏损的早期项目；有人说，这是在给每个独立业务的未来发展提供更广的成长空间；有人说，这是在用兄弟公司打造生态系统，实现相互加持……

我认为，上述说法都有道理。但拉里·佩奇和谢尔盖·布林之所以要重组公司，还有一个重要原因就是要以谷歌大脑为基础，建立一个面向人工智能时代的新技术平台。在这个平台上，基于深度学习的谷歌大脑是驱动引擎，几乎每一家Alphabet旗下的子公司都像是安装了这一引擎，在不同赛道上飞驰的赛车。这里面既有人工智能驱动的生物医疗项目Calico，也有智能家居项目Nest，既有曾风光无限的自动驾驶项目Waymo，也有面向智慧城市的Sidewalk Labs。当然，Alphabet旗下最能带来现金收益的龙头老大，还要数早已将人工智能作为核心竞争力的搜索与移动互联网巨头——谷歌。

所有这些围绕人工智能技术建立的战略方向，让整个Alphabet集团变成了世界上最大的AI平台！

谷歌的“AI先行”战略为谷歌带来了展望未来的最好资本。其他互联网巨头或高科技公司也不甘示弱，纷纷展开面向AI时代的战略布局。

老牌IT公司IBM未来10年的战略核心是“智慧地球”计划，希望在智慧能源、智慧交通、智慧医疗、智慧零售、智慧能源和智慧水资源等领域全面发力。IBM Watson作为知识解决服务的代表，营收已占IBM总营收的22.17%[1]。今天的IBM Watson已经不再是一个单一的智能系统，而是被分解成不同领域里的人工智能组件，隶属于40多种不同的产品，分别解决不同行业、不同场景下的AI问题。

1.全球创新论坛（微信公众号），2016.12，知己知彼：深度解码硅谷四巨头的AI布局

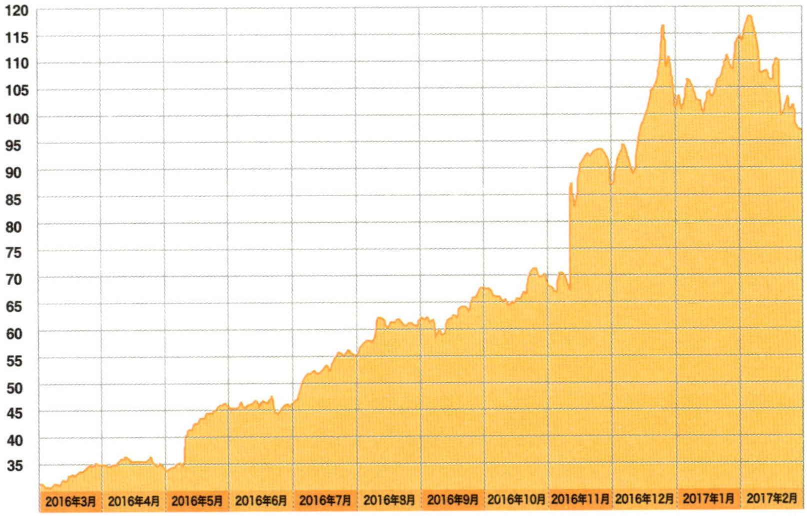

图56　2016年3月至2017年2月，英伟达（NVIDIA）公司股价的走势[1]

在显卡芯片领域深耕多年的英伟达（NVIDIA）公司在人工智能时代迎来了最好的机会。因为深度学习天生青睐于显卡中图形处理器（GPU）的强大计算能力，英伟达公司在AI时代一跃成为比英特尔CPU还要抢眼的核心驱动力。虽然深度学习的底层计算、加速芯片还远未达到一种技术包打天下的地步，GPU架构之外尚有ASIC、FPGA等多种不同的基础架构，但在深度学习的芯片市场上，英伟达已占据先机。与此同时，英伟达又多点布局，全面开展对深度学习加速软件、高性能深度学习计算服务器、自动驾驶解决方案等产品的研发。过去一年里，英伟达的股价一路飙升，这基本反映了英伟达在人工智能技术体系内的重要程度。

社交网络巨头Facebook不但将深度学习“三巨头”之一的扬·勒丘恩招至麾下，还挖到了著名深度学习框架Caffe的作者，曾在谷歌大脑工作的贾扬清。2016年11月，Facebook宣布，贾扬清的技术团队基于Caffe开发了一个基于移动

1.https://www.google.com/finance?q=NASDAQ%3ANVDA

设备的深度学习框架Caffe2go，首次在运算能力受限的手机上实现了实时的图像与视频捕获，以及后续基于深度学习的分析、处理。贾扬清说："随着我们的不断进步，你可以想象，可以在（移动）设备上运行的实时AI技术将能帮助这个世界变得更加开放，让人与人之间的联系得以加强，特别是在无障碍应用和教育等领域。可以拿在手上的智能设备将会持续地改变我们对智能的定义。"[1]

谷歌、Facebook等互联网巨头不但在战略上纷纷布局人工智能，在技术层面加大人工智能的研发力度，还在最近五六年的时间里，大幅提高了对人工智能初创公司的收购力度。例如，谷歌收购DeepMind公司并推出震惊世界的AlphaGo的故事早已成为人工智能领域最值得称道的投资案例。事实上，据不完全统计，从2011年开始，谷歌、IBM、雅虎、英特尔、苹果等科技巨头总计收购了140家初创的AI公司，其中，仅2016年一年，科技巨头对AI初创公司的收购案例就多于40件。

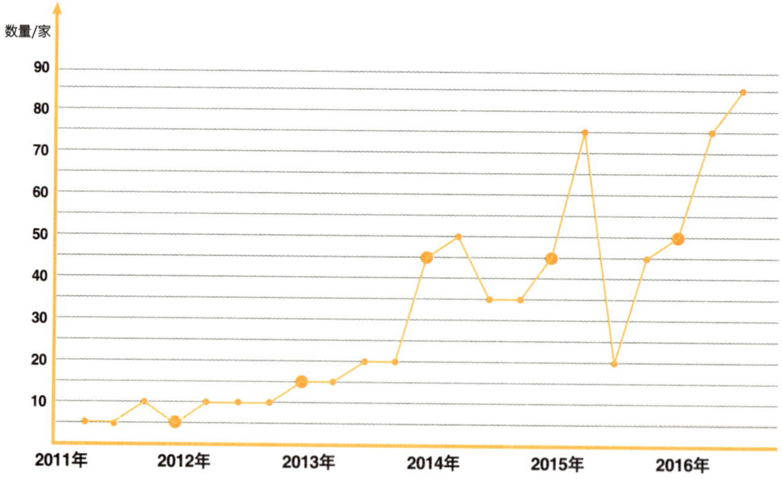

图57　按季度统计的AI初创公司被收购和并购的数量[2]

1.新智元（微信公众号），2016.11，【重磅】Facebook贾扬清发文，Caffe2go将开源，手机就能训练神经网络

2.The Race For AI: Google，Twitter，Intel，Apple In A Rush To Grab Artificial Intelligence Startups，https://www.cbinsights.com/blog/top-acquirers-ai-startups-ma-timeline/

迄今为止，人工智能方向金额最为庞大的一笔收购发生在自动驾驶领域。2017年3月初，据报道，英特尔公司以153亿美元的巨资收购曾经为特斯拉Autopilot辅助驾驶方案提供技术的以色列公司Mobileye。这一收购创下以色列科技公司被收购的最高价，也深刻影响了整个人工智能的创投格局。例如，所有研发自动驾驶技术的创业公司在下一轮融资时，也许都会用这个收购案作为对标依据。

人工智能已经成为高科技企业制定战略规划时无法忽视的一部分。无论是依靠自身力量建立人工智能团队，还是通过收购、并购的方式获得相应的研发能力，高科技企业越早重视人工智能，越早拥有人工智能技术力量，就越容易掌控未来竞争。

科技“巨头”的潜在威胁

科技巨头全面拥抱人工智能，这当然是驱动技术革命的重要力量。但另一方面，科技巨头在人工智能领域的巨大投入也隐隐让专业人士为之担忧：AI时代，数据为王。谷歌等行业巨头坐享地球上最为丰富的大数据资源，利用这些庞大数据资源帮助人类克服挑战、解决问题当然最为理想，但谁又能从法律、道德等层面保证，对这些大数据资源的垄断不会成为行业巨头谋求一己私利的壁垒与工具？

硅谷著名投资人、网景公司（Netscape）联合创始人马克·安德森（Marc Andreessen）说，大企业在AI领域拥有几个巨大的优势[1]：

- **懂得如何创建AI系统的人数非常有限。大企业可以为他们支付比**

1.Venture capitalist Marc Andreessen explains how AI will change the world, http://www.vox.com/new-money/2016/10/5/13081058/marc-andreessen-ai-future

创业公司更多的薪酬，就像雇用体育明星。大企业差不多可以把他们都收入麾下，留给其他企业的人才将少之又少。

·AI项目通常都非常大、非常复杂。这是全新的科技领域。亚马逊的Echo智能音箱是大约1500名工程师开发4年才完成的（注：马克·安德森这里说的工程师人数应该是有些夸大了，亚马逊CEO杰夫·贝索斯2016年5月在另一个场合的说法是：经过4年发展，Echo团队目前已有超过1000名员工[1]）。创业公司可没法投入如此多的资源。

·此外，还有对数据的需求。你需要巨大数量的数据集来创建AI应用。谷歌和Facebook之类的大型企业可以访问浩如烟海的数据资源，而创业公司则只能望洋兴叹。

2016年9月，谷歌（包括DeepMind）、亚马逊、Facebook、IBM和微软等甚至结成了AI联盟（Partnership of Artificial Intelligence），并宣称："我们相信人工智能技术必将改进人们的生活质量，并可帮助人类解决气候变化、粮食、不平等、健康和教育等全球性问题。为了更好地造福人类和社会，AI联盟致力于引导研究，组织讨论，分享观点，提供思想领导力，征询第三方建议，回答公众和媒体的疑问，并创建教学资源以推动包括机器感知、学习、自动推理等领域的AI技术普及。"[2]

巨头围绕AI技术结成伙伴关系，共同推动AI发展和合理应用，从这样的角度来看，这当然是件好事。但从另一个角度来说，巨头联盟只会加剧资源的进一步集中甚至是封闭。

我在参加瑞士达沃斯经济论坛时，曾和维基百科创始人吉米·威尔士

1.Jeff Bezos says more than 1,000 people are working on Amazon Echo and Alexa，http://www.recode.net/2016/5/31/11825694/jeff-bezos-1000-people-amazon-echo-alexa

2.https://www.partnershiponai.org/

等人讨论平台的力量。我们觉得，在国际化、资本、互联网趋势等共同作用下，未来的AI将会形成非常强大的平台，美国如谷歌、Facebook，中国如微信、淘宝。这些平台将汇集、整合原本零散的内容或应用，并因此大幅改善用户体验，使更多用户更容易享受到AI的巨大价值。

但专业人士和普通公众也有理由对这些集中了大量数据和计算资源的AI平台提出合理的质疑。例如，这些平台特别是巨头联盟的力量将特别强大，它们对整个科技圈的舆论影响将是决定性的。体量较小的平台发出的不同声音，很难在巨头世界里传达给普通公众。

同时，巨头围绕AI建立的平台也缺乏足够的透明性，较难与外界保持有效的沟通。一旦这些AI平台的利益与公众利益不符，在商业上也找不到可以制衡这些大平台的第三方力量。举个例子，假如Facebook借助庞大的社交网络资源，希望通过智能算法主动引导信息流动，并进而影响美国总统大选时的选民倾向，这在技术上几乎是完全可行的。我们当然知道，目前的谷歌、Facebook等巨头对人类的实际贡献远多于它们“作恶”的可能性，但从法律、道德角度，我们又必须想办法防范这一潜在风险。因为再友善的巨头本质上也是商业公司，巨大的商业利益永远是诱惑它们“作恶”的诱饵。

技术开源和数据开放方面，其实谷歌已经算是做得非常好的了。谷歌开源的TensorFlow框架，已经成为业界深度学习的标准框架之一。谷歌在过去的几年时间里，连续开源YouTube 8M、Open Images、AudioSet等包含数百万份视频、图片、音频的标注数据集，为人工智能领域的科研发展提供“原材料”。但我们也必须知道，谷歌、Facebook这样的大企业很难主动开放那些关乎它们核心业务的网页标注、结果排序的特征、用户点击次数、广告转换指标等，对这些数据的垄断将AI世界里的大数据海洋分割成了一个个相互隔离的区域。

更糟糕的是，巨头建立的AI平台以及巨头之间的结盟关系，有可能让数字鸿沟变得越来越严重。信息在人工智能算法的组织、管理下，会更多地向有信息理解和处理能力的平台、企业、终端用户倾斜，接受过高等教育、积极参与网络生活的用户更加容易获得信息和人工智能应用的帮助，而教育水平低、较少参与网络生活的用户则难以找到可以改善自己生活的有效信息。想一想电子商务平台上的智能推荐算法：一个用户越是频繁购物，就越容易得到最适合自己的商品信息。类似的场景会在许多有真实信息需求的领域存在，信息或大数据世界里的富者愈富、穷者愈穷现象并不是危言耸听。

对于这样的“巨头风险”，我觉得我们应该从法律和制度建设层面，多做些有前瞻性的事情，包括：

·提高大数据和人工智能应用领域的透明度，鼓励公开那些不涉及用户隐私和商业机密的研发成果，鼓励开源。

·更多地鼓励利用区块链技术管理数据和信息流动，从技术和制度双方面打破科技巨头对大数据的垄断。

·成立有社会责任感的VC基金，专注于新兴的大数据和人工智能方向。

·多关注能够帮助落后人群获取信息、享受AI福利的平台。

·鼓励大众和媒体去监督行业巨头的商业行为。

在瑞士达沃斯，我受邀与麻省理工学院媒体实验室负责人伊藤穰一探讨巨头可能对AI的垄断。我的看法是，目前的体系会持续促使大型科技企业不断发展。它们有能力垄断资源、垄断数据，在商业利益和激烈竞争的驱使下，它们会不断地竞逐更为精进的技术能力，为公司赚取更大的利益。对于较小企业，进入AI市场的难度的确比移动互联网时代的创业高出非常多。我呼吁大力推动AI生态系的开放性。在创新工场北京总部和我们所投的创业公司体系中，已经启动了全新的AI技术相关研发工作。近期，创新工场也成立了人工智能工程院，带着孵化中国AI生态系的目标投入大量资源，招聘培训一批年轻工程师入门AI领域，展开可公开数据集的采集和标注。我们也积极寻求在中国和全球资本市场的融资和成长机会。

我觉得，目前有些公司采取所谓公开透明的做法，其实是很讨喜的宣传手段。但我也确实担心，下面这种两难问题会不会出现：一些公司选择通过自律或推动立法来限制错误的发生，但另一些公司不会这么做。自然而然，比较规范自律的公司由于发展顾虑更多、更全面，相对发展速度上可能放缓；而较不顾虑错误发生的企业，反而可能成为最快速或最成功的那一方。这很难说是一个好的还是不好的发展态势。

例如在自动驾驶技术的开发上，谷歌很小心谨慎，把保护驾乘人员和行人放在了极其重要的位置上，技术不成熟就不推广；相反，特斯拉的Autopilot就很激进，会直接把测试版产品拿给公众进行试验。然而现在看来，特斯拉造出好的自动驾驶汽车的可能性也许要更大一点儿。所以，这个难题对任何规模、任何阶段的企业，都是一个道德层面的决策。

伊藤穰一则认为，随着世界愈发紧密互联，要以“赢家通吃”的玩法去垄断市场越来越难。现在，如果某个个体试图进行垄断行为，会自动触发市场机制。市场竞争会形成限制：如果某方采取垄断动作，对标竞争的另一方会花数百上千万美元去找到超级优秀的AI博士们来迎头赶上。现今人才培养的源头已经到位，但我担心，当某个企业实现了垄断甚或做上了寡头的时候，自然而然能顺势招募AI领域的全球才俊，吸引能够负担他们百万美元酬金的投资人，种种多方因素都正汇聚在一起。市场单方面依赖竞争机制进行调节并不完善。

伊藤穰一说：“因此，我对开复和创新工场在中国推动的开放做法特别感兴趣。而且，资本主义的市场竞争是不会激励大家分享数据、资源和市场的。传统的政府监管方式过去曾经行之有效，但在面对互联网的开放和动态结构时，这种传统的监管方式将会失效。现在这些AI、比特币和其他所有领域中的问题，都不是过去10年、20年间学者们研究的题目，而是真正在资本市场能够快速赚钱的技术。然而相较于开放的互联网，行业不曾充分在开放领域来探讨这些技术衍生的问题和现象，这是我的担忧所在。”[1]

总的来说，巨头垄断大数据资源、垄断科研与舆论的风险客观存在。而在国家政策层面、法律法规层面甚至道德层面，我们还缺乏应对这种潜在风险的有效体系。

我感觉，尽管存在潜在威胁，但这就像人类站在一道刚刚开启的大门面前，门外是一个美丽而神秘的新世界，既流光溢彩又暗藏危机。勇敢者必会脚踏实地，正视问题，大胆实践。因为大门外面，是人类真正的未来。

1.创新工场（微信公众号），2017.2，李开复与MIT实验室负责人焦点对谈：AI时代的变革比每一次工业革命都快

AI创业是时代的最强音

伟大的创业需要生逢其时

创业大潮里，有的创业者脱颖而出，有的创业者负重前行。我们虽不以成败论英雄，但如果一定要找一条诞生伟大公司的必要条件，我会选择“生逢其时”。

雷军创立小米的传奇让“风口论”深入人心——只要站在风口，猪也能飞起来。有人说，这是绝对的机会主义。但在创业的时代大潮中，是否符合科技大趋势的确是决定创业成败的第一要素。

同样生于1955年的比尔·盖茨和史蒂夫·乔布斯在竞争桌面电脑时代的王者地位时，两个人都才20岁出头，他们都年轻气盛，也都有着傲人的天资。但设想一下，如果盖茨和乔布斯在20世纪70年代就开始投入互联网创业（我这个假设并不是异想天开，因为20世纪70年代，早期互联网已经开始连接几所美国大学并开展实验运行），那他们恐怕连足够支持创业的投资都拉不到。

生于1964年的杰夫·贝索斯在1994年创立亚马逊，生于1968年的杨致远同样在1994年创立雅虎。1994年，那时互联网刚刚开始在欧美普及，欧美之外很多地方的电脑用户还不知互联网为何物。贝索斯和杨致远在30岁上下的年纪，抓住了互联网萌芽、兴起的最好时期，用他们的创业天分，为互联网时代打下了带有个人特色的烙印。

生于1983年的凯文·斯特罗姆（Kevin Systrom）和生于1990年的伊

万·斯皮格（Evan Spiegel）是移动互联网时代创业明星的代表。无论是凯文·斯特罗姆在2010年创立的图像社区Instragram，还是伊万·斯皮格在2011年创立的社交工具Snapchat，他们这种类型的创业必须依附于移动互联网的“风口”。如果这两个年轻人在移动互联网时代硬是要去创立一个新的PC机品牌，与戴尔、联想、惠普竞争，那无论他们俩的个人天赋怎样，创业都必将以失败而告终。

同样地，在中国，李彦宏创立百度、张朝阳创立搜狐，他们都抓住了20世纪90年代互联网普及的“红利期”，而马化腾、马云则分别在正确的时机站到了社交工具与电子商务的潮头。移动互联网时代，中国科技产业尤其异彩纷呈。前两年一场O2O浪潮，就如大浪淘沙一般，数以千计的初创公司昙花一现，但美团、滴滴等明星公司也脱颖而出。

雷军2010年创办小米时，移动互联网的大格局才刚刚显现。第一批移动互联网用户大都在使用相对昂贵的iPhone手机和Android手机，中国大量普通用户的痛点是难以接受高性能手机的高昂价格。小米在最恰当的时间，为移动互联网的普及注入了一针强心剂——性价比超高的智能手机。无论手机市场今后如何发展，我们都无法抹杀小米在中国手机发展史上的关键地位。小米之后，“小米模式”成为业界竞相研究的对象，智能手机的性价比如何，也成为大量用户选购手机时的重要考虑因素。如果没有小米在最好的时机做了这样一件“生逢其时”的事情，中国移动互联网的普及肯定会来得迟一些。2010年时的雷军本人，就是“风口论”的最佳实践者。

那么，今天呢？

刚好20岁、30岁，有志创业的年轻人，该如何寻找今天的创业“风口”呢？我想，看过这本书的读者，心中应该已经有了一个最好的答案——人工智能！

人工智能时代刚刚到来，人工智能领域的各种创业机会还处在相对早期的发展阶段。未来四五年对于人工智能时代的意义，和20世纪70年代、80年代对于PC时代的意义相比，绝对毫不逊色。几乎可以预言，如果人工智能时代也会出现苹果、微软、谷歌、百度、阿里、腾讯等伟大公司的话，那么，这些伟大公司一定会有相当数量是在这四五年里创立的。

在这样一个大时代、大格局来临的前夕，世界各国都加强了人工智能发展的布局，支持和鼓励人工智能方向的创业。不用说，在美国，世界最成熟的风投资本几乎步调一致地将目前的投资重点由移动互联网转向了人工智能。因为资本、人才和市场三位一体的优势，美国的人工智能初创企业不仅数量最多，而且质量最高、类型最为齐全。从旧金山到硅谷，从西雅图到纽约，在AI芯片、AI平台、自动驾驶、智慧金融、智能医疗、机器人、智能物联网、智能教育、智能客服等领域里创业的公司数不胜数。有兴趣的读者，可以从CB Insights发布的前100家人工智能初创企业名录[1]中，寻找一下美国当下人工智能创业的趋势和脉络。

英国是另一个人工智能创业的乐园，研发AlphaGo的DeepMind就是一大批英国AI创业明星中的代表。2017年1月，我和伦敦市长萨迪克·汗（Sadiq Aman Khan）讨论英国人工智能创业氛围时了解到，英国之所以在人工智能创业领域独具特色，主要是因为英国有足够优秀的人工智能科学家，在科研领域处于世界顶尖水平，但在资本、市场等大环境上，英国仍无法与美国相比，这是包括DeepMind在内的许多英国创业团队都被美国公司收购的原因。萨迪克·汗觉得，英国应当加强自己的资本生态系统（英国支持科技创新的资本总量比美国、中国还是差了不少），同时需要让本土技术能更快地走向美国、中国等更大的市场。[2]

加拿大是人工智能创业的“科研型孵化器”。深度学习三巨头中，杰

1.https://www.cbinsights.com/research-ai-100

2.李开复达沃斯速递（IV），http://mt.sohu.com/20170122/n479376336.shtml

弗里·辛顿和约书亚·本吉奥都在加拿大的大学教书，这直接促成了加拿大极为出色的人工智能研究氛围。大批人工智能方向的优秀学生从加拿大的大学毕业。他们中的相当一部分都“南下”美国工作或创业，但也有不少人选择在加拿大开始他们的创业历程。2016年10月，约书亚·本吉奥启动了一个名叫Element AI的创业孵化项目，专注于深度学习技术研发，帮助蒙特利尔大学和麦吉尔大学的人工智能研究项目建立初创公司。约书亚·本吉奥说：“我将努力在蒙特利尔大学建立一个‘人工智能’生态。”[1]

中国的人工智能创业几乎与世界同步。根据《乌镇指数：全球人工智能发展报告2016》[2]的统计：人工智能领域，美国与欧洲投资较为密集，数量较多，其次为中国、印度、以色列。美国共获得3450多笔投资，位列全球第一；英国获得274笔投资，位列第二；中国则以146笔投资位列第三。美国人工智能企业总数为2905家，全球第一。仅加州的旧金山/湾区、大洛杉矶地区两地的企业数量即达到1155家，占全球的19.13%。中国人工智能企业数量虽不及美国，但在北京、上海、深圳三大城市，也集中了一批高质量的人工智能团队。北京、上海、深圳的AI企业数量占全球总数的7.4%，在东亚地区位列前三。其中，北京的AI企业就有242家。

AI时代，最大“风口”就是人工智能本身。肯定不是所有猪都能在风口飞起来，但要做一飞冲天的创业英雄，就一定要看准科技大势，选择最正确的时机做最正确的事。

1.AI Pioneer Yoshua Bengio Is Launching Element AI，a Deep-Learning Incubator，https://www.wired.com/2016/10/ai-pioneer-yoshua-bengio-launching-element-ai-deep-learning-incubator/

2.乌镇指数：全球人工智能发展报告2016，http://sike.news.cn/hot/pdf/10.pdf

人工智能的商业化路线图

本质上，过去20年的互联网和移动互联网是一个不断将线上、线下的业务场景紧密连接，同时也不断促使数据产生、流转、集中和再利用的过程。如果把世界看成一个大市场，互联网和移动互联网的作用就是让这个大市场中的信息更透明，让信息流通更顺畅，以此降低交易成本，消除信息不对称。

但在知识、数据的积累达到一个顶峰，业务流程也因为信息的高效流转而顺畅连接到一起后，如何进一步提高生产率，降低业务成本，提升业务收入呢？我们认为，下一次生产率革命的关键是“自动化”，而人工智能正是帮助现有流程实现自动化的最好工具。

从投资人的角度看，AI兴起的最大契机还不是深度学习技术的发明，而是过去20年互联网、移动互联网的高速发展对自动化的强烈需求。有了这个需求，有了成熟的业务流程和高质量的大数据，深度学习技术的突破就是“万事俱备，只欠东风”的事了。

所以，战略方面，我们丝毫不用担心AI能否落地、能否商业化。谷歌、Facebook、百度等互联网巨头的搜索和广告业务本质上就是机器学习驱动的，而且早已被证明是成功的。我们需要关心的只是人工智能在接下来的时间内，以何种趋势、何种方式在其他领域落地的问题。

创新工场管理合伙人、资深投资人汪华认为，人工智能的商业化大致可分为三个主要阶段：

第一阶段，AI会率先在那些在线化程度高的行业开始应用，在数据端、媒体端实现自动化。这一过程会首先从线上“虚拟世界”开始，随着在线化的发展扩张到各个行业，帮助线上业务实现流程自动化、数据自动化、业务自动化。

互联网和移动互联网的发展已经在许多领域为AI做好了业务流程和数据上的准备。拥有高质量线上大数据的行业会最早进入人工智能时代。例如，大家常说金融行业是目前人工智能应用的热点，这正是因为金融行业特别是互联网金融已经做好了使用AI的准备。此外，美团等公司将餐饮服务与线上业务连接了起来，滴滴、摩拜单车等公司将交通出行与线上业务连接了起来，在这些拥有线上业务流程和高质量数据积累的地方，AI同样开始发挥作用，大幅提高线上业务的自动化程度。

第二阶段，随着感知技术、传感器和机器人技术的发展，AI会延伸到实体世界，并率先在专业领域、行业应用、生产力端实现线下业务的自动化。

可以感知实体世界信息的传感器和相关的感知技术会越来越成熟，越来越便宜。在线下业务中，计算机系统可以通过物理方式接收线下信息或帮助完成线下操作。这个转变意味着人工智能从线上的“虚拟世界”走进了线下的实体世界。这个阶段，人工智能的商业化会首先从生产力的角度切入，整个世界的生产制造会逐渐被AI渗透。工业机器人、仓储机器人、物流机器人等将在这个阶段实现大范围的普及。

第三阶段，当成本技术进一步成熟时，AI会延伸到个人场景，全面自动化的时代终将到来。

随着技术的日趋成熟，相关的智能产品价格大幅下降，AI终将从企业应用进入个人和家庭。那时，每个人的工作和生活中，大量的应用场景都会因为AI的帮助而更加自动化、更有效率，人类的生活质量终将因AI的普及而大幅提升。这个阶段里，AI商业化的核心目标是创建全面自动化的人类生活方式。

根据汪华的判断，我们目前正在进入AI商业化的第一个阶段，也许只需要3年左右的时间，AI就可以在各种在线业务中得到普及。AI商业化的第二个阶段，要花五六年、六七年的时间才能充分发展起来。而标志着全面自动化的第三阶段，也许需要十几年或更长的时间。

就像过去20年互联网和移动互联网的商业化所走过的历程一样，人工智能的商业化会以自己的节奏，分阶段、分步骤地渗透到人类生产、生活的方方面面。而且，AI对整个社会的改变，可能比过去20年互联网革命所带来的改变要大得多。能否准确把握AI商业化的脉络，是AI时代的创业能否站在“风口”上的关键。

AI创业的五大基石

每个时代的创业有每个时代的特点。人工智能创业就与此前的互联网时代创业、移动互联网时代创业很不相同。

图58　人工智能创业的五大基石

按照我的归纳和总结，人工智能时代的创业有五个前提条件：

· 清晰的领域界限：人工智能创业，要解决的领域问题一定要非常清晰，有明确的领域边界，因为这一类问题是今天以深度学习为代表的人工智能算法最善于解决的。例如，同样是做机器人，如果做一个借助视觉传感器更好地规划扫地线路、提高清洁效率的扫地机器人，将机器人的需求限定在一个有限的问题边界内，这样的解决方案就相对靠谱；如果上来就要做一个长得像人一样、可以与人交流的人形机器人，那以今天的技术，做出来的多半不是人工智能，而是“人工智障”。

· 闭环的、自动标注的数据：针对要用AI解决的领域问题，最好要在这个领域内，有闭环的、自动标注的数据。例如，基于互联网平台的广告系统可以自动根据用户点击以及后续操作，收集到第一手转化率数据，而这个转化率数据反过来又可以作为关键特征，帮助AI系统进一步学习。这种从应用本身收集数据，再用数据训练模型，用模型提高应用性能的闭环模式更加高效。谷歌、百度等搜索引擎之所以拥有强大的人工智能潜力，就是因为它们的业务，比如搜索和广告本身就是一个闭环的系统，系统内部就可以自动完成数据收集、标注、训练、反馈的全过程。

· 千万级的数据量：今天人工智能的代表算法是深度学习。而深度学习通常要求足够数量的训练数据。一般而言，拥有千万级的数据量是保证深度学习质量的前提。当然，这个“千万级”的定义过于宽泛。事实上，在不同的应用领域，深度学习对数据量的要求也不尽相同。而且，也不能仅看数据记录的个数，还要看每个数据记录的特征维数，特征在相应空间中的分布情况，等等。

· 超大规模的计算能力：深度学习在进行模型训练时，对电脑的计算能力有着近乎“痴狂”的渴求。创新工场曾经给一个专注于研发深度学习技术的团队投资了1000万元人民币。结果，团队建设初期才两三个月时间，仅购买深度学习使用的计算服务器就花掉了700多万元。今天，一个典型的深度学习任务，通常都要求在一台或多台安装有4块甚至8块高性能GPU芯片的计算机上运行。涉及图像、视频的深度学习任务，则更是需要数百块、数千块GPU芯片组成的大型计算集群。在安装了大型计算集群的机房内，大量GPU在模型训练期间发出远比普通服务器多数十倍的热量。许多机房的空调系统都不得不重新设计、安装。在一些空调马力不足的机房里，创业团队甚至购买了巨大的冰块来协助降温。

· 顶尖的AI科学家：今天的人工智能研发还相当依赖于算法工程师甚至是AI科学家的个人经验积累。水平最高的科学家与普通水平的算法工程师之间，生产力的差异不啻千百倍。人工智能创业公司对顶尖AI科学家的渴求直接造成了这个领域科学家、研究员的身价与日俱增。谷歌雇用杰弗里·辛顿、李飞飞，Facebook雇用扬·勒丘恩，据说都开出了数百万美元的年薪。国内AI创业公司如旷视科技，也用令人瞠目的高薪，将机器视觉领域的顶尖科学家孙剑“挖”了过来，担任公司的首席科学家。

AI创业的泡沫现象及六大挑战

当然，看到人工智能创业机遇的同时，我们也必须保持足够清醒的头脑。2016年到2017年，人工智能的创业和投资明显存在无序、失衡、过热的情况。人们常常担忧的泡沫现象的确存在。

看一看如星火燎原一般在美国、中国、以色列等地建立的自动驾驶创业团队吧，自动驾驶这个行业确实巨大，但真的需要那么多早期创业团队吗？要做一个第4级或第5级的自动驾驶，技术难度异常大，非要投入巨资和最顶尖的研发人才不可。那么，这么多初创的自动驾驶团队里，究竟有几个是可以在自动驾驶普及的那一天幸存下来并成长为行业巨人的呢？

家用机器人的概念就更别提了。那么多号称开始研发家用机器人的公司，如果是做亚马逊Echo那样限定使用场景的智能家电还好说，如果上来就要做语言交流、人形外观的机器人，那几乎一定会因为技术水平无法达到人类用户的预期而走向失败。这道理很好理解，越是长得像人的机器人，用户就越是会用人的标准去衡量、评价它，希望越大，失望也就越大。

语音和自然语言处理方面的创业也有类似问题。今天的语音识别虽然做得相当不错，但机器的能力仅限于感知领域，只能完成听写这种以转录为主的任务。也就是说，机器目前只能很有效地将语音转换为文字，但根本无法直接理解文字的含义。只有限定一个非常特定的领域，技术才能解决问题，如果要求自然语言处理算法支持通用的人机对话，那就不切实际了。目前有许多从事智能客服、智能聊天机器人创业的团队，这些团队如果不善于界定问题领域，就很容易将需求问题变复杂，以至于人工智能技术也爱莫能助。

基于人脸识别技术的身份认证、安防类应用是中国人工智能创业的特色领域，并已经产生了至少四家独角兽或接近独角兽规模的创业公司。但这个领域的市场空间绝对不会像自动驾驶那么宽广，目前二三十家公司都要削尖脑袋挤进人脸识别市场的情况显然是过热了。

基于人工智能的辅助医疗诊断刚刚起步，就出现了一大批瞄准这一方向的创业公司。但只要是熟悉医疗行业的人都很清楚，在这个行业里，要得到闭环的、有标注的、数据量足以发挥深度学习效能的医疗大数据，其难度远超普通人的想象。没有符合要求的医疗数据，人工智能又该从何谈起？所以，在智能医疗领域，今后可以成功的初创公司，一定是那些既懂人工智能算法，又特别了解医疗行业，可以收集到高质量医疗数据的公司。

概括来说，目前的人工智能产业发展面临六大挑战：

一、前沿科研与产业实践尚未紧密衔接：除少数垂直领域凭借多年大数据积累和业务流程优化经验，已催生出营销、风控、智能投顾、安防等人工智能技术可直接落地的应用场景外，大多数传统行业的业务需求与人工智能的前沿科技成果之间尚存在不小距离。面向普通消费者的移动互联网应用与人工智能技术之间的结合尚处在探索阶段。科学家和研究者所习惯的学术语境，与创业者和工程师所习惯的产品语境之间还无法快速衔接。

二、人才缺口巨大，人才结构失衡：据LinkedIn统计，全球目前拥有约25万名人工智能专业人才，其中美国约占三分之一。这一数量级的人才储备远无法满足未来几年中人工智能在垂直领域及消费者市场快速、稳健增长的宏观需求。人才供需矛盾显著，高级算法工程师、研究员和科学家的身价持续走高。人才结构方面，高端人才、中坚力量和基础人才间的数量比例远未达到最优。

三、数据孤岛化和碎片化问题明显：数据隐私、数据安全对人工智能技术建立跨行业、跨领域的大数据模型提出了政策、法规与监管方面的要求。各垂直领域的从业者从商业利益出发，也为数据的共享和流转限定了基本的规则和边界。此外，许多传统行业的数据积累在规范程度和流转效率上还远未达到可充分发挥人工智能技术潜能的程度。

四、可复用和标准化的技术框架、平台、工具、服务尚未成熟：虽然TensorFlow、Caffe、MXNet等深度学习框架已被数以万计的研发团队采纳，相关开源项目的数量也在飞速增加，但一个完整人工智能生态所必备的，从芯片、总线、平台、架构到框架、应用模型、测评工具、可视化工具、云服务的模块化与标准化工作，尚需3年或更长时间才能真正成熟。

五、一些领域存在超前发展、盲目投资等问题：目前的人工智能技术只有在限定问题边界、规范使用场景、拥有大数据支持的领域才能发挥最大效能。但创投界存在盲目追捧，不顾领域自身发展程度，或利用人工智能来包装概念等现象。由此产生的盲目创业和投资问题虽非主流，但仍有可能阻碍整个行业的健康发展。

六、创业难度相对较高，早期创业团队需要更多支持：与互联网时代、移动互联网时代的创业相比，人工智能创业团队面临诸多新的挑战。例如，对高级人才较为依赖，科学家创业者自身的商业实践经验较少，高质量大数据较难获得，深度学习计算单元和计算集群的价格十分昂贵，等等。

AI是中国创新、创业的最好机会

如前所述，AI创业既客观存在局部过热的泡沫，也有巨大的潜能尚待挖掘。总体来说，目前的人工智能大格局中，机遇是主旋律，泡沫和危机是必须克服的局部挑战。这一格局在全球如此，在中国亦如此。

而且，若专就中国AI创业环境来说，人工智能更是助力中国科技腾飞的最好机会之一。互联网和移动互联网时代，中国科技精英已经用淘宝、微信、摩拜单车等“中国创新”让世界看到了我们的创造力和执行力。人工智能时代，中国的人才优势、市场优势、资金优势、坚持多年创新的商业模式优势等，都是人工智能最好的生长土壤。如果措施得当，行动高效，中国甚至有可能借人工智能技术全面占据信息科技的制高点，在创新、创业领域真正成为引领者而不是跟随者。

AI领域，中国人/华人已是科研中坚

2016年，美国白宫发布的《国家人工智能研究与发展策略规划》报告从Web of Science核心数据库里查询提到“深度学习”或“深度神经网络”的文章，统计其数量变化趋势。报告说，从2013年到2015年，SCI收录的论文里，提到“深度学习”的文章增长了约6倍，同时强调：“按文章数计算，美国已不再是世界第一了。”

美国不是世界第一？谁是世界第一呢？报告指出，中国发表的相关论文数量在2013年及以前还落后于美国，而在2014年和2015年，中国的相关论文

数量就跃居世界第一。如果只统计论文数量，中国在AI研究领域，已经是不折不扣的领跑者了。

白宫《国家人工智能研究与发展策略规划》中的数字统计，其实还是存在一些技术上的问题，比如，直接搜索关键字“深度学习”“深度神经网络”，是否真的能涵盖这些年人工智能领域的所有科学研究进展？统计论文数量时，是否要考虑论文所发表期刊的影响因子，以便衡量论文的重要程度？

创新工场使用更严格的条件，只统计Web of Science核心数据库中SCI影响因子较高的人工智能期刊中的论文，并在主题上涵盖人工智能相关的所有科研领域，做了一次独立的数据分析。

根据创新工场的统计，在2006年到2016年的时间段里，近两万篇顶级的人工智能文章中，由华人贡献的文章数和被引用数，分别占全部数字的29.2%和31.8%。近10年，华人用五分之一左右的作者人数，平均贡献了三成的顶级AI研究文章和被引用数。从统计角度来看，这已经是超出平均水平的科研贡献了。

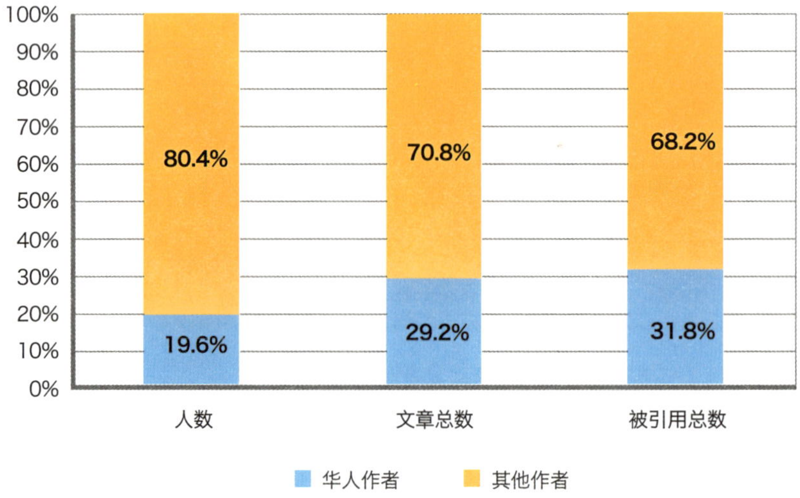

图59 华人在人工智能研究领域的贡献占比

从变化趋势看，2006年到2015年，华人作者参与的顶级AI论文，占全部顶级AI论文数量的比例，从23.2%逐年递增到42.8%。而华人作者参与的顶级AI论文被引用次数，占全部顶级AI论文被引用次数的比例从25.5%逐年递增到55.8%。

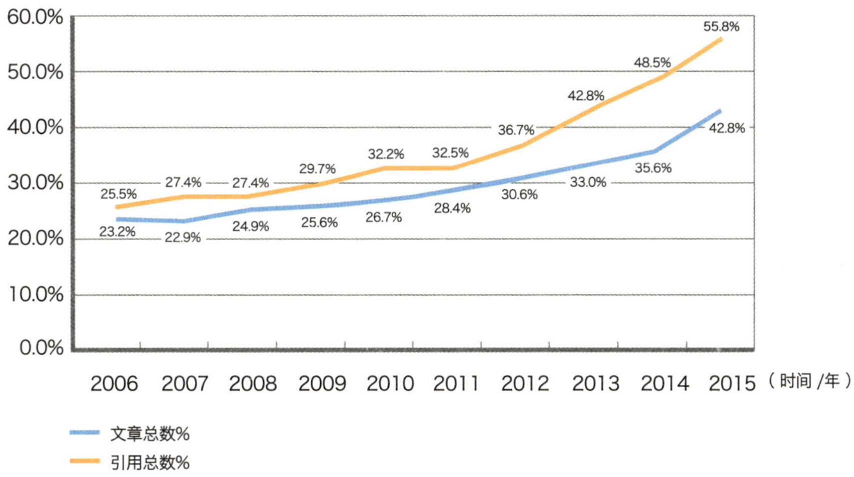

图60　华人在人工智能研究领域贡献的变化趋势

举例来说，《IEEE模式分析与机器智能汇刊》（*IEEE Transactions on Pattern Analysis and Machine Intelligence*，简称PAMI）在2006年到2016年，引用数很多的前500篇顶级的人工智能论文中，作者一共1220人，其中华人科学家、研究者316人，占25.9%。所有作者单独累加计算的被引用数总和是231361次，其中，华人科学家、研究者被引用数总和是63846次，占27.6%。如果单看2014年（当年华人的文章数、引用数均较高）的数据，华人科学家、研究者被引用数占51.8%，超过了半数。

也就是说，即便只统计顶级出版物里的顶级文章，中国人/华人在人工智能领域的贡献，在发展趋势上也和白宫报告中揭示的规律一致——无论从哪个角度来说，中国人/华人正在人工智能领域里发挥举足轻重的作用，而且，从2014年和2015年开始，中国人/华人已经处于人工智能研究的领先地位，占据了人工智能科研世界的半壁江山！

当然，需要特别指出的是，我们不能单看这些反映整体趋势的统计数据就沾沾自喜。事实上，上述数据所表现的，仅仅是中国AI科学家以及全世界的华人AI科学家作为一个整体，已成为AI科研的最大阵营这一事实。但从突破性科研贡献的数量和质量上说，中国还无法与美国相比。如果只统计那种革命式的、里程碑式的突破，中国人或华人的占比就会少很多了。深度学习“三巨头”中没有一个华人面孔，这个事实至少说明，中国或世界华人科研群体中，还缺少顶级大师式的人物。用围棋的段位来比喻的话，就是中国在人工智能领域拥有不少六段、七段甚至八段的高段位棋手，但暂时还缺少九段的顶级高手。

一方面，客观承认中国与美国在AI前沿科研上仍存在较大差异；另一方面，我们也必须看到中国AI科研力量的蓬勃兴起。中国国内的研究者和分布在世界各地的华人研究者，他们在人工智能领域共同构成了一个巨大的人才储备库。无论是从国家的层面，还是从投资者、创业者的层面，我们都应该想办法培育好、用好这个人才库，尽量鼓励海外华人科学家回国创业，或者帮助国内创业团队尽快赶超世界水平。

中国有独具优势的AI创业环境

尽管存在诸多挑战，但我仍然大胆预测，在未来5年内，中国将会诞生许多世界级水平的人工智能企业。为何我会如此坚定？因为中国具备了人才储备、行业需求、庞大市场、生态系统等许多极有利于人工智能发展的条件。

人才储备方面，除了上节提到的中国科研力量不可忽视之外，中国人也普遍对国内的数学等理工科的教学水平感到自豪。高水准基础科学、工程学教育可以造就大批高素质的年轻人才，这是任何一个新兴产业赖以发展的关键。

中国学生普遍理工科较强，数学较强。这在人工智能时代里，显然有巨大的优势。庞大的理工科学生基础，造就了一大批高素质的人工智能科学家、工程师。同时，即便是没有专门去学计算机科学的学生，他们中有很多已经具备了非常扎实的数学知识，这些学生在需要时可以通过培训，较快地成为掌握深度学习等人工智能技术的算法工程师。目前，创新工场正和许多致力于人工智能发展的企业一道，加强与高校的合作，努力培养更多的人工智能人才，同时也投入资金，开展人工智能科研数据集和竞赛的建设，让更多的人有机会参与到人工智能技术的普及和提高中来。

行业需求方面，中国的传统行业较为薄弱，但这种状况反而给中国带来了一种后发优势。如今，中国许多传统企业在技术转化领域还大幅落后于美国企业。但是这些中国企业坐拥的是海量数据和充沛资金。它们有热情也有动力去投资那些能帮助企业拓展业务、提高收益、降低成本的人工智能技术与人才。

此外，中国有全球规模最大的互联网市场，网民人数近八亿，大量的互联网公司正在深耕市场。很多非人工智能的互联网公司成长到一定规模之后，为了转型升级、扩大规模，都需要引入人工智能技术。而且，中国市场既开放又有许多独特性。尽管美国人工智能企业领先全球，但它们要想进入中国市场必须跨越重重阻碍，因为中国市场需要的是最“接地气”的本地化解决方案。此外，对于人工智能的探索性和试用性需求，中国往往会采取相对开放和鼓励的路线，这也可能促进行业的超速发展。

也就是说，中国虽然在人工智能的前沿研发中不如美国，但中国有独具优势的AI科研和创业环境，有机会实现弯道超车，后发先至。

举例来说，美国的金融行业已经发展得非常成熟，金融企业使用的营销、风控等模型是数十年经验积累的结果，让美国金融企业转变思路，采用基于深度学习的新一代人工智能系统，这要花费大量的时间与精力。反观中国的金融系统，各种新型金融机构十分活跃，基于互联网的金融产品几乎每年都在进行模式创新。中国的新兴金融机构没有那么多历史包袱的束缚，反而可以更快地试用或部署深度学习算法，帮助自己改进业务流程，提高效率。

现在正是将人工智能技术转化为产业应用，解决现实社会问题的黄金时期。抓住人工智能热潮中的机遇期，中国应当会有一番大作为。

AI黄埔军校——微软亚洲研究院

说到今天的中国AI创业，就不能不提一所培养人工智能人才最多，输出人才质量最高的人工智能黄埔军校，这就是我于1998年回国创立的微软亚洲研究院（1998年创立时的名称是微软中国研究院）。

我非常怀念1998年创立微软亚洲研究院的时光。那段时间，就像我自己的“阳光灿烂的日子”一样，似乎只要你有足够的热情，就可以将全球范围内最具实力的华人科学家聚拢在一起，共同从事机器视觉、语音识别、智能交互、多媒体、图形学等前沿领域的研究，共同享受科研带来的快乐。

那个时候，虽然刚刚经历国际象棋领域的“人机大战”，但科研界和产业界还处于人工智能发展的低谷期，人工智能科学家还不像今天这样被高科技企业以重金“哄抢”。太多太多急功近利的科研人员耐不住人工智能领域的寂寞，都匆匆转向其他更容易完成产业转化的领域。

但微软亚洲研究院不同。我们从一开始就制定了面向未来的主导原则，

图61　一张珍贵的照片：1998年，微软中国研究院（微软亚洲研究院前身）的初创团队合影

确定了围绕人工智能各技术领域组建高水准研究团队的基本思路。敢于设想别人不敢想的未来，敢于做别人不愿做的研究，这是微软亚洲研究院之所以能在数年之后成为国际人工智能领域科研重镇的关键。

在那段“阳光灿烂的日子”里，我亲自聘请或招募到微软亚洲研究院的科研精英们一个个都那么年轻，那么有活力。今天，他们中几乎每个人的名字都在科技大潮中熠熠生辉。尤其是在人工智能领域，今天中国最好的AI创业团队里，首席科学家的人选中，许多都曾经在微软亚洲研究院工作过。

1999年加入微软亚洲研究院的张宏江是视频检索领域的“开山鼻祖”。张宏江在微软亚洲研究院期间，就曾带领和指导视觉计算组解决人脸识别的问题。今天，人脸识别在中国的金融和安防两个垂直领域得到了广泛应用，人脸识别方向的优秀初创团队，几乎都能从师承关系上回溯到张宏江当年指

图62　微软亚洲研究院创立早期，我和张亚勤在清华大学与计算机系学生交流

导过的这个研究组。例如，商汤科技创始人汤晓鸥曾在微软亚洲研究院担任视觉计算组主任，商汤科技的核心技术团队也基本来自微软亚洲研究院。2016年加盟旷视科技（Face++）担任首席科学家的孙剑曾在视觉计算组工作了十几年，是沈向洋的得意门生，而旷视科技的技术骨干差不多都是孙剑和汤晓鸥的学生。

此外，像郭百宁、芮勇、马维英、颜水成等一大批青年科学家，当年都曾在微软亚洲研究院从事人工智能相关的科研项目。今天，郭百宁担任微软亚洲研究院的常务副院长，芮勇则在2016年加入联想担任CTO，马维英于2017年2月出任今日头条副总裁，颜水成现在是360公司首席科学家、人工智能研究院院长。更年轻的人工智能大牛中，旷视科技的创始人印奇、商汤科技的杨帆、初速度（Momenta）的创始人曹旭东、依图科技的创始人林晨曦、Linkface的创始人夏炎、深度学习框架Caffe的作者贾扬清等，都有在微软亚洲研究院实习或工作的经历。

当年接替我担任微软亚洲研究院院长的张亚勤，他的研究方向主要在多媒体领域，但也和人工智能有很多交集，例如对视频的压缩、分类、理解，都需要AI的帮忙。相关的三维图形学研究，会慢慢由纯粹的图形学问题逐渐演变为使用人工智能算法理解空间结构等AI问题。此外，微软亚洲研究院当年从事搜索、大数据等方向研究的，最后都需要融合机器学习特别是深度学习技术。应该说，当年我和张亚勤为微软亚洲研究院规划的几个研究组，除了其中偏重人机交互界面技术的小组（当年由王坚领导的小组。王坚后来成为阿里云的创始人）外，其他研究组都或多或少与人工智能相关。

图63　微软亚洲研究院的四位历任院长：李开复、张亚勤、沈向洋、洪小文

当年我在微软亚洲研究院开创的一番事业，许多年后，在人工智能领域真的结出了让人欣慰的果实。几十年来，人工智能技术几起几落，但始终有那么一批志存高远的科学家、研究员、大学生埋头科研，探索未知。正是因为有微软亚洲研究院等一批面向未来的科研机构存在，人工智能才得以在今天蓬勃发展起来。

创新工场的AI布局

2009年，我离开谷歌，创办了帮助青年人完成创业梦想的风险投资机构——创新工场。迄今，创新工场已在移动互联网和各垂直领域投资了近300家创业公司，其中包括30余家以人工智能技术为核心驱动力的公司。创新工场对人工智能目前和未来落地的主要应用场景有着透彻的理解和深厚的经验积累。

把握时机对创业和投资至关重要。创新工场根据技术成熟度和未来发展趋势，将人工智能各应用领域划分为现阶段已成熟、3到5年成熟、5到10年成熟、10年后成熟等不同类型，并分别设计相应的投资策略。

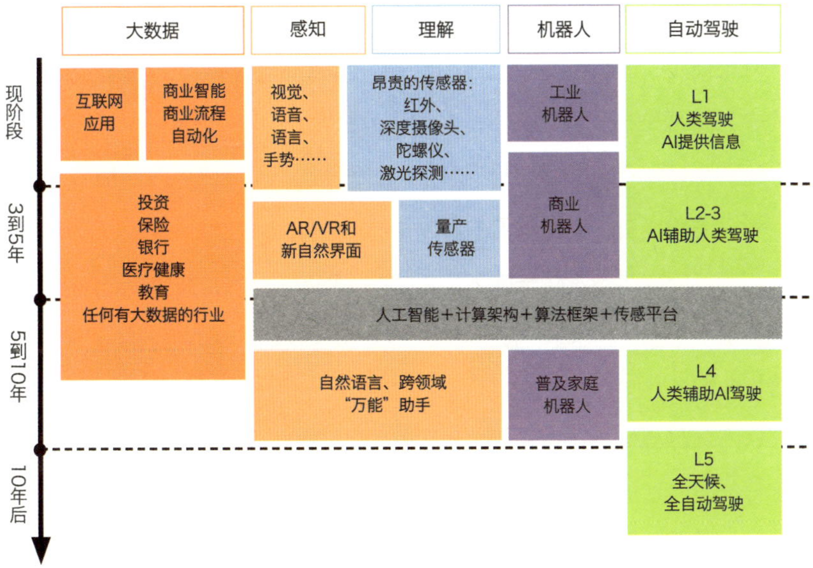

图64　创新工场在人工智能领域的投资布局

如图中所示，创新工场将人工智能领域的应用划分为大数据、感知、理解、机器人、自动驾驶等不同门类，每个门类中，按照人工智能技术的应用成熟度，将具体应用领域排列在时间维度上。

总体来说，人工智能在互联网、移动互联网领域的应用，如搜索引擎、广告推荐等方面已经非常成熟。在商业自动化、语音识别、机器视觉、手势识别、基础传感器、工业机器人等方面，人工智能可以立即应用，立即收效。

金融类人工智能的应用虽然已经起步，但尚需一段时间才能真正普及。智能教育、智能医疗、AR/VR中的人工智能、量产的传感器、商业用机器人等，预计会在3到5年成熟可用。

可以供普通技术人员乃至非技术人员使用的人工智能平台（包括计算架构、算法框架、传感平台、云服务等），会在3到5年后趋于成熟并拥有足够大的商业机会。

通用的自然语言对话工具、智能助手、普及型的家用机器人等，则至少需要10年甚至更长的时间，才有可能完成商业化。

另外，在自动驾驶领域，3到5年内，必将是第2级到第3级的辅助驾驶最先大规模商用，而且，鉴于安全考虑，这些自动驾驶应用也会是限定场景、限定道路等级的。真正意义上的“无人驾驶”，即第4级或第5级的自动驾驶，还需要5到10年才能上路运行。

除了直接投资，创新工场还宣布成立人工智能工程院。这是一个专门面向人工智能的创业人才培养基地和创业项目孵化实验室，其使命是为人工智能创业提供人才与技术、产品和商业经验、市场推广、软硬件平台、高质量大数据源等多方位的支持。

人工智能领域的高级人才和高水准技术团队如果已经有了清晰的商业模式和成熟的产品规划，创新工场可直接提供投资支持；如果商业模式或产品规划尚未清晰，创新工场人工智能工程院则可使用孵化的方式，帮助创业者实现创业梦想。

创新工场人工智能工程院的主要工作任务包括：

· 对接科研成果与商业实践，帮助海内外顶级人工智能人才创业：创新工场人工智能工程院面向海内外招聘顶级人工智能科学家和驻场创业家（EIR），利用创新工场丰富的产品化和商业化经验，协助他们完成前沿科研成果向商业应用的转化，同时也可根据需要，为他们匹配优秀的创业伙伴，搭建高效的创业团队，对接有价值的商业渠道，发展成熟的商业模式。

· 培育和孵化高水准的人工智能技术团队：创新工场人工智能工程院招聘人工智能相关的算法工程师、架构工程师、应用开发工程师等高级人才，并在高校相关专业招聘实习生。来自谷歌、微软等顶级工程与研究团队的技术专家将作为导师，带领并培养年轻工程师、研究员，孵化高水准的人工智能技术团队。

· 积累和建设人工智能数据集，促进大数据的有序聚合和合理利用：大数据是人工智能科研与产业化的关键。创新工场人工智能工程院计划在科研数据和商业数据两个方面投入资金与技术力量，推动数据集建设和大数据聚合，探索在高效利用大数据的同时切实保证数据安全和用户隐私的技术、流程与规范。

· 开展广泛合作，促进人工智能产业的可持续发展：创新工场正与国内顶级高校合作建设人工智能相关课程，同时也积极与技术社区、科技媒体、教育机构等开展合作。创新工场计划利用算法竞赛、技术俱乐部、论坛和会议等方式全面推动技术交流与人才培养。创新工场还希望加强与政府相关部门、国内外高科技公司的合作，促进人工智能相关的技术、格式、接口、服务的标准化，提高人工智能在更大范围内的普及程度，建立规范、合理、健康、可持续发展的人工智能产业生态。

第六章
迎接未来：AI时代的教育和个人发展

人工智能时代，程式化的、重复性的、仅靠记忆与练习就可以掌握的技能将是最没有价值的技能，几乎一定可以由机器来完成；反之，那些最能体现人的综合素质的技能，例如，人对于复杂系统的综合分析、决策能力，对于艺术和文化的审美能力和创造性思维，由生活经验及文化熏陶产生的直觉、常识，基于人自身的情感（爱、恨、热情、冷漠等）与他人互动的能力……这些是人工智能时代最有价值，最值得培养、学习的技能。

AI时代该如何学习？

过去一年，我做了许多场关于人工智能发展趋势的演讲。讲到AI将在未来10年取代或改变许多简单、低效的人类工作时，身为家长的听众会好奇地问我："AI时代，孩子到底该学什么，才不至于被机器'抢'了工作？"

其实，与其讨论让孩子学什么，不如先讨论孩子该如何学。学习方法远比学什么内容更重要。尤其是在人机相互协作、各自发挥特长的时代里，填鸭式、机械式的学习只能把人教成机器，让孩子丧失人类独有的价值。

2013年，包括哈佛大学前校长在内的一群美国著名教育家联合创办了一所神秘的四年制本科大学——密涅瓦大学（Minerva Schools at KGI）。第一年招生时，这家大学的录取率低于3%，远低于哈佛大学的8%～9%，是全美录取最严格的本科院校。被密涅瓦大学录取的第一批学生，收到的录取"通知书"是一个精致的小木盒，木盒盒盖上用英文写着"好奇心"的字样，木盒内是一台定制的iPad电脑。只要打开电脑，密涅瓦大学的创始人本·尼尔森（Ben Nelson）就会收到通知，并与学生进行一次视频通话，安排学生在旧金山开始四年的学业。

这么神秘的学校，这么低的录取率，这么有趣的新生报到流程，那么，密涅瓦大学到底有什么过人之处？

密涅瓦大学的创始人相信，传统的四年制大学已经无法适应未来的需要，大学教育过程本身需要被改革甚至被颠覆，在线课程、讨论小组、实习实践、自我探索和自我完善将成为今后教育的主流模式。基于这样的思路，密涅瓦大学使用的是一套名为"沉浸式全球化体验"（Global Immersion）的教学方式。

密涅瓦大学的所有入学新生都要在旧金山一个独特的校区完成第一年的学业，这一年的主题是“基础”，但学生所学的课程与普通大学一年级的课程有非常大的差异。密涅瓦大学的教育家们相信，让学生付费去学网上随处都可以找到的基本课程，比如基础的计算机导论、经济学导论或是物理学导论，这是得不偿失的事。因此，密涅瓦大学的一年级课程直接将知识课程与四种极其重要的方法论有机结合起来，变成形式分析、实证分析、多元模式交流、复杂系统四大课程板块。形式分析主要用于训练学生精密、合理思考的能力；实证分析重在培养创造性思维和解决实际问题的能力；多元模式交流则关注使用不同方法进行有效交流的能力；复杂系统重点在于复杂环境中的有效协作。

图65 密涅瓦大学一年级的四个课程方向[1]

1.https://www.minerva.kgi.edu/academics/four-year-curriculum/

从大二开始，密涅瓦大学的学生们会进入专业课程学习阶段，这一年的主题是“方向”。学生可以跟导师一起，从艺术与人文、计算科学、商学、自然科学、社会科学这五个方向中择定自己的专业，也可以选择攻读两个专业。

大三的主题是“专注”，要求学生深入各自专业方向的领域内部，培养精深的专业技能。

大四的主题是“综合”，重在培养学生学以致用的能力。

最独特的是，除了大一在旧金山外，大二到大四的3年内，学生每年都会到世界上一个不同的地方完成学业。密涅瓦大学分布在全世界的教学地点包括海德拉巴、布宜诺斯艾利斯、台北、首尔、柏林、伦敦等[1]。专业课程教学时，没有死板的课本，也没有传统的填鸭式授课，每堂课同时参与学生人数很少，最多20人，以远程教学、集体讨论为主，学生可以与分布在全球各地的著名教授交流、互动。同时，在教学之余，学生要在当地进入一家与自己学业相关的代表性公司，在实习中培养自己的全面素质，真正学会如何工作。

对于密涅瓦大学的大胆实践，人们有很多争议。密涅瓦大学与谷歌、麦肯锡、高盛等企业有合作关系，培养出来的人才，很多都可以满足这些一线企业的实际需要。但这种近乎颠覆式的模式到底是不是未来最好的教育形式，这恐怕要经过更长时间的检验才能下结论。就拿密涅瓦大学重点采用的远程在线教育的方法来说，其优点是学生可以随时与最优秀的学者互动，从更多不同风格的教授身上汲取知识、经验，但在线教育缺少面对面教学时的那种沉浸感，有时候难以深入交流的问题也比较明显。

无论如何，实验性的密涅瓦大学给“未来如何学习”提供了一种建议性

1.https://www.minerva.kgi.edu/global-experience/

的答案。其实，在中国著名学府中，有识之士也在积极做着有关新教学模式的探索。在清华大学，姚期智院士创办的清华学堂计算机科学实验班（又称“姚班”）就是其中很有代表性的一个。姚班专注于“因材施教”和教学上的“深耕”“精耕”，设置了阶梯式培养环节：“前两年实施计算机科学基础知识强化训练，后两年实施‘理论和安全’‘系统和应用’两大方向上的专业教育；着力营造多元化、富有活力的学术氛围，建立多方位、多层次的国际学术交流平台。”[1]

姚班对于本科四年课程的设计，与密涅瓦大学有异曲同工的地方。最重要的是，姚班不但提倡多元和专深相结合的教学方法，还特别鼓励面向实践、面向解决问题的教学氛围。计算机科学本身就是一门强调实践的科学，姚班特别鼓励学生在学习期间参加竞赛，或参加谷歌、微软等科技公司的实习项目。创新工场与姚班之间，也尝试了共建人工智能课程的合作，将最前沿的产业实践经验、创业经验带给姚班的学生。

姚班的学生非常厉害。姚班第一届学生里，就出了一个后来被大家称为“楼教主”的超级牛人——楼天城。楼天城高中期间就聪慧过人，获奖无数，得过国际信息学奥赛金牌。进了姚班之后，更是频繁地参加世界各大编程挑战赛，在百度之星、谷歌全球编程挑战赛、Facebook黑客杯世界编程大赛、TopCoder比赛、ACM大赛中显露出惊人的实力，有“一个人挑落一个队”的传奇故事。在喜欢编程竞赛的后辈学生看来，“楼教主”就是百万军中取上将首级如探囊取物的“神”级人物。

楼天城的功力不仅仅在于竞赛，在实际工程项目中一样功夫了得。2007年夏天，楼天城就曾在谷歌北京实习，表现不错。随后曾在谷歌自动驾驶团队工作。后来，短期加入Quora后，楼天城入职百度，成为百度无人车团队

1.http://iiis.tsinghua.edu.cn/yaoclass/

的中坚力量，在级别上更是成为百度最年轻的T10级工程师（据说深度学习领军级人物吴恩达加入百度时也才是T10级）。最近，楼天城和百度另一位资深工程师James Peng一起离开百度创业，注册了一个名叫Pony.ai的神秘域名。相信楼天城在自己的创业道路上，也能表现不俗。

出自姚班的“楼教主”拥有许多姚班学生的共性，用他自己的话说就是：“我非常喜欢挑战困难。因此，我希望我工作的地方是一个每天都可以接受有趣的、有挑战性的问题的岗位。”[1]

敢于挑战自己，敢于面对有趣的、有难度的问题，这是姚班这种新型教育氛围较容易培养出来的学生特质，而具备这种特质的学生，最容易在人工智能时代作为人类智慧的代表，设计最高效的AI系统，并与AI系统一起创造更大价值。

如果要我来总结的话，我觉得，人工智能时代最核心、最有效的学习方法包括：

· 主动挑战极限：像楼天城那样喜欢并主动接受一切挑战，在挑战中完善自我。如果人类不在挑战自我中提高，也许真有可能全面落伍于智能机器。

· 从实践中学习（Learning by doing）：面向实际问题和综合性、复杂性问题，将基础学习和应用实践充分结合，而不是先学习再实践。一边学习一边实践的方法，有些像现代职业体育选手的以赛代练，对个人素质的要求更高，效果也更好。

· 关注启发式教育，培养创造力和独立解决问题的能力：被动的、接受命令式的工作大部分都可以由机器来替代。人的价值更多会体现在

1.楼天城：我为什么要去Quora？http://posts.careerengine.us/p/56c50416cadc55904c4c29f6

创造性的工作中。启发式教育在此非常重要。死记硬背和条条框框只会“堵死”学生灵感和创意的源头。

· 虽然面对面的课堂仍将存在，但互动式的在线学习将愈来愈重要：只有充分利用在线学习的优势，教育资源才能被充分共享，教育质量和教育公平性才有切实保证。创新工场投资的VIPKid、盒子鱼等面向教育创新的公司，就是大量使用在线教育、机器辅助教育等手段来帮助孩子学习的范例。

· 主动向机器学习：未来的人机协作时代，人所擅长的和机器所擅长的必将有很大不同。人可以拜机器为师，从人工智能的计算结果中吸取有助于改进人类思维方式的模型、思路甚至基本逻辑。事实上，围棋职业高手们已经在虚心向AlphaGo学习更高明的定式和招法了。

· 既学习人—人协作，也学习人—机协作：未来的“沟通”能力将不仅仅限于人与人之间的沟通，人机之间的沟通将成为重要的学习方法和学习目标。学生要从学习的第一天起，就和面对面的或者远程的同学（可以是人，也可以是机器）一起讨论，一起设计解决方案，一起进步。

· 学习要追随兴趣：通常来说，兴趣就是那些比较有深度的东西，所以只要追随兴趣，就更有可能找到一个不容易被机器替代掉的工作。无论是为了美，为了好奇心，为了其他原因产生的兴趣，这些兴趣都有可能达到更高层次，在这些层次里，人类才可以创造出机器不能替代的价值。

AI时代该学什么？

有关学习的内容和目标，我的小女儿德亭曾经说过一段让我特别尊重、特别赞许的话。

德亭很早就喜欢摄影，她5岁的时候得到了人生第一台相机，并从帮姐姐设计出来的漂亮时装拍照开始，逐渐拓展拍摄对象，很早就成了一个小摄影爱好者。她中学时很想以摄影作为自己的专业，但我担心她喜欢摄影只是为了逃避功课。申请大学前，我反复跟她讨论，并提醒她："你必须想清楚噢！专业摄影师很快就会被淘汰，现在摄影工具愈来愈方便，大家都可以轻易拍出好照片，专业摄影师的优势会渐渐消失。"

可我没有料到，德亭很郑重地说了下面这段话："我做过调查了，目前在美国，一个专业摄影师的薪水比记者还要低，而记者的薪水相比其他各行业也越来越低了。可是爸爸，我愿意赚比较少的钱，做自己真正想做的事。每次背着沉甸甸的相机出去拍照，回来的时候虽然筋疲力尽，我却总是心花怒放。我非常庆幸生活在高科技时代，可以轻松拥有数码摄影以及低成本、大容量的存储设备，还有无处不在的网络，这些让我像一个装备齐全的猎人一样，捕捉我所有的感动，然后用心将图像提取出来。未来的摄影绝对不只是按下快门，而是要用新的眼光，让影像产生新的意义。而那绝对不是科技可以取代的。"

每当我思索人和机器共存的未来时，就总会想起德亭的这段话。的确，摄影技术再先进，照片画质再好，也取代不了摄影师内心因拍摄对象而产生的感动。这种感动可以赋予风景、人物、静物、街景以新的意义。即便以后有了人工智能照相机，可以自动帮助人完成捕捉美景、记录美好瞬间的任务，人的感动、人的审美、人的艺术追求也是机器无法取代的。

摄影如此，其他工作亦如此。我们很难准确列举，AI时代到底该学什么才不会被机器取代，但我们大致还是可以总结出一个基本的思路：

人工智能时代，程式化的、重复性的、仅靠记忆与练习就可以掌握的技能将是最没有价值的技能，几乎一定可以由机器来完成；反之，那些最能体现人的综合素质的技能，例如，人对于复杂系统的综合分析、决策能力，对于艺术和文化的审美能力和创造性思维，由生活经验及文化熏陶产生的直觉、常识，基于人自身的情感（爱、恨、热情、冷漠等）与他人互动的能力……这些是人工智能时代最有价值，最值得培养、学习的技能。而且，这些技能中，大多数都是因人而异，需要“定制化”教育或培养，不可能从传统的“批量”教育中获取。

比如，同样是学习计算机科学，今天许多人满足于学习一种编程语言（比如Java）并掌握一种特定编程技能（比如开发Android应用），这样的积累在未来几乎一定会变得价值有限，因为未来大多数简单的、逻辑类似的代码一定可以由机器自己来编写。人类工程师只有去专注计算机、人工智能、程序设计的思想本质，学习如何创造性地设计下一代人工智能系统，或者指导人工智能系统编写更复杂、更有创造力的软件，才可以在未来成为人机协作模式里的“人类代表”。一个典型的例子是，在移动互联网刚刚兴起时，计算机科学专业的学生都去学移动开发，而人工智能时代到来后，大家都认识到机器学习特别是深度学习才是未来最有价值的知识。过去3年内，斯坦福大学学习机器学习课程的学生就从80人猛增到了1000多人。

再比如，完全可以预见，未来机器翻译取得根本性突破后，绝大多数人类翻译，包括笔译、口译、同声传译等工作，还有绝大多数从事语言教学的人类老师，都会被机器全部或部分取代。但这绝不意味着人类大脑在语言方面就完全无用了。如果一个翻译专业的学生学习的知识既包括基本的语言学知识，也包括足够深度的文学艺术知识，那这个学生显然可以从事文学作品的翻译工作，而文学作品的翻译，因为其中涉及大量人类的情感、审美、创造力、历史文化积淀等，一定是机器翻译无法解决的一个难题。

未来的生产制造行业将是机器人、智能流水线的天下。人类再去学习基本的零件制造、产品组装等技能，显然不会有太大的用处。这个方面，人类的特长在于系统设计和质量管控，只有学习更高层次的知识，才能真正体现出人类的价值。这就像今天的建筑行业，最有价值的显然是决定建筑整体风格的建筑师以及管理整体施工方案的工程总监。他们所具备的这些能够体现人类独特的艺术创造力、决断力、系统分析能力的技能，是未来最不容易“过时”的知识。

人工智能时代，自动化系统将大幅解放生产力，极大地丰富每个人可以享有的社会财富。而且，由于人工智能的参与，人类可以从繁重的工作中解放出来，拥有大量的休闲时间。这个时候，这个社会对文化、娱乐的追求就会达到一个更高的层次，而未来的文娱产业，总体规模将是今天的数十倍甚至上百倍。那么，学习文艺创作技巧，用人类独有的智慧、丰富的情感以及对艺术的创造性解读去创作文娱内容，显然是未来人类证明自己价值的最好方式之一。当绝大多数人每天花6个小时或更多时间去体验最新的虚拟现实游戏、看最好的沉浸式虚拟现实电影、在虚拟音乐厅里听大师演奏最浪漫的乐曲、阅读最能感动人的诗歌和小说……作家、音乐家、电影导演和编剧、游戏设计师等，一定是人工智能时代的明星职业。

科幻作家、雨果奖得主郝景芳说：“很显然，我们需要去重视那些重复性标准化的工作所不能够覆盖的领域。包括什么呢？包括创造性、情感交流、审美、艺术能力，还有我们的综合理解能力、我们把很多碎片连成一个故事这样的讲述能力，我们的体验。所有这些在我们看来非常不可靠的东西，其实往往是人类智能非常独特的能力。”[1]

1.留学家长圈（微信公众号），郝景芳，2017.1，人工智能时代的教育

AI时代的教育要关注什么？

在2017年1月的瑞士达沃斯论坛，我在谈到未来的教育和学习时说："我们不能脱离大的经济变革、大的社会转型来讨论教育。从宏观角度讲，人工智能时代的社会经济模式一定与今天有很大不同。在未来，我们应当少关注一点儿工作产出的经济效益，而更关注工作的目标和意义。我们在比较人和机器的劳动产出时，多半仅仅用劳动价值和工时长短来衡量人类的产能，却忽视了工作背后潜在的社会价值。"

这里的一个重点在于，人类的工作将在AI时代进入一个新的层次。人们在竞争中，将选择更好的雇主和工作，同时取得工作技能与深度上的提升，逐渐成为各类专业能手和顶尖人才，甚至最后成为特定领域的首席科学家、最有价值的金牌球员、最受饕客追捧的明星大厨等。但机器也拥有着属于它的全新定位。我们要做的是去思考在AI时代来临之际，如何保留一手的经验，如何为人类提供成长的空间，从而创造更多的就业机会，为人类共同的未来找到更好的解决方案。

伊藤穰一则认为，如果AI真能把整体社会的生产力无限提高到一个极其充沛的程度，那很多人可能根本就不愿意继续从事现在的工作，如今包括政府公务员在内，很多人在岗位上过度劳动，薪水却非常低。这些职业的确需要政策扶持和薪酬相关的补助，才能鼓励人们考虑选择那些看似低回报的工作。古希腊的雅典城邦就是一个例子。当然，我们现在没有那个时代的奴隶制，但想象我们处在一个充满了艺术家、哲学家的社会，那时公民们关心的，会是资源分配是否公平、收入是否均等。这并不意味着我们不再需要工作，否则就太不符合现代的经济法则。社会仍然需要人类劳动力，但人们将变得更富裕、更能投身于内心真正渴求的工作，将会有更多的音乐家能心无旁骛地专注他们热爱的创作，更多厨师能每天精心烹调让人赞叹的美食，他们周遭人们的生活体验，将会因此更为多彩丰富。[1]

其实，不仅是音乐行业，其他行业也存在明显的问题。例如，专栏作家和记者们的前途也值得忧虑，他们依循传统媒体游戏规则，都曾经历过获利颇丰的年代，而对于新的技术平台分发规则、更为AI自动化的媒体模式他们仍未做好准备，记者编辑们的专业地位也需要被重新检视与定位。未来型的AI技术公司将有机会赚得较高的经济收益，这些创新公司甚至能和前沿政府紧密合作，共同为未来世界的工作结构和薪酬制度进行前瞻性的规划和准备。

我们过去专注于培养数理化人才，为了训练符合上个时代需求的工程师、医师、会计师、律师等专业人才，我们已经投资庞大的社会资源，导致很多人从学习阶段起就开始偏离了他们的核心潜能而毫不自知。人们将从人工智能时代的大变革、大演进中被释放，真正投入我们擅长、我们热爱的领域。

基本上，人工智能时代的教育要注重以下几个重点问题：

· 个性化、定制化的教育该如何设计，如何满足不同学生的需要，如何评估定制化教育的效果？在这里，我们也许更需要人工智能技术的帮忙。当全社会的所有学习者与所有知识传授者被网络连接在一起时，当所有一对一、一对多的教学活动（参与未来教育活动的甚至可以不完

1.创新工场（微信公众号），2017.2，李开复与MIT实验室负责人焦点对谈：AI时代的变革比每一次工业革命都快

全是人类讲师，也可以包含机器讲师）的数据被实时采集起来时，人工智能技术可以在这个大数据的基础上进行智能分析，帮助人类教育设计者总结得失，监控教学质量，调整课程设计，甚至与人类协作，共同设计新的教学体系。

· 教育如何做到可持续化？最有效的再培训和再教育体系是什么？未来人类有充裕的时间思考自己的兴趣、目标，未来人工智能的普及也给人们转换工作提供了足够的机会（对于主动寻找新目标的人而言）或压力（对于因机器而被迫转换工作的人而言）。那么，当一个人希望开始下一个人生阶段的时候，我们的教育体系能否顺利接纳这样的人，并帮助他完成再培训？我不相信纯粹的商业驱动可以做到这一点。社会各层面的积极参与，尤其是社会福利层面的保障，对这一点至关重要。

· 教育体系的设计必须更早、更充分地考虑全社会的公平性。利用极度完善的互联网资源和强大的人工智能技术，我们在不远的将来，有可能真正做到高质量教育无差异地普及到地球上的每一个角落。这在人类数千年的文明史上，是从来没有发生过的事情。但在线教育、虚拟现实技术、人工智能技术的组合，也许就是解决教育公平的最佳技术方案。在一个完全定制化的教育体系里，世界上任何一个角落的任何一个学生，都可以根据他的兴趣连接到最适合的老师，享受完全为自己量身定制的课程，得到世界一流的教育。这看起来是一个梦想，但它指明了一个合理的方向，在朝着这个方向努力的道路上，也许很多困扰我们多时的问题就会迎刃而解。

人工智能时代，学习或教育本身不是目的，我们真正的目的，是让每个人在技术的帮助下，获得最大的自由，体现最大的价值，并从中得到幸福。

有了AI，人生还有意义吗？

在可预见的未来，人机协作随处可见，人类有大量的空闲时间，或者沉浸在高水准的娱乐内容里，或者追随自己的个人兴趣，或者干脆无所事事。在这样的时代里，压在每个人肩头的工作压力、家庭压力会小很多，人生经历、人生目标以及人的价值观会前所未有地呈现出多样化的特征。

那么，在这样一个人类历史上从未经历过的崭新时代里，人生的意义何在？如何过完一生才最有价值呢？我们会因为机器代劳了一切，而变得像《机器人总动员》里的人类后代一样懒怠、肥胖吗？

图66　电影《机器人总动员》中因科技发达而懒怠、肥胖的人类后代

悲观者说，AI既然可以在不少具体的工作（比如围棋）上做得比人类更好，学得比人类更快，那么，人活着的意义是什么？AI既然可以在许多工作中取代人类，那么，人类的价值该如何体现？

乐观者说，超人工智能还遥遥无期，AI与人类协作才是未来的主旋律。

AI对于人生意义的挑战主要源于人类自身的心理感受。如果我们能在农耕时代接受骡马作为人类的合作对象，在现代社会接受机械、车船与人类共同协作，那为什么不能在人工智能时代接受AI这个好帮手？

回顾人类文明发展，新科学、新技术总会在不破不立的因果链条中引发社会阵痛。奔驰之父、德国人卡尔·弗里特立奇·本茨在1885年制成的世界上第一辆马车式三轮汽车就曾被人嘲讽为“散发着臭气的怪物”。我不算有神论者，但有时会乐观地认为，先进技术的出现，或许是“造物主”的善意，或是人类集体意识的英明决策，一边把人类从旧的产业格局和繁重劳作中解放出来，一边如鞭策或督促一般，迫使人类做出种种变革。比如AI，它一边释放巨大生产力，免除人类继续从事烦冗工作之苦，一边又在用可能出现的失业问题提醒人类：你应该往前走了！

我们的时代，正进入这样一个前所未有的局面：随着科技的进步，AI技术将在大量简单、重复性、不需要复杂思考就能完成决策的工作中取代人类。汽车将不需要人类来驾驶，人类翻译的工作将逐渐消失，人类交易员目前已开始被计算机取代……可能产生的失业问题必须有解决方案。人类社会如何接纳在AI时代失去工作的人？人类历史从未像今天这样复杂、玄妙。AI将创造更多的财富，也必然创造出大量新的工作岗位——更多的人可以转换到新的岗位，或与智能机器协同工作，大多数人可以因社会财富的丰富而选择更加自由的生活，还可以依赖于全新的社会福利体系。

所以，我们每个人都面临着抉择：到底是要做一个天天领着政府福利，躺在家里玩游戏，身形如电影《机器人总动员》里的人类后代一样臃肿的废物，还是努力适应新时代，学习新知识，重塑自己在AI社会中的地位与价值，大踏步向前走？

美剧《西部世界》是如此定义人类的进化和发展的：

·人类进化的原始动力靠的是自然界对各种进化错误（变异）的选择，优胜劣汰。

·当代科技发达，人类因变异而得的较低劣的生物特征也会被技术保全下来，进化动力已然失效。

·因为进化动力失效，人类也就失去了进一步进化的可能，总体上只能停留在目前的水准——人类必须不断思索自身存在的价值，寻找生物特征以外的生命意义。

我觉得，基于生物特征的进化也许快要成为过去时，但基于人类自身特点的“进化”才刚刚开始。

人之所以为人，正是因为我们有感情、会思考、懂生死。而“感情”“思考”“自我意识”“生死意识”等人类特质，正是需要我们全力培养、发展与珍惜的东西。

《真实的人类》里，合成人曾说：“我不惧怕死亡，这使得我比任何人类更强大。”而人类则说：“你错了。如果你不惧怕死亡，那你就从未活着，你只是一种存在而已。”

这两句对白让我深有感触。我患癌症治疗期间，有一次化疗结束，我回台北家中休养。其时，台北刚刚入秋，阳光和煦，暖意融融。我的心情好极了。台北街头，处处绿意盎然。车子载着我在路面上轻快驶过，窗外树影斑驳，美得像梦一样不真实。我不禁在心里轻叹：“活着真好啊！”自罹患癌症以来，行过死荫的幽谷，重览人间的芳华，那是我第一次如此真实地体验到梦境般的美好感觉。

这是人与AI之间另一种质的不同。AI无法像人一样解悟生命的意义和死亡的内涵，AI更无法像人一样因高山流水而逸兴遄飞，因秋风冷雨而怆然泪下，因子孙绕膝而充实温暖，因月上中天而感时伤怀……所有的这些感触，只有人类自己才能感受得到。也恰恰因为人类的生命有限，才使得人类每个个体的“思想”和“命运”都如此宝贵、如此独特。

法国哲学家布莱兹·帕斯卡说过：“人只不过是一根苇草，是自然界最脆弱的东西；但他是一根能思想的苇草。用不着整个宇宙都拿起武器来才能毁灭；一口气、一滴水就足以致他死命了。然而，纵使宇宙毁灭了他，人却仍然要比致他于死命的东西更高贵得多；因为他知道自己要死亡以及宇宙对他所具有的优势，而宇宙对此却是一无所知。因而，我们全部的尊严就在于思想。”[1]

人脑中的情感、自我认知等思想都是机器所完全没有的。人类可以跨领域思考，可以在短短的上下文和简单的表达方式中蕴藏丰富的语义。当李清照说“雁字回时，月满西楼”的时候，她不仅仅是在描摹风景，更是在寄寓相思。当杜甫写出“同学少年多不贱，五陵衣马自轻肥”的句子时，他不仅仅是在感叹人生遭际，更是在阐发忧国之情。这些复杂的思想，今天的AI还完全无法理解。

浮生碌碌，汲汲营营，我们身为万物之灵，到底该怎样活着？AI兴起的未来时代里，我们怎样才能在时代竞争中立于不败之地？

不断提高自己，善于利用人类的特长，善于借助机器的能力，这将是未来社会里各领域人才的必备特质。机器可以快速完成数学运算，可以下出极高水准的围棋，可以独立完成量化交易，甚至可以从事一些最初级的诗歌、绘画等艺术创作。但人类总是可以借助机器这个工具来提高自己，让自己的大脑在更高层次上完成机器无法完成的复杂推理、复杂决策以及复杂的情感活动。

借助车轮和风帆，人类在数百年前就周游了整个地球；借助火箭发动

1.帕斯卡，《人是能够思想的芦苇》。

机，人类在数十年前就登临月球；借助计算机和互联网，人类创造了浩瀚缤纷的虚拟世界；借助AI，人类也必将设计出一个全新的科技与社会蓝图，为每个有情感、有思想的普通人提供最大的满足感与成就感。

在AI时代里，只会在某个狭窄领域从事简单工作的人，无论如何都无法与AI的效率和成本相比，必然会被机器所取代。如果不想在AI时代失去人生的价值与意义，如果不想成为“无用”的人，唯有从现在开始，找到自己的独特之处，拥抱人类的独特价值，成为在情感、性格、素养上都更加全面的人。此外，人生在世，无论是理性还是感性，我们所能知、能见、能感的实在是太有限了。AI时代，我们可以更多地借助机器和互联网的力量，更好地感知整个世界、整个宇宙，体验人生的诸多可能——这样才不枉我们短暂的生命在浩瀚宇宙中如流星般走过的这一程。

的确，人只不过是一根苇草，但人却是一根能思想的苇草。

AI来了，有思想的人生并不会因此而黯然失色，因为我们全部的尊严就在于思想。